JN418638

# 범망경보살계본사기 상권

## 梵網經菩薩戒本私記 卷上

**동국대학교 불교기록문화유산아카이브사업단(ABC)**
본서는 문화체육관광부 지원으로 동국대학교 불교학술원에서 간행하였습니다.

**한글본 한국불교전서** 신라 13
# 범망경보살계본사기 상권

2016년 2월 15일 초판 1쇄 인쇄
2016년 2월 25일 초판 1쇄 발행

**지은이** 원효
**옮긴이** 한명숙
**펴낸이** 한태식
**펴낸곳** 동국대학교출판부

**주소** 100-715 서울시 중구 필동로 1길 30
**전화** 02-2260-3483~4
**팩스** 02-2268-7851
**Homepage** http://www.dgpress.co.kr
**E-mail** book@dongguk.edu
**출판등록** 제2-163(1973. 6. 28)
**편집디자인** 꽃살무늬
**인쇄처** (주) 타라티피에스



ISBN 978-89-7801-460-1 93220

값 17,000원

한글본 한국불교전서 신라 13

# 범망경보살계본사기 상권
## 梵網經菩薩戒本私記 卷上

원효
한명숙 옮김

동국대학교출판부

# 범망경보살계본사기梵網經菩薩戒本私記 상권 해제

한 명 숙
동국대학교 불교학술원 조교수

## 1. 『범망경』, 그 주석서, 그리고 『사기』

『범망경보살계본사기』(이하 『사기』로 약칭)[1]는 신라 스님 원효元曉(617~686)가 찬술한 『범망경』에 대한 주석서이다. 이는 한국 학자가 찬술한 『범망경』에 대한 주석서 중 현존하는 최초의 주석서[2]라는 점에서 자못 의의가 크다. 『범망경』과 관련된 내용을 다룬 저술로, 원효의 『보살계본지범요기

1 여러 경록에 따르면 원효에게 『사기』라는 명칭을 내포한 다른 저술이 있었던 것으로 전해지기 때문에 혼돈의 여지가 있기는 하지만, 번쇄함을 피하기 위해 본 해제에 한정하여 이 책만을 『사기』로 약칭하기로 한다.

2 "현존하는"이라는 단서를 붙인 것은 원효에 앞서 원승圓勝이 『범망경기梵網經記』를 찬술했다는 기록이 전해지고 있기 때문이다. 원승은 정관(627~629) 초년에 입당했다가 자장慈藏과 함께 귀국하여 율부의 홍통을 도왔다. 『사분율』 관련 주석서 2부를 지은 것, 자장과 함께했던 것 등에 의거하여 자장과 마찬가지로 계율의 토대를 『사분율』에 둔 것으로 파악된다.(최원식, 『신라 보살계사상사 연구』, 동국대학교 박사학위논문, 1992, pp. 14~16) 또한 원효 자신의 저술로 『범망경소梵網經疏』·『범망경략소梵網經略疏』(『사기』의 다른 이름일 것으로 추정됨) 등이 있었던 것으로 전해지기 때문이다.

菩薩戒本持犯要記』(이하 『요기』로 약칭)가 전해지고 있기는 하지만, 이는 본문을 직접적으로 풀이하는 형식을 갖추고 있지 않다. 다만 대승보살계의 양대 산맥인 『범망경』과 『유가사지론』의 보살계본菩薩戒本을 대상으로, 양자의 차이성을 드러내고, 이를 회통하려는 의도하에 특정 계를 선택하여 대조, 검토한 것[3]이기 때문이다. 또한 시기적으로도 『요기』는 『사기』보다 늦게 성립되었기 때문에 우리나라에서 현존하는 최초의 『범망경』 연구서는 『사기』라고 할 수 있다. 또한 동아시아에서 찬술된 현존하는 『범망경』 여러 주석서 가운데에서도, 시기적으로 최초에 해당하는 천태 지의天台智顗(528~597)의 『보살계의소菩薩戒義疏』 다음에 놓인다.

『범망경』은 5세기경 중국에서 찬술된 경전이다.[4] 상·하 2권으로 이루어졌는데, 상권에서는 보살의 계위, 곧 10발취심十發趣心·10장양심十長養心·10금강심十金剛心의 30심三十心과 10지十地를 합한 40법문을 설했다. 하권에서는 10중계十重戒와 48경계四十八經戒(四十八輕垢戒)의 계상戒相을 상세히 설했다. 예로부터 본 경은 하권이 더욱 성행하였는데, 하권에서 설

3 기무라 센쇼(木村宣彰), 「菩薩戒本持犯要記について」, 『印度佛教學研究』 28권 2호, 1980, p.308. 기무라 센쇼는 본 서의 의미를, "앞서 동아시아에 유포되었던 범망계梵網戒와 현장에 의해 새롭게 전역된 유가계瑜伽戒를, 다라多羅와 달마達摩, 일승교一乘教와 삼승교三乘教라는 범주를 고안하여 양자를 종합적으로 조직하였다."라고 했다. 곧 원효는, 첫째는 범망계는 경經(Ⓢ sūtra : 修多羅)에 의거한 것이므로 다라계본多羅戒本이라 했고, 유가계는 논論(Ⓢ abhidharma : 阿毘達摩)에 의거한 것이므로 달마계본達摩戒本이라 했고, 둘째는 범망계는 일승교이고 유가계는 삼승교라고 하였다. 다라계본과 달마계본에 대해 자세한 것은 기무라 센쇼의 「多羅戒本と達摩戒本」(佐佐木教悟 編, 『戒律思想の研究』, 1981, 平樂寺書店, pp.479~507)을 참조할 것.

4 『범망경』의 성립과 관련된 논의는, 크게 중국성립설·인도성립설·서역성립설 등의 셋으로 나눌 수 있다. 현재까지 가장 유력한 것은 5세기경 중국에서 찬술되었다는 주장으로, 모치즈키 신코(望月信亨)·오노 호도(大野法道)·시라토 와카(白土わか)·후나야마 토루(船山徹) 등이 꾸준히 이 견해를 뒷받침할 만한 증거를 제시해 왔다. 그 저술은 차례대로 『浄土教の起源及發達』(共立社, 1930)·『佛教經典成立史論』(法藏館, 1946)·『大乘戒經の研究』(山喜房書林, 1954)·「梵網經研究序說」(『大谷大學研究年報』 22집, 1969)·「疑經 『梵網經』成立の諸問題」(『佛教史學研究』 제39권 제1호, 1996) 등이다.

한 계율의 조목과 관련된 부분만을 별도로 편집한 것을 『범망경보살계경梵網菩薩戒經』·『보살계본』·『보살바라제목차경菩薩波羅提木叉經』·『범망경노사나불설보살십중사십팔경계梵網經盧舍那佛說菩薩十重四十八輕戒』 등이라고 한다.

동아시아에서 대승보살계는 크게 범망계梵網戒와 유가계瑜伽戒의 둘로 나뉜다. 『유가사지론』「보살지」·『보살지지경』·『보살선계경』 등에 실린 보살계본을 통틀어서 유가계瑜伽戒라고 하고, 『범망경』·『보살영락본업경』 등에 실린 보살계본을 통틀어서 범망계梵網戒라고 한다. 유가계는 모두 삼취정계三聚淨戒[5]를 설하고, 계율의 구체적 조목으로는 차례대로 사중사십삼범사四重四十三犯事·사중사십이범사四重四十二犯事·팔중사십팔경八重四十八輕 등을 제시하고 있다. 삼취정계 가운데 율의계란 성문계聲聞戒(小乘戒)를 가리키고, 이렇게 소승계를 보살계에 받아들인 것은 범망계와 구별되는 유가계의 독자적 특성 중 하나이다. 범망계는 비교적 엄격하고 번쇄하며, 이것을 수지한 자는 절대적으로 이 조목을 준수해야 하지만, 유가계는 비교적 방편을 많이 허용하여 계율 자체에 얽매이지 않는 경향이 농후하다. 동아시아에서는 유가계와 범망계가 모두 유포되었지만 실질적으로는 순수하게 보살계만을 설하는 범망계가 성행하였고, 티베트에서는 유가계만 유포되었다.

동아시아에서 현재 전해지고 있는 『범망경』의 주석서는 매우 많은데, 이 가운데 특히 주목받는 것은 다음의 열한 가지이다.

---

5 삼취정계三聚淨戒 : 첫째는 율의계律儀戒이다. 칠중七衆의 별해탈율의別解脫律儀, 곧 비구계·비구니계·정학계正學戒(式叉摩那戒)·사미계·사미니계·우바새계·우바이계 등을 말한다. 둘째는 섭선법계攝善法戒이다. 율의계를 받은 후에 보리를 증득하기 위하여 몸과 입과 마음으로 일체의 선한 행위를 실천하는 것이다. 셋째는 요익유정계饒益有情戒이다. 중생에게 이익이 되는 일을 철저히 실천하는 것이다.

1. 수隋, 지의智顗(538~597), 『보살계의소菩薩戒義疏』(T40, No.1811).
2. 신라, 원효元曉(617~686), 『범망경보살계본사기梵網經菩薩戒本私記』(X38, No.683 ; H1, No.16).
3. 신라, 의적義寂(7~8세기 초), 『보살계본소菩薩戒本疏』(T40, No.1814 ; H2, No.36).
4. 신라, 승장勝莊(710년 행적 보임), 『범망경술기梵網經述記』(X38, No.686 ; H2, No.33).[6]
5. 당唐, 법장法藏(643~712), 『범망경보살계본소梵網經菩薩戒本疏』(T40, No.1813).
6. 저자 불명, 『범망경술기梵網經述記』((T85, No.2797).
7. 당, 지주智周(668~723), 『범망경소梵網經疏』(X38, No.687).
8. 당, 명광明曠(777년 행적 보임), 『천태보살계소天台菩薩戒疏』(T40, No.1812).
9. 당, 법선法銑(718~778), 『범망경소梵網經疏』(X38, No.690).
10. 신라, 태현太賢[경덕왕(742~765) 때 행적 보임], 『범망경고적기梵網經古迹記』(T40, No.1815).
11. 일본, 선주善珠(723~797), 『범망경략소梵網經略抄』.[7]

6 의적과 승장은 활동 연대가 유사하지만, 자세한 생몰 연대를 전하는 문헌은 없다. 따라서 그 선후는 결정적인 것은 아니다. 의적이 『보살계본소』(T40, 659a23)에서 타인의 학설을 인용하였는데, 그 내용이 승장의 『범망경술기』 상권(X38, 404a23)에 나오는 것에 의거하면, 승장이 앞선 것으로 볼 수도 있다. 이 밖에도 승장이 『범망경술기』에서 제시한 견해를 인용한 사례가 몇 가지 더 있음은, 이러한 가정을 더욱 지지하는 근거가 된다. 그러나 승장의 『범망경술기』에도 이름을 명기하지는 않았지만, 의적의 『보살계본소』에서 제시한 것과 동일한 내용을 타인의 학설로 인용하고 있기 때문에 선후 관계는 미정이라고 할 수밖에 없다.

7 이상 열한 가지는 요시즈 요시히데(吉津宜英)가 「法藏以前の『梵網經』諸註釋書について」(『駒澤大學佛教學部研究紀要』 47호, 1989)에서 제시한 것을 따랐다.

이상의 주석서는 『범망경』 본문 중 주석한 범위에 의거하여 세 가지 유형으로 분류할 수 있다. 첫째는 하권에서 보살계본으로 독립된, "나는 이제 노사나이니"라는 게송 부분부터 끝까지를 주석한 것이고, 둘째는 하권 전체를 풀이한 것이며, 셋째는 상·하 양 권을 모두 주석한 것이다. 『사기』는 지의의 『보살계의소』, 의적의 『보살계본소』 등과 아울러 첫째에 해당한다. 『사기』는 이렇게 보살계菩薩戒의 계상戒相을 설한 부분을 집중적으로 다루었기 때문에 제목에 "보살계본"이라는 명칭을 부가한 것이다. 이 밖에 승장의 『범망경술기』 등이 둘째에 해당하고, 태현의 『범망경고적기』는 셋째에 해당하는 유일한 주석서이다.

## 2. 『사기』는 원효의 진찬이 아닌가

『사기』가 원효의 진찬이 아닐 가능성에 대한 다각적 의문이 지금까지 지속적으로 제기되어 왔다. 위찬설에 대한 반론 역시 함께 연구, 발표되었지만, 그러한 학자들도 다시 위찬의 증거를 제시함으로써 『사기』는 원효의 진찬이 아닐 가능성이 더 큰 것으로 비치는 형국에 놓인 것 같다. 이러한 논란은 『사기』 자체가 원효의 여타 글과는 체재나 격을 달리하는 면모가 있기 때문인 것으로 보인다. 그리고 그러한 이유는 남동신이 그 가능성을 이미 열어 놓은 것처럼,[8] 원효의 초기 저술이라는 점에서 찾아야 할 것으로 생각한다. 역자는 이미 이러한 논쟁을 비판적으로 검토한 논문을 발표했는데,[9] 그 내용을 간략하게 정리하면 다음과 같다.

---

8 남동신, 「원효의 계율사상」, 『한국사상사학』 제17집, 2001, p.262.

9 한명숙, 「원효 『범망경보살계본사기』의 진찬 여부 논쟁에 대한 연구 (1) ; 선행 연구에 대한 비판적 검토」, 『불교연구』 제42권, 2015, pp.187~220.

### 1)『사기』, 진찬 논쟁에 대한 비판적 검토

『사기』가 원효의 진찬이 아닐 가능성을 제기한 최초의 학자는 기무라 센쇼이다.[10] 그는 원효의 진찬인『요기』와 취지가 다르기 때문에 동일인의 것으로 볼 수 없다는 점, 원효의 저술에는『사기』라는 이름을 사용한 것이 없다는 점 등의 여덟 가지 사실을 들어 의문을 제기했다.

요시즈 요시히데는 법장 이전의『범망경』주석서에 대한 연구, 법장의 주석서인『범망경보살계본소』에 대한 연구, 법장 이후의『범망경』주석서에 대한 연구 등을 통해『범망경』에 대한 최초의 주석서인 천태 지의天台智顗의『보살계의소』에서부터 일본 스님 선주의『범망경략초』에 이르는 여러 주석서를 두루 섭렵하여 시대의 선후가 불분명한 문헌에 대한 선후의 확정, 사상적인 연속성 및 차이성 등을 상세하게 밝혔다.[11] 이 가운데 법장 이전의 여러 주석서 중 하나인『사기』를 검토하는 부분에서 기무라 센쇼의 여덟 가지 위찬설 중 네 가지에 대해 반론을 제시했고, 미약하기는 하지만 진찬의 가능성을 제시하기도 했다.

최원식은『사기』의 진찬설을 그대로 수용하면서도,『요기』와『사기』가 사상적으로 일치하지 않는 부분을 구체적으로 제시한 최초의 학자이다.[12]

김상현은 일본의 진원眞圓이 지은『요기』에 대한 연구서『보살계본지범요기조람집菩薩戒本持犯要記助覽集』(1282)을 검토하는 장에서, "『조람집』에서, '『범망소』【『요기』의 저자가 지음】에서 말하기를(梵網疏【記主】云)', '『요기』의

---

10 기무라 센쇼,「菩薩戒本持犯要記について」,『印度佛教學硏究』, 28권 2호, 1980.

11 요시즈 요시히데,「法藏의の『梵網經疏』の成立と展開」, 大同出版社,『華嚴一乘思想の硏究』제8장, 1991, pp.563~680. 이 가운데 제1절은「法藏以前の『梵網經』諸註釋書について」(『駒澤大學佛教學部硏究紀要』제47호, 1989)를 재수록한 것이고, 제2절은「法藏の『梵網經菩薩戒本疏』について」이며, 제3절은「法藏以後の諸註釋書」이다.

12 최원식,『신라 보살계사상사 연구』, 동국대학교 박사학위 논문, 1992, p.52에 실린 주석 28번을 참조할 것.

저자가 지은 『소』에서 말하기를(記主疏云)'이라고 하여 인용한 문장이 현행본 『사기』와 정확히 일치하기 때문에 『사기』는 『범망경소』의 이칭임을 알 수 있다. 따라서 『사기』는 원효의 진찬이라고 보아야 한다."[13]라고 했다. 이러한 연구 결과는 요시즈 요시히데의 여덟 가지 주장 중 네 번째 주장에 대한 반론이라고 할 수 있다. 왜냐하면 『의천록』·『영초록』 등에 원효의 저술로 『범망경소梵網經疏』·『범망경략소梵網經略疏』 등이 있었음을 전하고 있는데, 이 중 하나를 『사기』의 이칭이라고 할 수 있다면, 신뢰할 만한 경록에 『사기』의 명칭이 수록되어 있었다는 주장이 성립될 수 있기 때문이다.

남동신은 『사기』가 원효의 초기 저술일 가능성을 제시한 최초의 학자이다. 그는 또한 요시즈 요시히데의 여덟 가지 주장 중 세 번째와 일곱 번째에 대해서 반론을 제시했다. 또한 『사기』와 원효의 『기신론별기』에 서로 어긋나는 내용이 있음을 들어 위찬의 가능성을 열어 놓기도 했다.[14]

이상 다섯 학자의 연구 성과를 종합하면 『사기』의 위찬설 가운데 아직 해소되지 않은 것은 네 가지가 남는데, 역자는 이 네 가지에 대한 반론의 증거를 제시했다.

지금까지 설명한 『사기』의 위찬설 · 진찬설의 연구 성과를 도표로 나타내면 다음과 같다.

| 위찬설 1: 기무라 센쇼 | 반 론 | | | | |
|---|---|---|---|---|---|
| | 요시즈 요시히데 | 최원식 | 김상현 | 남동신 | 한명숙(역자) |
| (1) 원효의 저술인 『보살계본지범요기』와 그 취지가 다른 것이 보인다. | | | | | 기무라 센쇼는 양자의 다른 점을 제시하지 않았기 때문에 이 의문은 유효하지 않다. |
| (2) 원효의 여타 저술에는 『사기』라는 명칭을 붙인 것이 없다. | | | | | 경록에서 원효의 저술로 『無量壽經私記』 등을 들었다. |

13 김상현, 『원효연구』, 민족사, 2000, pp.181~183.

14 남동신, 「원효의 계율사상」, 『한국사상사학』 제17집, 2001.

| | | | | | |
|---|---|---|---|---|---|
| (3) 원효는 자신의 저술 간의 상호 인용이 많은데, 여타 저술에 『사기』라는 명칭은 나오지 않는다. | 위찬설이 제기되지 않은 원효의 『法華宗要』도 그의 여타 저술에 나오지 않는다. | | | 진찬인 『요기』도 그의 여타 저술에 나오지 않는다. | |
| (4) 『新編諸宗教藏總錄』, 『東域傳燈目錄』, 『蓮門類聚經籍錄』 등에 『사기』는 나오지 않는다. | 『奈良録』에 『사기』가 들어 있다. | | 眞圓의 『菩薩戒本持犯要記助覽集』에 의거할 때, 『사기』는 『범망경소』의 이칭이기 때문에 원효의 진찬이다. | | |
| (5) 찬술자를 "曉公"이라 할 뿐이고, 원효라는 이름을 명기하지 않았기 때문에 효공을 원효라고 할 수 없다. | 나라 시대에 원효를 제외하고 "효공"이라는 이름의 찬술자는 보이지 않는다. | | | | |
| (6) 원효는 『金光明經』을 그 異名인 『金鼓經』으로 칭하는데, 『사기』에서는 『금광명경』이라고 하였다. | 『법화종요』에도 『금광명경』이라는 명칭이 나온다. | | | | |
| (7) 『사기』에서는 타인의 학설을 인용하면서 "一云"이라고 하는데, 원효의 다른 저술에는 그러한 사례가 없다. | | | | 원효의 『本業經疏』에 "一云"이라고 한 용례가 있다. | |
| (8) 『사기』에는 三論學의 용어나 사유 체계가 곳곳에 보인다. 이는 원효의 다른 저술과 비교할 때 이례적이다. | 원효와 삼론학의 깊은 친연성은 학계의 정설이다. | | | | |

| 위찬설 [2]: 최원식 | 반 론 | | | |
| --- | --- | --- | --- | --- |
| 『요기』에서는 제1 불살계, 제2 투도계, 제3 불음계, 제4 망어계를 "共小之重", 제7 자찬훼타계, 제8 간석가훼계, 제9 진타결한계, 제10 방삼보계를 "不共之重"이라 했다. 『사기』에서는 제7계를 "大小共學", 제8계·제9계·제10계를 "大小不同"이라 했다. 제7계를 『요기』에서는 "不共之重"이라 했는데, 『사기』에서는 "大小共學"이라 했으니, 서로 모순된다. | | | | 이는 『요기』에서는 앞의 네 계는 소승·대승이 모두 중계이고, 뒤의 네 계는 소승은 중계가 아니고, 대승만 중계라고 했는데, 『사기』에서는 제7계를 "대소공학"이라고 했기에 모순이라는 주장인 것 같다. "대소공학"이 대승·소승이 모두 중계로 삼는 것을 뜻한다면 분명히 모순된다. 그런데 "대소공학"은 대승·소승이 함께 배우는 것이라는 뜻이다. 그렇다면 대승·소승이 함께 제지했지만(大乘共學), 그 경중은 달리하여 대승은 중죄이고 소승은 경죄라는 뜻으로 볼 수도 있다. 실제로 원효는 뒤에서 제7계에 대해서 소승은 제3편이고, 대승은 중계라고 하였다. |
| **위찬설 [3]: 남동신** | **반 론** | | | |
| 『사기』에서는 진여문과 생멸문에 각각 不空如來藏과 空如來藏을 대응시키고 있는 반면(①), 『별기』에서는 거꾸로 '진여문=공, 생멸문=불공'의 일면성을 인정하면서도 결론에 있어서는 진여문과 생멸문은 모두 불공을 설한 것이며(②), 여래장은 생멸문에 포섭된다고 주장하였다(③). | | | | ①에 대한 반론: 『사기』에서는 眞如心과 生滅心이라고 했는데, 남동신은 어떤 해명도 없이 생멸심을 생멸문으로, 진여심을 진여문으로 대치하고 있다.<br>②에 대한 반론: 이는 『별기』에서는, 통합적인 관점에서는 생멸문에도 불공의 뜻이 있음을 인정하기는 하지만, 구별하여 보는 관점에서는 진여문은 공, 생멸문은 불공임을 보이고 있다는 말로 보인다. 그런데 『기신론』·『별기』에서는 불공여래장·공여래장이라는 용어를 사용하지 않는다. 남동신은 어떤 해명도 없이 『별기』의 공·불공을 『사기』의 공여래장·불공여래장과 동일시하였다. |

<table>
<tr><td></td><td></td><td></td><td></td><td></td><td>③에 대한 반론: 『별기』의 해당 문장을 제시하지 않았다.</td></tr>
<tr><td colspan="3">진찬설 ①: 요시즈 요시히데</td><td colspan="3">반 론</td></tr>
<tr><td colspan="3">達機의 보살은 목적이 숭고하기 때문에 계를 범해도 福業일 뿐이고 罪業은 아니라고 했다. 이는 대처보살인 원효와 상응하는 해석이다.</td><td colspan="3">아직까지 없음</td></tr>
<tr><td colspan="3">진찬설 ②: 남동신</td><td colspan="3">반 론</td></tr>
<tr><td colspan="3">원효의 저술은 대부분 “大意를 서술하는 것”으로 시작하는데, 『사기』는 “제목을 풀이하는 것”으로 시작한다. 원효의 초기 저술인 『二障義』도 “제목을 풀이하는 것”으로 시작한다. 따라서 『사기』는 초기 저술일 가능성이 있다. 『사기』 본문에서 員敎師, 法源律師, 潤法師, 隆鏡師 등을 언급했는데, ‘교사’·‘율사’·‘법사’ 등은 저자의 선배 혹은 스승임을 나타낸다. 초기 찬술설의 증거가 될 수 있다.</td><td colspan="3">아직까지 없음</td></tr>
</table>

이 밖에 손영산은 『사기』 관련 선행 연구를 나열식으로 요약, 정리한 후, 그에 대한 비판적 검토를 하지 않고 바로 위찬의 가능성과 관련하여 새로운 쟁점을 제시했는데,[15] 전반적으로 논리적 근거가 미약하기 때문에 별도로 서술하지 않았다. 역자는 이미 발표된 논문에서 그 주장을 일곱 가지로 정리하고, 낱낱이 비판적으로 검토하여 성립될 수 없음을 밝혔다.[16]

이렇게 『사기』가 원효의 진찬임을 부정하는 주장은 모두 존립 근거가 없기 때문에 이 책은 아직까지는 원효의 진찬으로 인정되어야 할 것이다.

### 2) 『사기』, 초기 저술 가능성을 지지하는 근거

앞에서 남동신이 제시한 원효의 초기 저술의 가능성은 『사기』 전체를 꼼

15 손영산, 「『범망경보살계본사기 권상』 원효 진찬 여부 논쟁에 대한 재고」, 『한국불교학』 제56호, 2010.

16 앞에서 제시한 역자의 논문을 참조할 것.

꼼히 검토했을 때 꽤 신빙성이 있는 것으로 보인다. 『사기』를 완역하면서 역자는 이러한 주장을 지지할 수 있는 또 다른 근거를 확보할 수 있었다.

첫째는 『사기』에서 인용한 『화엄경』 본문은 모두 60권본 『화엄경』과 일치한다. 당시 이미 80권본 『화엄경』이 번역되었고, 이통현李通玄(635~730)과 징관澄觀(?~839)은 80권본 『화엄경』에 대한 주석서를 찬술했다. 의적의 『보살계본소』와 승장의 『범망경술기』에서는 모두 60권본 『화엄경』을 인용하지만, 태현의 『범망경고적기』에서는 60권본 『화엄경』과 신역인 80권본 『화엄경』을 함께 참조하고 있다.

둘째는 『사기』에서는 『유가사지론』 보살계본의 구역인 『보살지지경』을 『유가사지론』보다 자주 인용한다. 곧 『보살지지경』은 네 번 인용하고, 『유가사지론』은 두 번 인용하는데, 『보살지지경』의 인용문은 그 문장을 본 경에서 명백하게 찾을 수 있지만, 『유가사지론』 인용문은 하나는 지나치게 추상적이고, 다른 하나는 융경사隆鏡師의 주장을 인용한 가운데 나오는데, 해당 논서에서 동일한 문장은 찾을 수 없고, 내용에 의거할 때 『유가사지론』의 내용을 매우 함축적으로 제시한 것임을 알 수 있다.[17] 이에 비해 원

17 『유가사지론』 권53(T30, 592b8)에서 "변화하여 사람의 모습을 한 것이라면 다른 사람을 보호하기 위해서 구족계를 주지 말아야 한다. 그 이유는 무엇인가? 용 등이 있어 계법을 받기 위해 스스로 자신의 몸을 변화하여 비구의 형상을 하고 구족계 받기를 추구하여 바로 그를 위해 구족계를 주었다고 하자. 그가 잠잘 때는 바로 본래의 모습으로 돌아가니, 이미 잠에서 깨어나서 비구의 형상을 짓는다고 해도, 가상 비구일 뿐이다. 동산을 지키는 사람이나 근사남이 갑자기 와서 그 몸의 형체가 이와 같이 변한 것을 보고, 모든 진짜 비구를 증오하는 마음을 일으키고, 모든 비구는 비인非人의 부류라고 한다면, 누가 능히 공경하고 섬기며 그에게 의식을 보시하겠는가? 다른 사람으로 하여금 이러한 악견을 얻도록 하지 말아야 한다. 그러므로 다른 사람을 따라서 보호하기 위해 그에게 구족계를 주어서는 안 된다.(若變化者。爲護他故。不應爲授具戒。所以者何。或有龍等。爲受法故。自化己身。爲苾芻像。求受具戒。若便爲彼授具戒者。彼睡眠時。便復本形。既睡悟已。作苾芻像。假想苾芻。若守園者若近事男。率爾往趣。見彼身形。如是變已。便於一切眞苾芻所起憎惡心。謂諸苾芻皆非人類。誰能敬事。施彼衣食。勿令他人。得此惡見。是故。爲隨護他。不應爲彼受具足戒。)"라고 하여 용 등은 변화하여 사람의 모습을 했어도 구족계를 줄 수 없다고 했다. 융경사가 『유가사지론』을 인용하여 "오직 인

효보다 조금 뒤에 활약한 의적과 승장은『범망경』 주석서에서『지지론』이라고 하면서도 실제 그 문장은『유가사지론』과 일치하는 경우가 많다.

셋째는 삼취정계에 대해서 대승계 경전이 그 이름을 달리하는데, 원효는 일관되게 구역인『보살지지경』에 나오는 명칭, 곧 율의계·섭선법계·섭중생계라는 명칭을 사용한다. 단 율의계를 섭률의계라고 쓴 경우도 몇 차례 있기는 하지만, 이는 요진姚秦 때 축불념竺佛念이 한역한『보살영락본업경菩薩瓔珞本業經』에서 섭률의계·섭선법계·섭중생계라고 한 것을 따른 것으로 보인다.

이상의 사실은『사기』의 찬술자가 구역 시대에 속한 인물임을 보여 준다. 그리고 이는 본 서가 원효의 초기 저술일 가능성을 지지하는 근거가 될 수 있다. 그의 시대에 이미『유가사지론』이 한역되었고, 후기의 문헌에서는 이를 활발하게 인용하고 있다는 점은 초기 저술일 가능성을 보여 주는 것이다. 또한『사기』가 후대의 인물이 원효에 가탁하여 찬술한 것이라고 한다면, 일관되게 구역을 인용하는 모습을 해명하기 어렵기 때문이다.

## 3.『범망경보살계본사기』의 구성과 내용

본 서는 모두 두 권으로 이루어졌지만, 하권이 일실逸失되어 현재 상권만 전해진다. 앞에서 서술한 것처럼,『범망경』에 대한 여러 주석서를 세 가지 유형으로 분류한 것 중 첫째에 해당하여 10중계와 48경계를 모두 다루기는 했지만, 현재 전해지는 상권에서는 10중계만 다루고 있다. 10중계를 해석하면서, "나머지 계를 잃는 것의 뜻은 뒤의 이양을 얻기 위해 스승이 되는 계[18]에서 자세히 설한 것과 같다."라고 하든가, "'온갖 죄가 일

도라야 계를 받을 수 있다."라고 한 것은, 이 글의 취지를 반영한 것으로 생각된다.

어나는 연'이라는 것은 뒤의 음주계飮酒戒[19]에서 설할 것이다."라고 하는 것에 의해 48경계에 대한 주석의 일부 내용을 짐작할 수 있을 뿐이다. 예컨대 48경계에 대한 축약된 명칭은 주석자마다 달리하는데, 원효는 천태 지의의 것을 채용하고 있어서 간접적이기는 하지만 양자의 친연성을 확인할 수 있다.

『범망경』을 풀이함에 있어서 먼저 크게 제목을 풀이하는 문과 문장에 들어가서 해석하는 문의 둘로 나누었다.

### 1) 제목을 풀이함

먼저 '범망경보살계본'이라고 한 것에서 '보살계본'이라는 것은 본 경의 본래 명칭이 아니고, 본 경에서 설한 법에 의거하여 새롭게 시설한 것임을 밝혔다. 다음으로 『범망경』이라는 명칭에서 '범망'은 범천의 그물을 가리키는 것이니, 본 경은 오직 비유에 의해서 이름을 지었음을 밝혔다.

다음에 '망網(그물)'에 의해 법을 비유한 것이 갖는 의미를 밝혔다. 첫째는 연화장세계蓮華藏世界의 차별성과 동일성을 비유한 것이다. 곧 한량없는 세계가 차별되는 것은, 그물코가 서로 차별되는 것과 같고, 한량없는 세계가 모두 법성정토에 통섭되는 것은, 그물코가 모두 그물에 포섭되는 것과 같다. 둘째는 속제법과 진제법을 비유한 것이다. 곧 속제의 차별법은, 그물코가 서로 차별되는 것과 같고, 속제가 모두 진제가 아님이 없는 것은, 그물코가 모두 그물에 포섭되는 것과 같다. 셋째는 불도에 들어가

---

18 『범망경』에서 설한 48경계 중 제41에 해당한다. 위리작사계爲利作師戒라는 계명은, 지의가 『보살계의소』 하권(T40, 579a18)에서 명명한 것과 동일하다. 따라서 이하 48경계의 계명을 서술할 때에는 지의의 것을 따른다.

19 음주계飮酒戒 : 48경계 중 두 번째에 해당하는 계를 가리킨다. 『사기』의 하권이 남아 있지 않기 때문에 그 내용은 알 수 없다.

기 위한 실천문의 차별성과 동일성을 비유한 것이다. 곧 불도를 증득하기 위한 다양한 실천법이 있는 것은, 그물코가 서로 차별되는 것과 같고, 여러 가지 실천법이 지止·관觀으로 통섭되는 것은 그물코가 모두 그물에 포섭되는 것과 같다.

다음으로 본 경의 바른 제목, 곧 품명을 합친 이름인 『범망경보살심지품梵網經菩薩心地品』에서 '지地'에 대한 세 가지 풀이를 소개했다. 첫째는 보살 수행의 50계위를 소주지所住地라고 하고, 보리심을 능주能住라고 한다. 둘째는 삼취계三聚戒를 소주지라고 하고, 보리심을 능주라고 한다. 셋째는 법계를 소주지라 하고, 중생심衆生心을 능주라고 한다. 세 가지 설을 소개하고 비판적 태도를 보이거나, 별도의 입장을 밝히고 있지 않기 때문에 모두 수용한 것으로 볼 수 있다.

### 2) 문장에 들어가서 해석함

주석의 대상인 『범망경』은 61품 가운데 한 품만 한역한 것이기 때문에 일반적으로 경전을 구성하는 세 구조, 곧 서분·정설분·유통분의 형식을 실제로 갖추고 있지는 않지만, 뜻에 의거하여 셋으로 구분할 수 있다고 하고, 다음과 같이 분과하였다. 곧 서분은 "나는 이제 노사나이니……이런 이들을 모두 제일 청정한 이라고 한다."라고 한 것이고, 정설분은 "부처님께서 모든 불자에게 말씀하셨다. 열 가지 중계重戒인 바라제목차波羅提木叉가 있다.……불자들이여, 이 48경계를 너희들은 받아 지녀라. 과거의 모든 보살이 이미 외웠고, 미래의 모든 보살이 외울 것이며, 현재의 모든 보살이 지금 외우고 있는 것이다."라고 한 것이며, 유통분은 "불자여, 잘 들어라.……「불화광왕칠행품」에서 설한 것과 같다."라고 한 것이다. 이미 서술한 것처럼 본 서는 하권이 일실되었기 때문에 정설분 가운데 48경계를 설한 부분과 유통분과 관련된 내용은 알 수 없다.

### (1) 서분

#### ① 법신 노사나의 정립: 일불문과 삼불문

크게 노사나불의 서분, 타방他方의 석가의 서분, 차방此方의 석가의 서분의 셋으로 나누어 본 경의 설법이 이루어지는 구조를 밝혔다. 먼저 법신法身인 노사나불이 본 경의 화주化主로서 연화대의 중심에 앉아서 설법한다. 다음으로 연화대의 가장자리를 두른 천 장의 꽃잎에는 천 명의 석가가 있고, 다시 천 장의 꽃잎에는 저마다 백억 개의 국토가 있어서 각각 한 명의 석가가 머물고 있는데, 전자는 응신應身이고, 후자는 화신化身이다. 이들은 타방의 석가로서 노사나불이 설한 계법戒法(10중금계와 48경계)을 듣고, 본래의 도량으로 돌아가서 보살 대중에게 그 계법을 설한다. 다음으로 차방의 석가인 석가모니불께서 무상각無上覺을 이루고, 하늘과 왕 등에게 그 계법을 설한다.

노사나불의 서분에서는 당시까지 응신으로 알려진 '노사나'가 본 경에서 설법의 화주로서 법신의 역할을 하고 있는 것에 대해 문제 의식을 갖고, 이를 삼불문三佛門(分身門: 부처님을 작용에 의해 셋으로 개별화한 것)과 일불문一佛門(부처님을 체에 의해 하나로 통섭한 것)이라는 개념을 시설하여 해소시키고 있다.

신역 불교의 세례를 받기 전 일정 기간 동안 중국 불교에서는 비로자나와 노사나를 다른 것으로 파악하는 사고방식이 존재했던 것 같다.[20] 이때

20 『보살계의소』 하권(T40, p.569c25)에서 "셋으로 분류하니 법신·보신·응신이다. 비로는 두루 비추는 정법을 몸으로 삼고, 사나는 수행을 원만히 이룸으로써 얻는 보과報果를 몸으로 삼으며, 석가는 응應하여 자취를 드리우고 감感에 나아간 것을 몸으로 삼는다. 『금광명경』과 『섭대승론』에서는 법신·응신·화신이라고 했다.[三謂法報應。毘盧遍耀正法爲身。舍那行滿報果爲身。釋迦應迹赴感爲身也。舍(㉑ 金)光攝論。名法應化。]"라고 하였다. 또한 『법화문구法華文句』 권9(T34, p.128a16)에서도 "법신여래를 비로자나

『범망경』의 화주인 노사나와 비로자나가 어떤 관계에 있는 것인지를 밝히는 것은 중요한 문제가 된다. 비로자나가 법신이고, 노사나가 응신이라는 종래의 사고방식을 그대로 채용할 경우 『범망경』의 화주는 응신의 지위를 갖는 문제가 발생한다. 원효는 비로자나와 노사나가 법신과 응신으로 구별되어 이해되는 상황에서 『범망경』의 노사나는 법신인 비로자나와 다름이 없음을 밝혀야 했다.

원효는 『능가경』을 근거로 하여 일불문의 관점에서 보면, 삼불은 서로 융섭하는 구조 속에 있기 때문에 법신 비로자나를 노사나라고 부르는 것도 무방함을 밝혔다.[21] 이로써 『범망경』의 노사나는, 명칭은 노사나라고 했지만 응신이 아니라 법신으로서의 노사나의 지위를 확보한다. 다음으로 『범망경』의 천 명의 석가와 백억 명의 석가는 각각 응신과 화신인데, 이때 응신과 화신은 삼불분三佛門(分身門)에서의 응신과 화신이라고 하여 그 역할을 한정하였다.

이렇게 삼불문과 일불문의 관점에서 종래의 견해에 의거할 때 발생하는 문제점을 해소한 것은 여타 주석서에 볼 수 없는 원효의 독자적 면모라고 할 수 있다. 또한 모든 저술에서 경·논의 상호 불일치를 회통하기 위해 치밀한 사유를 전개하는 원효의 모습과 맥락적으로 일치하는 것이기도 하다.

---

라고 하니, 변일체처라고 의역한다. 보신여래를 노사나라고 하니, 정만이라고 의역한다. 응신여래를 석가문이라고 한다.(法身如來名毘盧遮那。此翻遍一切處。報身如來名盧舍那。此翻淨滿。應身如來名釋迦文。)"라고 했다.

21 『사기』에서 "비로자나라는 명칭이 삼신을 통틀어서 일컫는 것임을 알 수 있는 이유는, 『능가경』에서 법장法藏을 결집한 보살이 당시의 화주化主인 석가불에게 뜻을 일으키고 귀명하면서 '저는 바다와 같은 일체지一切智를 갖춘 비로자나불께 귀명합니다(歸命大智海毘盧遮那佛)[『入楞伽經』 권1(T16, p.514c7)]'라고 했기 때문에 총괄적으로 표시한 것임을 알 수 있다."라고 한 것을 참조할 것.

② 중도적 사유 체계

'삼보'를 해석하면서 불보에 삼보가 모두 섭수됨을 밝히는 부분에서, '부처님 가운데 각覺의 뜻을 불보로 삼고, 다른 사람이 궤칙으로 삼지 않음이 없기 때문에 (이 뜻에서) 법보라고 하며, 부처님은 투쟁을 여의고 중도中道에 계회할 수 있기 때문에 (이 뜻에서) 승보라고 하는 것이다."라고 하여 승보를 중도의 의미로 해석하였다.

또한 '보름마다 계를 외울 것'을 해석하면서, "자주 외우면 사람들이 경만한 마음을 내고, 적게 지으면 법을 증장할 수 없기 때문에 적은 것을 여의고 두터운 것도 버리고 중도를 취했다."라고 하였다.

다음에 차방의 석가의 서분 가운데 계상戒相을 밝힌 부분에서, '있는 것도 아니고 없는 것도 아니며'라고 한 것을 해석하기를, "비무문非無門에 집착하여 유有라고 여기면, 비록 계는 잃지 않을지라도 계의 실상을 알지 못하기 때문에 위범이 성립되고, 어떤 사람이 비유문非有門에 집착하여 무無라고 계탁하면, 계와 인과법因果法을 비방하는 것이기 때문에 곧 계를 잃는다. 이 두 변을 여의고 중도에 계회하고자 하여 '있는 것도 아니고 없는 것도 아니며'라고 한 것이다."라고 하여 중도에 의해 계에 대한 자성적 사고방식을 경계하고 있다.

③ 삼취정계에 의한 유가계와 범망계의 통합

이미 서술한 것처럼 삼취정계三聚淨戒는 유가계이다. 이 삼취정계를 보살계라고는 하지만, 『범망경』 자체에는 이러한 표현도 없고, 그것을 유추할 수 있는 근거가 될 만한 것도 없다. 그러나 지의를 비롯한 대부분의 『범망경』 주석자들은 범망계에 삼취정계를 적극적으로 섭수하는 모습을 보인다. 이로써 『범망경』이 소승률인 『사분율』과 유가계를 포괄하는 경전의 지위를 확보하였고, 이는 범망계가 동아시아에서 종파를 넘어서 큰 지지를 얻는 것에 결정적인 기여를 한 것으로 평가된다.

원효도 역시 이러한 흐름에서 벗어나지 않는다. 품의 제목 중 '심지'를 해석하면서, "삼취계를 소주지所住地로 삼는다."라고 했고, '감로문'을 해석하면서, "소전所詮의 삼취계법三聚戒法을 감로로 삼는다."라고 하고, "삼취계를 문으로 삼는다."라고 하여 삼취계를 적극적으로 섭수했다. 물론 이는 원효가 다른 학자의 설을 소개하는 형식으로 이루어졌지만, 비판적 시각을 보이지 않았기 때문에 원효 자신의 견해로 보아도 무방할 것이다.

이 밖에도 '계는 해와 달처럼 밝고'라고 한 것을 해석하면서, "'해'라는 것은 뜨거움(熱)을 성품으로 삼고, '달'이라는 것은 차가움(寒)을 성품으로 삼는다. 해만 있고 달이 없다면 온갖 모종(苗)은 타 버리기 때문에 열매를 맺을 수 없다. 또한 달만 있고 해가 없다면 온갖 모종은 바로 썩어 버리기 때문에 싹을 틔울 수 없다. 계도 또한 이와 같아서 비록 섭률의계와 섭선법계가 있다고 해도, 섭중생계가 없으면 오직 자리행만 있고 이타행은 없기 때문에 이승과 같아져서 무상보리의 풍성한 열매를 낳을 수 없다. 비록 섭중생계는 있지만 섭률의와 섭선법계가 없다면, 오직 이타행만 있고 자리행은 없기 때문에 도리어 범부와 같아져서 보리의 싹을 틔울 수 없다. 지금 해와 달을 모두 갖추고 있기 때문에 모종이 싹을 틔워 썩지도 않고 타 버리지도 않는 것처럼, 계도 또한 이와 같아서 삼취계를 모두 갖추고 있기 때문에 범부·이승과 같지 않을 수 있어서 무상보리에 의한 세 가지의 과果를 감득할 수 있기 때문에 '해와 달'을 비유로 삼았다."라고 하여 본문의 계를 삼취정계라고 하고, 삼취정계를 모두 갖추어야 무상보리를 얻을 수 있다고 했다. 또한 10중계 중 불살계를 풀이하는 부분에서 10중계는 모두 율의계에 속한다고 했다.

의적은, 통시적으로 보면 "48경계가 낱낱이 삼취정계이다."라고 했고, 다른 학자의 설을 인용하여 "10중계는 섭률의계, 48경계 중 앞의 30계는 섭선법계, 뒤의 18계는 요익중생계이다."라고 했고, 승장은 "48경계 중 앞의 9계는 섭선법계, 제9~제20은 요익중생계, 제21~제24는 섭선법계, 제25~제33은 요익중생계, 제34~제39는 섭선법계, 제40~제48은 요익중생계이다."라고 했다.

현재 원효가 48경계를 삼취정계와 연관시켰는지, 또는 구체적으로 어떤 형식인지는 알 수 없지만, 10중계를 섭률의계에 배대한 것에 의거하면, 맥락적으로 양자를 연관시켰을 가능성이 더욱 높은 것을 알 수 있다. 이러한 원효의 태도는 의적·승장 등과 그 맥락을 같이하는 것이다.

### (2) 정설분

정설분은 10중계와 48경계의 두 문으로 나누었는데, 이미 서술한 것처럼 후자는 하권에서 다루고 있기 때문에 현재는 그 내용을 알 수 없고, 10중계와 관련된 내용만 파악할 수 있다.

#### ① 도선의 영향: 다양한 개념의 차용

먼저 원효는 각 계에 부여한 명칭의 의미를 지지止持와 작범作犯이라는 개념을 사용하여 설명하였다. 이는 남산율종南山律宗의 개조인 도선道宣(596~667)이 찬술한 『사분율산번보궐행사초四分律删繁補闕行事鈔』에 나오는 용어이다.

도선은 이 책에서 "'지지'라는 것은, 본래 받은 계를 호지하여 모든 악을 짓지 않는 것을 '지止'라고 하고, 계체戒體가 청결하게 빛나 본래 받은 것에 수순하는 것을 '지持'라고 한다. '지持'가 '지止'로 말미암아 이루어지기 때문에 '지지계止持戒'라고 한다. '작지'라는 것은, 악을 이미 여의고 나서 계행을 수습하여 선을 닦는 것을 '작作'이라 하고, 이것에 의해 본래 받은 계에 수순하는 것을 '지'라고 한다. '작'으로 말미암아 '지持'가 이루어지기 때문에 '작지계'라고 한다. '작범作犯'이라는 것은 이치에 어긋나는 행위를 하는 것을 '작'이라 하고, 이것에 의해 본래 받은 것을 오염시키는 것을 '범'이라 한다. '범'이 '작'으로 말미암아 이루어지기 때문에 '작범'이라 한다. '지범止犯'이라는 것은 뛰어난 업을 닦지 않는 것을 '지'라고 하고, 이로 인해 본래 받은 것을 어기는 것을 '범'이라 한다."[22]라고 했다.

원효는 10중계의 첫 번째 계는, 지지止持에 의해 이름을 지으면 불살계不殺戒이고, 작범作犯에 의해 이름을 지으면 살계殺戒라고 했다. 곧 '불살'은 살생의 악업을 짓지 않는 것이니 '지止'이고, 이것에 의해 계를 지키는 것은 '지持'이니, 지지에 의해 이름을 지은 것이며, '살'은 살생의 악업을 짓는 것이니 '작作'이고, 이것에 의해 계를 어기는 것은 '범犯'이니, 작범에 의해 이름을 지은 것이라는 것이다. 그리고 모든 계에는 이러한 두 측면이 있으니, 이것에 준하여 이해해야 한다고 했다.

이렇게 도선이 사용한 지지止持·작지作持, 작범作犯·지범止犯의 개념으로 계를 해석하는 모습은, 도선 이후에 활약했던 의적·승장·법장法藏(643~712)·태현 등이 찬술한 『범망경』 주석서에서는 찾을 수 없는 것이다.

또한 계의 위범의 경중을 논할 때, 전상轉想·본미本迷 등과 같은 개념을 차용하는데, 이것도 역시 도선의 『사분율산번보궐행사초四分律刪繁補闕行事鈔』에 나오는 것으로, 오직 법장이 『범망경보살계본소』에서 이 개념을 차용하고 있을 뿐이고, 승장·의적·태현 등의 주석서에서는 보이지 않는다. 더 나아가서 10중계의 두 번째 계인 투도계偸盜戒를 풀이함에 있어서는 도선의 『사분율산번보궐행사초』에 나오는 글을 많은 부분 그대로 채용하고 있다.

이러한 원효의 태도는 이 저술이 『사분율』로 대표되는 소승계와 『범망

22 『사분율산번보궐행사초四分律刪繁補闕行事鈔』 중권(T40, 91a17).

경』으로 대표되는 대승계의 중간적 위치를 점유하는 시대의 산물임을 보여 준다. 원효가 본 서에서 선행하던 『사분율』을 염두에 두고, 대승계와 소승계의 동일성과 차이성을 파악하기 위해 부단히 고민한 행적을 보여주는 것도 이를 뒷받침하는 근거라고 할 수 있다.

② 중죄의 위범의 대상의 비확장성: 원리주의의 완화

『범망경』에서 설한 10중계 가운데 제1 불살계, 제2 투도계, 제3 불음계, 제4 망어계 등의 네 가지 계에는 모두 중간에 '내지乃至(이르기까지)'라는 말이 들어가 있다. 이것은 위범의 대상의 범주가 확장되는 지점에 놓여 있는데, 이것에 대한 학자들의 견해는 크게 둘로 나뉜다. 실질적인 의미에서의 확장성으로 해석하는 그룹과 원론적인 의미에서의 확장성으로 제한하는 그룹이다. 네 가지 계가 구조적으로 동일성을 갖기 때문에 첫 번째 계인 불살계를 통해 이를 고찰해 보기로 하겠다.

『범망경』 불살계에서 "스스로 죽이거나, 다른 사람으로 하여금 죽이게 하거나, 방편으로 죽이거나, (죽음을) 찬탄하여 죽게 만들거나, (죽이는 것을) 보고 따라서 기뻐하여 (죽이도록 하거나,) 주문으로 죽이는 것에 이르기까지 살생의 업業과 살생의 법과 살생의 인因과 살생의 연緣을 지으며, 일체의 생명이 있는 것에 이르기까지 고의로 살해해서는 안 된다.(若自殺。教人殺。方便讚歎殺。見作隨喜。乃至呪殺。殺業殺法殺因殺緣。乃至一切有命者。不得故殺。)"라고 했다.

'내지'를 경계로 하여 문맥상 앞의 부분은 사람을 죽인 경우를 설한 것이고, 뒤의 부분은 일체의 생명을 죽이는 경우로 확장한 것이다. 이것을 문자 그대로 받아들일 경우, 인간뿐만 아니라 어떤 생명이라도 해쳤을 경우에는 중죄를 범할 수밖에 없다. 이러한 확장성을 문자 그대로 수용할 경우 여타의 생명에 의존하여 살아가는 인간의 삶의 성격을 고려할 때,

대부분의 인간은 중죄를 저지른 위범자로 살아갈 수밖에 없다.

지의는 『보살계의소』에서 "살생의 대상은 셋으로 구분된다. 첫째는 상품上品이니, 부처님 · 성인 · 부모 · 사승師僧이다. 둘째는 중품中品이니 인간과 하늘이다. 셋째는 하품下品이니 사취四聚의 중생이다. 하품의 중생을 살해했을 경우에 대해서 기존의 학설에 두 가지가 있다. 첫째는 중죄이다. 『범망경』 본문에서 '일체의 생명이 있는 것에 이르기까지'라고 한 것이 그 증거이다. 둘째는 경죄인데, 중죄 가운데 겸하여 금제한 것일 뿐이니, 이들은 도기道器(불도를 이룰 수 있는 근기를 가진 사람)가 아니기 때문이다. 본문에서 '일체의 생명이 있는 것에 이르기까지'라고 한 것은 가벼운 것을 들어 무거운 것을 드러낸 것[23]일 뿐이다."[24]라고 하여 이러한 위험성에서 벗어나는 길을 제시한다.[25]

원효는 지의의 입장에서 한걸음 더 나아가서 논란의 여지를 제시하지도 않고, '내지'를 중심으로 하여 전자를 중비重非(중죄에 해당하는 그릇된 것), 후자를 경비輕非(경죄에 해당하는 그릇된 것)라고 분과하였다. 그리고 『사기』에서 "『범망경』에서 '이르기까지'라고 한 것은, 축생을 살해하여 얻는 경구죄를 겸하여 취한 것이다."라고 하여 명백히 경구죄에 해당함을 밝혔다.

의적은 '내지'에 대한 지의의 해석에 정면으로 반대한다. 곧 『보살계본

---

23 생명이 있는 것은 어느 것이든 살해해서는 안 되는 것이라고 함으로써 중죄에 해당되는 대상을 해치는 것은 더더욱 안 된다는 것을 강조한 말이란 뜻이다.

24 『보살계의소』 하권(T40, 571c15).

25 지의는 직접적으로 양자 중 어느 입장을 지지하는지 밝히지 않았지만, 전후의 여러 진술을 통해 후자를 지지하는 것을 알 수 있다. 예컨대 지의는 『보살계의소』에서 본문을 분과하면서, '일체의 생명이 있는 것에 이르기까지'라는 부분에 대해, "나중의 한 구절은 가벼운 것을 들어 무거운 것을 드러낸 것이다.(後一句擧輕況重)"(T40, 571b28)라고 했고, "'일체의 생명이 있는 것에 이르기까지' 이하는 세 번째로 가벼운 것을 들어 무거운 것을 드러낸 것이다.(乃至一切有命下。第三擧輕況重。)"(T40, 572a19)라고 했기 때문이다. 좀 더 자세한 것은 다음 논문을 참조할 것. 戸次顕彰, 「梵網經諸注釋書における持犯の一考察」, 『印度學佛教學研究』 56권 제1호, 2007년.

소』 상권에서 "나중에 '일체의 생명이 있는 것에 이르기까지'라고 한 것을, 예전의 학자는 가벼운 것을 들어서 무거운 것을 드러낸 것이라고 판별했지만, 지금은 위범의 범위를 맺은 것이라고 말한다."[26]라고 했는데, '예전의 학자'는 지의의 주장과 일치한다. 의적은 이를 직접적으로 부정하고, '일체의 생명이 있는 것'도 모두 중죄의 대상의 범주에 포함시키는 것이 타당하다고 했다.

승장도 역시 의적과 같은 입장을 취하는데, 그 논지가 좀 더 세밀하다. 곧 『범망경술기』에서 "삼악취의 중생을 살해하는 것에 본래 두 가지 해석이 있다. 첫째는 삼악도의 중생을 살해하는 것은 오직 경죄이고 중죄가 아니다. 그러므로 『사분율』에서 오직 사람을 살해하는 것만이 바라이죄가 성립되는 것[27]이라고 했다. 이 삼악취의 중생은 불도를 성취할 수 있는 근기를 갖추지 못했기 때문이다. 둘째는 방생傍生(畜生) 등을 살해하는 것은 중죄이고 경죄는 아니다. 그 이유는 무엇인가? 보살은 모든 유정에 대해 자비롭고 평등하게 대하여 뛰어난 것과 하열한 것을 차별하지 않기 때문이다. 비록 두 가지 해석이 있지만 나중의 설이 뛰어나다. 그러므로 이 경에서도 '일체의 생명이 있는 것에 이르기까지'라고 했다. 이렇게 두 가지 해석이 같지 않지만, 『사분율』 등에서는 또한 성문계를 설하고 보살계를 논하지 않은 것이다. 그러므로 실질적인 의미에서는 서로 어긋나지 않는다. 비록 두 가지 해석이 있지만 뒤의 해석이 뛰어난 것은, 앞의 주장처럼 삼악취의 유정이라고 하여 경죄에 그친다면 이는 자비의 정신에 어긋나는 것이기 때문이다."[28]라고 했다. 보살계는 자비를 중시하기 때문에 중죄의 대상의 범위를 삼악취, 곧 일체의 중생으로까지 확장했고, 성문계는 불도를 성취할 수 있는 근기를 갖지 못했다는 관점에서 삼악취를 배제한

26 『보살계본소菩薩戒本疏』 상권(T40, 664c4).
27 『사분율四分律』 권2(T22, 575c).
28 『범망경술기梵網經述記』 상권(X38, 406c2).

것이니, 두 가지 입장이 있는 것은 문제가 되지 않지만, 『범망경』 본문은 명백하게 전자의 입장을 취한 것으로 보아야 한다고 주장한 것이다.

태현도 『범망경고적기』에서 "성문계에서는 오직 사람을 살해하는 것만 취하지만, 지금은 취趣를 간별하지 않기 때문에 '일체의 생명이 있는 것에 이르기까지'라고 했다."[29]라고 하여 의적과 승장의 입장을 계승하고 있다.

이상을 통해 지의와 원효는 '내지'를 단지 원론적인 의미에서의 확장성으로 파악함으로써 문장 자체에 얽매이지 않고 현실적 측면을 고려한 원리주의의 완화를 시도했고, 의적·승장·태현은 '내지'를 문자 그대로 실질적인 의미에서의 확장성으로 파악하여 원리주의적인 입장을 고수했음을 알 수 있다.

또한 원효는 중죄의 성립 조건을 상대적으로 많이 열거함으로써 중죄의 규정을 완화하는 모습을 보인다. 이 밖에 『범망경』에서 "보살계를 받고 이 계를 외우지 않는다면, 보살이 아니고 부처님의 종자도 아니다."라고 한 부분을 해석하기를, "'보살이 아니고'라고 한 것은, 계를 외우지 않으려는 마음을 일으켰기 때문이다. 마음을 기준으로 삼았기 때문에 보살이 아니라고 한 것일 뿐이고, 영원히 보살이 아니기 때문에 보살이 아니라고 한 것은 아니다. 수행을 순숙하게 이룬 것을 기준으로 삼았기 때문에 '부처님의 종자도 아니다'라고 한 것일 뿐이고, 영원히 불자佛子가 아니기 때문에 부처님의 종자가 아니라고 한 것은 아니다."라고 한 것 등도 모두 위범의 적용을 완화하려는 의도와 맥락적으로 맞닿아 있다.

③ 달기보살達機菩薩: 유가계瑜伽戒에 나타난 사유 체계의 구현

『사기』에서 특히 주목할 만한 것은 달기보살達機菩薩이라는 용어이다.

---

29 『범망경고적기梵網經古迹記』 하권(T40, 703c19).

원효는 곳곳에서 중죄에 해당하는 범죄를 저질렀어도, 달기보살은 죄가 없고 오직 복만 있을 뿐이라고 주장한다. 그런데 달기보살이라는 말은 오직 『사기』에만 나온다. "달기"는 『성유식론』 권9에서 "변재가 자재하다는 것은 변무애해辯無礙解를 말한다. 기의機宜(機緣에 적절한 것)를 잘 통달하여 훌륭하게 설하기 때문이다."[30]라고 한 것과 『법화문구』 권8에서 "권실權實을 깊이 알고, 점돈漸頓을 자세히 알며, 또한 기연機緣을 통달한다."[31]라고 한 것에서 그 유래와 의미를 추정할 수 있을 뿐이다. 이것에 따르면 '달기'란 기연 혹은 기의機宜에 통달한 것을 의미한다.

그렇다면 이는 보살의 수행 계위 중에서는 어디에 해당하는 것인가? 『사기』에서 "대지大地에 들어간 달기보살(大地達機菩薩)"이라고 하여 그 추론의 근거를 제시하고 있다. 대지 보살은 보살 수행 계위 중 최후의 단계인 10지 중 제8지 이상의 보살을 가리킨다.

이는 『유가사지론』에서 "보살들이 보살의 청정한 계율의에 머물면서 훌륭한 방편으로 다른 사람의 이익을 위하여 행위함으로써 여러 성죄性罪에 해당하는 것 가운데 적은 부분이 현행했다면, 그렇다고 해도 이러한 인연으로 말미암아 보살계를 범하는 일은 없고 오히려 많은 공덕을 낳는다. 예를 들면 보살이, 남의 물건을 빼앗고 훔치는 도적이 재물을 탐하여 많은 중생을 죽이려고 하거나, 혹은 큰 덕을 가진 성문과 독각과 보살을 해치려고 하거나, 여러 가지 무간업無間業을 짓거나 하는 것을 보되, 이러한 일들을 보고 나서 구제하려는 마음을 일으켜 생각하기를, '내가 저 악한 중생의 생명을 끊는다면 나는 지옥에 떨어질 것이고, 만약 그의 생명을 끊지 않는다면 그는 무간업을 성취하여 장차 큰 고통을 받을 것이다. 내가 차라리 그를 죽여서 나락가那落迦(地獄)에 떨어질지언정 끝내 그로 하여

---

30 『성유식론成唯識論』 권9(T31, 53c10).
31 『법화문구法華文句』 권8(T34, 118c27).

금 무간지옥에서의 쉴 새 없이 이어지는 고통을 받게 하지는 않겠다'라고 했다고 하자. 이와 같이 보살이 어떤 의도를 가지고 생각하여 저 중생에 대해 혹은 선심善心이나 혹은 무기심無記心으로, 그 일로 인해 생겨날 모든 일들을 잘 알고 그를 미래의 나쁜 과보로부터 구제하기 위해 매우 부끄러워하는 마음을 품고 있으면서도 그를 불쌍하게 여기는 마음에 의해 그의 생명을 끊는다고 하자. 그렇게 한다고 해도 이러한 인연으로 말미암아 보살계를 위반하는 일은 없고 오히려 많은 공덕을 발생시킨다."[32]라고 한 것과 맥락적으로 일치한다.

의적·승장 등은 중죄의 대상의 범주를 제한하지 않음으로써『범망경』본문 자체를 해석함에 있어서는 원리주의적 입장을 보였지만, 중생에게 이익이 될 경우는 삼악취뿐만 아니라 인간과 하늘을 죽인다고 해도 위범이 아니라고 하여 방편을 적극적으로 옹호하는 모습을 보인다. 그리고 그 근거로 앞에서 인용한『유가사지론』의 글을 제시하였다.

『사기』는 이미 서술한 것처럼『유가사지론』을 인용하고 있기는 하지만, 그 직접적인 친연성은 의문시된다. 달기보살이 지닌 의미가『유가사지론』과 깊은 연관성이 있음에도 불구하고 여타 주석자와 달리『유가사지론』을 인용하여 그 근거를 제시하지 않는 것도 이를 뒷받침하는 근거가 될 것이다.

요시즈 요시히데는, "달기보살이라는 독자적 보살관을 통해서 목적이 숭고하면 계를 범해도 복업을 얻는다고 한 것은 대처의 보살인 원효에 어울리는 해석이다."[33]라고 했는데, 보다 큰 목적을 위해 계를 범하는 것을 복업을 짓는 것이라고 하는 것은 원효의 독자적 해석이라기보다는 원리주의적인 범망계梵網戒에 상대하여 방편을 적극적으로 허용하는 유가계瑜

32 『유가사지론』 권41(T30, 517b6).

33 요시즈 요시히데(吉津宜英),「法藏以前の『梵網經』諸註釋書について」,『駒澤大學佛教學部研究紀要』, 제47호, 1989.

伽戒, 곧『보살지지경』과 그 이역본인『유가사지론』의 보살계에 주로 나타나는 사유 체계이다. 후대 유가계의 사상적 영향 하에 놓인 동아시아『범망경』 연구자들은 실제로 모두 이러한 해석 방식을 보이고 있기 때문이다. 다만 그러한 해석의 선구적 지위에 원효가 놓여 있음은 부인할 수 없는 사실이다.

## 차례

## 일러두기

1 '한글본 한국불교전서'는 문화체육관광부의 지원을 받아 동국대학교 불교문화연구원에서 수행하고 있는 '불교기록문화유산아카이브(ABC)사업'의 결과물을 출간한 것이다.
2 이 책의 번역은 『한국불교전서』(동국대학교출판부 간행) 제1책의 『범망경보살계본사기 권상梵網經菩薩戒本私記卷上』을 저본으로 하였고, 저본에는 생략되어 있는 『범망경』 본문을 수록하고 번역하였다.
3 본 역서의 차례는 저자인 원효元曉의 과목 분류에 의거해서 역자가 임의로 넣은 것이다.
4 본 역서에서는 『범망경』 본문과 저자의 해석을 경과 기로 구분하였다.
5 번역문에 이어 원문을 수록하였다. 원문은 『한국불교전서』를 저본으로 하였으며, 띄어쓰기를 표시하기 위해 온점(。)을 사용하였다.
6 음역어는 현재의 한문 발음대로 표기하였고, 그에 해당하는 범어 표기는 『불광대사전佛光大辭典』에 의거하였다. Ⓢ는 범어를 뜻한다.
7 원문의 교감 사항은 번역문의 각주와 별도로 원문 아래 부분에 제시하였다.
   ㉯은 『한국불교전서』 편찬자가 교감한 내용이다.
   ㉰은 번역자가 교감한 내용이다.
8 약물은 다음과 같다.
   『 』: 서명
   「 」: 편명, 산문 작품
   〈 〉: 시 작품
   T : 대정신수대장경
   X : 만속장경
   H : 한국불교전서

# 범망경보살계본사기 상권

## | 梵網經菩薩戒本私記 卷上* |

효공 지음

曉公造

* ㉯『속장경續藏經』 제1편 95투套 제2책을 저본으로 하였다. ㉮『속장경』과 『한불전』에는 『범망경』 본문이 수록되어 있지 않다. 원효의 분과에 맞추어 역자가 해당처에 『범망경』 본문을 넣었는데, 그 원문은 『대정신수대장경』에 수록된 것을 저본으로 한다. 단 원효의 주석에 견주어서 원문에 차이가 있는 것이 보일 경우에는 이를 별도로 밝히기로 한다.

장차 이 경을 풀이하고자 하여 간략히 두 문으로 분별한다. 첫째는 제목을 풀이하는 것이고, 둘째는 문장에 들어가 해석하는 것이다.

將釋此經。略作兩門分別。一者釋題名字。二者入文解釋。

# 제1편 제목을 풀이함

처음에 제목을 풀이하는 것은 (다음과 같다.)

初釋題名者。

"보살계본"이라고 한 것은 (본 경에서 설한) 법을 지칭하여 넣은 제목이다.[1] 그러므로 ("범망경보살계본"은) 이 경의 제목과 일치하지 않는다. 이 경의 바른 제목을 말하면, "범망경보살심지품梵網經菩薩心地品"이라고 해야 한다. '범망'이라고 한 것은 비유에 의거하여 이름으로 삼은 것이다. 말하자면 여래께서 이 법을 설하실 때, 범천梵天이 보배 그물(寶網)로 당幢(깃대)을 덮은 것을 보고, 이것을 가리키면서 말씀하셨기 때문에,[2] 이 경

1 본 서의 제목에서, '보살계본'은 원효 자신이 『범망경』에서 설한 법(보살계본)에 의거하여 부가한 제목이라는 것을 밝힌 것이다.

2 『범망경』 하권(T24, 1003c14)에서 "그때 부처님께서 여러 대범천왕이 그물로 당을 덮는 것을 관찰하고, 그것으로 인해 말씀하셨다.(時佛。觀諸大梵天王網羅幢。因爲說。)"라고

을 '범망'이라고 한 것이다.

所言菩薩戒本者。法喩所置目。故非正此經目也。若論是經正目者。應言梵網經菩薩心地品。所言梵網者。約喩爲名。謂如來說是法時。觀梵天以寶網覆於幢。而目此發言說。故此經名爲梵網。

어떤 경은 오직 법만을 이름으로 삼았으니 『열반경』 등을 말하고, 혹은 어떤 경은 오직 사람의 이름만을 경의 제목으로 삼았으니 『승만경』 등을 말하며, 혹은 어떤 경은 법과 비유를 합하여 경의 제목으로 삼았으니 『묘법연화경』 등을 말한다.[3] 지금 이 경은 오직 비유만을 제목으로 삼았다.[4]

有經。單以法爲名。謂涅槃經等。或有經。單以人名爲經目。謂勝鬘經等。或有經。合法喩而爲經目。謂妙法蓮華經等。今此經者。單以喩爲目。

다만 "망(그물)"을 부처님께서 설한 법에 비유한 것은 간략히 세 가지 뜻이 있다. 첫째는 여래께서 설한 한량없는 세계해世界海의 법문이니, 말하자면 연화상세계蓮華上世界[5]이다. 이 세계는 아래로는 평등이라는 이름의 풍륜風輪에서부터 (가장 위로는) 승장勝藏이라는 이름의 풍륜에 이르기까지 (여러 풍륜으로 이루어졌고,) 또한 횡적으로 시방에 한량없는 세계가

---

한 것을 말한다.

3 『열반경』은 본 경에서 설한 열반의 법에 의거하여 이름을 지은 것이고, 『승만경』은 본 경의 주인공인 승만 부인의 이름에 의거하여 이름을 지은 것이며, 『묘법연화경』은 본 경에서 설한 묘법이라는 법과 연화라는 비유를 합하여 이름을 지었다는 것을 나타낸 말이다.

4 "범망경보살심지품"에서 '보살심지품'이 경명이라면, 비유와 법을 합한 것이라고 해야 하지만, 이는 품명이기 때문에 경명인 '범망경'에 한정하여 비유만으로 지었다고 한 것이다.

5 연화상세계蓮華上世界 : 연화장세계蓮華藏世界를 가리키는 말. 연꽃에서 출생한 세계, 혹은 연꽃 속에 깃들어 있는 공덕이 한량없고 광대하게 장엄한 세계를 가리킨다.

있다.[6] (나머지는)『화엄경』가운데 자세하게 설하였다. 이와 같은 모든 세계는, 저 세계는 이 세계가 아니고 이 세계는 또한 저 세계가 아니다. 이와 같이 세계가 차별되어 그러한 뜻이 없지 않은 것은, 곧 그물코(網目)가, 이 코는 저 코가 아니고 저 코는 이 코가 아닌 것과 (뜻이) 일치한다. 또한 만약 세계가 차별되어 비록 한량없지만, 만약 법성정토法性淨土[7]로 포섭하는 것을 말하면, 어떤 세계이든 법성정토가 아님이 없으니, 이 뜻은, 곧 코가 비록 차별이 없지 않지만 그물로 코를 포섭하면, 어떤 코이든 그물이 아님이 없는 것이 지닌 뜻과 일치한다. 그러므로 '망(그물)'을 부처님께서 설한 법에 비유하였다.

但以網譬於佛所說法。略有三義。一者如來。能說無量世界海法門。謂蓮華上世界。此世界者。從下平等風輪。乃至於勝藏風輪。有無量世界。亦有橫

---

6 『화엄경華嚴經』 권3 「노사나불품盧舍那佛品」(T9, 412a21)에서 "연화장세계해는 노사나불이 장엄한 정토로, 한량없는 풍륜이 연화장세계를 떠받쳤다. 가장 밑에 있는 풍륜의 이름은 평등으로 일체보광명지一切寶光明地를 떠받쳤다. 이렇게 다시 대지 위에 풍륜이 있고, 풍륜 위에 대지가 있어서 가장 상부에 있는 풍륜의 이름은 승장으로 일체향수해一切香水海를 떠받쳤다. 그 향수해 가운데에 향당광명장엄香幢光明莊嚴이라는 이름의 대연화大蓮華가 있는데, 이 연화장장엄세계해蓮華藏莊嚴世界海를 떠받쳤다. 이 세계해의 가장자리는 금강산金剛山이 둘러싸고 있다."라고 하였다. 원효가 인용한『화엄경』은 그 문장이 여러 이역본 중 60권본과 일치한다. 이하 60권본에서 그 출처를 밝히기로 한다.

7 법성정토法性淨土 : 여러 부처님이 머무는 정토를 넷으로 분류한 것 중 하나. 법신이 머무는 국토로, 진여를 체로 삼는다. 나머지 세 가지 정토는 다음과 같다. 첫째는 화정토化淨土이니 화신이 머무는 국토이다. 부처님께서 변현한 칠보로 이루어졌다. 예컨대 서방극락정토와 같은 것을 말한다. 둘째는 사정토事淨土이니 타수용신他受用身이 머무는 국토이다. 최상의 미묘한 칠보로 장엄한 국토이다. 세계가 겁화劫火에 의해 타 버려도 부처님께서는 그 안에서 경행하거나 머물거나 앉거나 눕거나 하시며, 자연스럽게 여덟 가지 공덕을 지닌 물이 땅에서 나온다. 셋째는 실보정토實報淨土이니 자수용신自受用身이 머무는 국토이다. 이공二空을 문門으로 삼고 삼혜三慧를 출입의 길로 삼으며, 사마타(止)와 비발사나(觀)를 승乘으로 삼고, 근본무분별지根本無分別智를 용用으로 삼는다.

十方無量世界。嚴經中。乃至廣說。如是諸世界。彼世界非此世界。此世界亦非彼世界。如是。世界若[1]別。非無義者。卽當於網目。此目非彼目。彼目非此目。亦世界若別。雖無量。而若以法性淨土攝者。世界而無非法性淨土。此義。卽當於目。雖非無差別。而以網攝目者。目而無非網義。是故。以網譬於佛所說法。

1) ㉮ '若'은 '差'인 것 같다. 이하 동일하다.

둘째는 속제법俗諦法을 말하는 것이다. 이 법은 저 법이 아니고 저 법은 이 법이 아니어서 구별되기 때문에 온갖 차별을 이룬다. 이 뜻은, 곧 이 코는 저 코가 아니고 저 코는 이 코가 아닌 것과 일치한다. 또한 진공일미眞空一味를 진제眞諦로 삼은 것을 (말하는 것이다.) 속제의 차별이 비록 없지는 않더라도, 진제로 속법俗法을 포섭하면, 어떤 법도 일여一如가 아님이 없다. 이 뜻은, 곧 그물로 코를 포섭하면, 어떤 코이든 그물이 아님이 없는 것이 지닌 뜻과 일치한다. 그러므로 '망(그물)'의 비유를 경의 제목으로 삼았다.

二者論俗諦法者。此法非彼法。彼法非此法。區而故。成萬差別。此義。卽當於此目非彼目。彼目非是目義。亦以眞空一味爲眞諦。俗諦差別雖非無。而以眞攝俗法者。一法而無非一如。此義。卽當於網以攝目。目而無非網義。是故。以網喩爲經目也。

셋째는 부처님께서 설한 법문은 비록 많은 문이 있더라도 지止·관觀의 두 문을 벗어나지 않는다(는 것을 말한 것이다.) 말하자면 법을 융섭하기 때문에, 일여법계一如法界를 체득하기 때문에 '지'라고 하고, 비록 법이 일여一如가 아님이 없음을 증득했더라도 가유법假有法으로 비무非無의 도리를 비추기 때문에 '관'이라 한다. 어떤 까닭으로 많은 법문을 설한 것인가? 어떤 사람은 별관別觀으로 말미암아 도를 증득하여 들어가고, 혹은 어떤 사람은 통관通觀으로 말미암아 도를 증득하여 들어간다. 통관에 의거하면, 지·관의 두 문을 벗어나지 않지만, 또한 별관하고자 하는 사람을 증입하게 하기 위해 많은 문을 설한다. 비록 많은 문이 있지만 (그것을 통해) 이치에 들어간다는 점에서는 차이가 없다. 비유컨대 한 성城에 네 개의 문이 있는데, 들어가는 문은 비록 하나가 아니지만, 역시 성으로 들어가는 것에는 차이가 없는 것처럼, 이 뜻도 또한 이러하다. 만약 별문別門에 의거하면, 비록 이 문은 저 문이 아니고 저 문은 또한 이 문이 아니지만, 통문通門으로 별문을 포섭하면, 지·관의 두 문에 포섭되지 않음이 없으니, 지·관이 아닌 것이 없다. 비록 코에 차별이 있지만 그물로 코를 포섭하면 어떤 코도 그물이 아님이 없는 것이 지닌 뜻과 (일치한다.)

三者佛所說法門。雖有多門。而不出止觀二門。謂能融法故。而體於一如法界故。名爲止。雖證於法無非一如。而能照假有法。非無道理故。名爲觀。何故。說衆多法門者。有人。由別觀故。得入道。或有人。通觀故。得入於道。若就道[1]觀者。雖不出止觀二門。而且爲名令入欲別觀人。故說多。雖有多門。而亦入理無二。喩如一城有四門。入門雖非一。而亦入城無二。是義亦爾。若約別門。雖此門非彼門。彼門亦非此門。而若以通門攝別門者。而無非止觀二門攝。無非止觀也。雖有目差別。而以網攝目。目無不網義。

---

1) ㊀ '道'는 '通'인 것 같다.

여래께서 설한 것에 이와 같이 세 가지 뜻이 있는 것이, 이러한 그물과 코가 지닌 뜻과 일치하기 때문에 비유를 이름으로 삼았다.

"범망"이라는 것은 이 부部의 개별적인 명칭이고, "경"은 두루 통하는 명칭이다. '경'이 두루 통하는 명칭이라는 것은 일반적으로 설하는 것과 같다.

如來所說。如是三義者。當於此網目義故。以喩爲名故。[1] 梵網者。此部別名。經此。[2] 通名。經通名。如常所說。

1) ㉮ '故'는 '也'인 것 같다. 2) ㉮ '此'는 '者'인 것 같다.

"보살심지품"이라는 것에서 '보살'은 범음梵音을 갖추어서 말하면 보리살타마하살타菩提薩埵摩訶薩埵(Ⓢ bodhisattva-mahāsattva)라고 해야 한다. '보리'라는 것은 도심道心이고, '살타'라는 것은 중생衆生이며, '마하살타'라는 것은 대도심중생大道心衆生이다. '보리살타'라는 것은 자리행自利行에 의거한 것이고, '마하살타'라는 것은 이타행利他行에 의거한 것이다. 이타행이라는 것이 자리행보다 뛰어나기 때문에 '대도심중생'이라 한다. 이 무상보리심無上菩提心(대도심)은 곧 과果이고, 중생은 곧 인因이다. 인과 과를 합하여 하나의 명칭으로 삼았기 때문에 '대도심중생'이라 했다.

菩薩心地品者。菩薩者。具論梵音者。應言菩提薩埵摩訶薩埵。菩提者名道心。薩埵者名爲衆生。摩訶薩埵者。名大道心有情。[1] 菩提薩埵者。約自利行也。摩訶薩埵者約利他。利他行者。勝於自利故。名大道心衆生。此無上菩提心卽果。衆生者卽是因。合因果而爲一名。故言大道心衆生也。

1) ㉮ 전후 문맥상 '有情'은 '衆生'인 것 같다. 뜻은 차이가 없다.

"심지"라는 것에서 ('지'는) 능생能生(생기하는 주체)의 뜻과 소주所住(머무는 대상)의 뜻이니, 이것이 '지'의 뜻이다. '지'의 뜻은 간략히 세 가지 설이 있다. 어떤 사람은 말하기를, "지전地前의 40심[8]과 지상地上의 10심[9]을 합한 50심이라는 것은, 수행하는 보살이 머무는 땅(所住地)이기 때문에 '심지'라

8 지전地前의 40심 : 보살의 수행 계위 중 최후인 10지 이전의 40위. 곧 10신十信·10주十住·10행十行·10회향十迴向의 계위에서 지니는 마음을 가리킨다.

9 지상地上의 10심 : 보살의 수행 계위의 최후인 10지에서의 열 가지 마음을 가리킨다.

고 한다. '소주'는 이 50지이고, '능주能住(머무는 주체)'는 보리심菩提心이다." 라고 했다. 어떤 사람은 말하기를, "삼취계三聚戒[10]를 '소주지所住地'로 삼고, 보리심을 '능주'로 삼는다."라고 했다. 어떤 사람은 말하기를, "법계를 '소주지'로 삼고, 수행하는 사람을 '능주'로 삼는다. 일체의 중생은 비록 오도五道를 유전하더라도 일법계一法界의 밖으로 벗어나지 않고 모두 법계에 소속되니, 이것을 소주지로 삼는다. 능주라는 것은 중생심衆生心이다." 라고 했다.[11] "품"이라는 것은 일반적으로 설하는 것과 같다.

心地者。能生義。所住義。是地義。地義。略有三說。一云。地前四十心及地上十心。合五十心者。修行菩薩所住地。故爲心地。所住此五十地。能住是菩提心。一云。以三聚戒爲所住地。以菩提心爲能住。一云。以法界爲所住地。以行人爲能住。一切衆生 雖流轉五道。而無出一法界以外。皆爲法界。爲所住地。能住者。衆生心也。品者。如常所說。

지금 이 책은 『범망경』 대부大部 가운데 한 품이다. 상권은 보살菩薩의 심지心地의 법문을 밝혔고, 이 하권 가운데 보살의 계상戒相을 밝혔다. 그 대부를 말하면 112권 61품으로 이루어졌고,[12] 이 품은 제10「보살심지품

10 삼취계三聚戒 : 삼취정계三聚淨戒라고도 한다. 대승보살의 계법으로 모두 세 가지로 구성되었다. 첫째는 율의계律儀戒이니 칠중의 별해탈율의別解脫律儀, 곧 비구계·비구니계·정학계正學戒(式叉摩那戒)·사미계·사미니계·우바새계·우바이계이다. 둘째는 섭선법계攝善法戒이니 율의계를 받은 후에 보리를 증득하기 위하여 몸과 입과 마음으로 선한 행위를 실천하는 것이다. 셋째는 요익유정계饒益有情戒이니 중생을 이익되게 하는 열한 가지 실천행을 행하는 것이다.

11 천태 지의는 『보살계의소』 상권(T40, 563a20)에서 "보살 율의를 가리키는 것이다. 보살율의는 삼업을 모두 방호하지만 의업意業이 가장 수승하기 때문에 의업에 의거하여 '심지'라고 했다."라고 하였다.

12 구마라집이 한역한 『범망경』에 대한 승조僧肇의 서문序文(T24, 997a18)에 자세한 내용이 실려 있다. 다만 이 글에서는 '120권'이라 하여, 『사기』에서 '112권'이라 한 것과 권수에 차이가 있다. 그러나 『범망경』「본서本序」(T24, 997a6)에서는 '112권'이라고 하여 일

菩薩心地品」이다. 원교사員敎師가 말하기를, "이 경의 제목을 갖추어서 말하면 '범망경노사나불소설심지법문석가모니불소설십무진장계품梵網經盧舍那佛所說心地法門釋迦牟尼佛所說十無盡藏戒品'이라고 해야 한다. 우선 생략했기 때문에 갖추어서 시설할 필요가 없었던 것이다."라고 했다.

今此卷者。梵網經大部中一品。上卷者明菩薩心地法門。此下卷中明菩薩戒相。論彼大部者。百十二卷。六十一品也。此品者。第十菩薩心地品也。員敎師言。若具論此經題目者。應言梵網經盧舍那佛所說心地法門釋迦牟尼佛所說十無盡藏戒品也。且略故。不須具置也。

제목을 풀이하는 것을 마친다.

釋題名竟。

---

치한다. 여러 주석서에서 120권, 112권을 혼용하고 있다. 현재 원본이 전해지지 않기 때문에 어느 것이 타당한지 확정할 수 없다.

# 제2편 문장에 들어가 해석함

두 번째로 문장에 들어가 해석하는 것은 (다음과 같다.)

第二入文解釋者。

지금 이 경은 대부 안의 정설분正說分[13] 가운데 한 품이기 때문에 별도로 서분序分[14]·정설분·유통분流通分[15]의 셋으로 나뉘어 있지 않다. 그러나 뜻에 준하여 문장을 분과하면, 셋으로 나눌 수 없는 것은 아니다. "나는 이제 노사나이니" 이하에서 "제일 청정한 이(라고 한다.)"까지는 문장(의 내용)이 발기發起(서분)를 이루고, "부처님께서 모든 불자에게 말씀하셨다." 이하에서 "현재의 모든 보살이 지금 외우고 있는 것이다."[16]까지는 내용이 정설분과 합치하며, "불자여, 잘 들어라." 이하에서 책의 끝에

13 정설분正說分 : 해당 경의 핵심 사상을 담은 부분을 가리킨다. 정종분正宗分·성교정설분聖教正說分이라고도 한다.

14 서분序分 : 해당 경의 유래·인연을 서술한 부분을 가리킨다. 발기분發起分·교기인연분教起因緣分이라고도 한다.

15 유통분流通分 : 해당 경을 제자에게 부촉하고 미래세까지 유통시킬 것을 당부하는 내용이 실린 부분을 가리킨다.

16 현재 『사기』는 상권만 전해지고 있는데, 이 부분은 하권에 해당한다. 『범망경』 하권(T24, 1009b25)에서 "불자들이여, 이 48경계를 너희들은 받아 지녀라. 과거의 모든 보살이 이미 외웠고, 미래의 모든 보살이 외울 것이며, 현재의 모든 보살이 지금 외우고 있는 것이다.(諸佛子。是四十八輕戒。汝等受持。過去諸菩薩。已誦。未來諸菩薩。當誦。現在諸菩薩。今誦。)"라고 한 것을 말한다.

이르기까지는 힘써 수지할 것을 당부한 것이니 (유통분과 합치한다.)

今此經者。多[1]部之內。正說分中一品故。無別序正流通三分。然准義科文。非無三分。從我今盧舍那已下。乃至第一清淨者。文成發起。從佛告諸佛子已下。至現在諸菩薩今誦。度合正說。從佛子諦聽已下。至於卷軸。辭當懃持。

1) 역 '多'는 '大'인 것 같다.

# 제1장 서분

처음에 서분 가운데 또한 세 단락이 있다. “나는 이제 노사나이니” 이하의 세 행과 세 구절의 게송[17]은 노사나불盧舍那佛의 서분이고, “이때 천백억 (명의 부처님)” 이하의 일곱 행과 세 구절의 게송[18]은 타방他方의 석가의 서분이며, “그때 석가모니불께서” 이하의 장행長行(산문 형식의 글)은 차방此方의 석가의 서분이다.

初序分中。亦有三段。我今盧舍那以下三行三句頌者。盧舍那佛序。是時千百億以下七行三句頌者。他方釋迦序。爾時釋迦牟尼佛以下長行者。此方釋迦序。

## 1. 노사나불의 서분

### 1) 화주를 나타냄

17 『범망경』에서 “我今盧舍那。方坐蓮花臺……聽我誦佛戒。甘露門則開。”라고 한 부분을 말한다.

18 『범망경』에서 “是時千百億。還至本道場……大衆皆恭敬。至心聽我誦。”이라고 한 부분을 말한다.

### (1) 바로 사람을 나타냄

처음에 노사나불의 서분 가운데 또한 세 단락이 있다. 첫째는 (앞의) 두 구절[19]로 화주化主(교화의 주체)를 나타냈고, (둘째는) "둘러싼" 이하의 두 행과 두 구절의 게송[20]으로 법을 청문하는 대중을 열거했으며, (셋째는) "모두 와서 나의 처소에 이르러" 이하의 세 구절[21]로 설할 법을 나타냈다. 처음 가운데 또한 두 가지가 있다. 앞의 구절은 바로 사람을 나타냈고, 뒤의 구절은 주처를 밝혔다.

初盧舍那佛序中。亦有二[1)]段。一者以二句。顯化主。周遍[2)]以下二行二句頌。列聽法之衆。俱來至我所以下三句。出所說法。初中亦有二。上句正表人。下句明住處。

1) ㉠ 전후 문맥상 '二'는 '三'인 것 같다. 2) ㉠『범망경』에 따르면 '遍'은 '匝'이다.

**경** 나는 이제 노사나이니,

我今盧舍那。

**기** 처음에 "나는 이제"라고 한 것은 이 노나사불을 '나(我)'라고 한 것이다. 이미 가실假實의 두 가지 아我를 얻었기 때문에 '나'라고 한다. 이승二乘은 외도의 신아神我를 여의었기 때문에 비록 가아假我를 얻었지만, 무아無我에 집착하여 진실아眞實我를 얻지 못하였다. 여래께서는 외도의 신아와 이승의 무아의 집착을 여의었기 때문에 두 가지 아를 모두 얻었다. 또

19 『범망경』에서 "我今盧舍那。方坐蓮花臺。"라고 한 부분을 말한다.
20 『범망경』에서 "周匝千花上。復現千釋迦。……各接微塵衆。"이라고 한 부분을 말한다.
21 『범망경』에서 "俱來至我所。聽我誦佛戒。甘露門則開。"라고 한 부분을 말한다.

한 인人·법法의 두 가지 아를 여의었기 때문에 아가 아님이 없음을 얻었으니, (이러한 형태의) 팔자재아八自在我[22]는 만慢이 있는 아我를 말하는 것이 아니기 때문에 '나'라고 하였다.[23]

初言我今者。此盧舍那佛我。已得假實二我。故名我。二乘離外道神我故。雖得假我。而著無我。不得眞實我。如來能離外道神我及二乘無我執故。具得二我。亦能離人法二我故。得無非我。八自在我。非論有慢我。故爲我也。

"노사나"라는 것은 원정圓淨이라 의역한다. 어떤 흑법黑法도 다하지 않음이 없기 때문에 어떤 백법白法도 얻지 않음이 없다. 그러므로 '원정'이라 한다. "비로자나"라는 것은 광원정廣圓淨이라 의역한다. 횡적으로는 시방법계의 공간 가운데 통하지 않는 곳이 없고, 종적으로는 삼세三世의 시간 가운데 두루 하지 않는 때가 없다. 그러므로 '광원정'이라 한다.

盧舍那者。翻名圓淨。謂黑法而無不盡故。能白法而無不得。是故。名圓淨。毗盧遮那者。翻廣圓淨也。橫者。十方法界中無所不通。從。[1)] 三世際中無所[2)]

---

22 팔자재아八自在我 : 여래의 법신이 여덟 가지의 자재함을 갖춘 대아大我라는 것을 나타낸 말이다. 『열반경』 권21(T12, 746c1)에서 "첫째는 한 몸으로 티끌처럼 많은 몸을 나타내고, 둘째는 하나의 티끌 같은 몸으로 삼천대천세계를 가득 채우며, 셋째는 삼천대천세계를 가득 채우는 몸으로 가볍게 먼 곳에 이르고, 넷째는 한량없는 부류를 나타내지만 항상 한 국토에 머물러 계시며, 다섯째는 모든 근根이 각각 특정 대상을 넘어서서 모든 대상을 두루 지각하고, 여섯째는 일체법을 얻지만 얻었다는 생각을 하지 않으며, 일곱째는 한 게송의 뜻을 설함에 있어서 무량겁이 지나도 그 뜻이 다하지 않고, 여덟째는 몸이 허공처럼 모든 곳에 두루 가득한데 허공을 볼 수 없는 것처럼 여래도 또한 그러하여 진실로 볼 수 없지만 자유자재하기 때문에 모든 사람으로 하여금 볼 수 있게 한다."라고 했다.

23 만慢은 아견에 의거하여 발생하는 심소인데, 여래께서는 이러한 견해에서 벗어났기 때문에 동일하게 '아'라고 했을지라도 의미는 동일하지 않다는 뜻이다. 본문의 '我'를 팔자재아로 풀이한 것은 천태 지의天台智顗(538~597)가 『보살계의소』 상권(T40, 569c28)에서 밝힌 것과 같다.

不遍。故言廣圓淨。

1) ㉠ '從'은 '縱者' 혹은 '竪者'인 것 같다. 2) ㉡ '所'는 보충하여 넣은 것이다.

명호가 일어난 것(에 의해 말하면,) 석가는 화신化身 가운데 일어난 것이고, 노사나는 응신應身에서 일어난 것이며, 비로자나는 법신法身[24] 가운데 일어난 것이다.[25] 명호가 일어난 체體에 의거하면, 낱낱의 명칭은 삼신三身을 통틀어서 칭한다.[26] 그렇게 알 수 있는 이유는 『화엄경』에서 "이 사천하四天下[27]에서 부처님의 명호는 동일하지 않다. 혹은 실달悉達이라 하고, 혹은 석가모니라고 하며, 혹은 노사나라고 하여 그 숫자가 1만 가지나 된다."[28]라고 했기 때문이다. 그러므로 (삼신을) 통틀어서 표시한다는 것을 알 수 있다.[29]

24 법신·응신·화신은 불신을 그 특성에 따라 셋으로 분류한 것이다. 그 명칭이 일률적이지 않다. 예컨대 지의는 『보살계의소』 하권(T40, 569c25)에서 "셋으로 분류하니, 법신·보신·응신이다. '비로'는 두루 비추는 정법을 몸으로 삼고, '사나'는 수행을 원만히 이룸으로써 얻는 보과報果를 몸으로 삼으며, '석가'는 응應하여 자취를 드리우고 감感에 나아간 것을 몸으로 삼는다. 『금광명경』(T16, 362c18)과 『섭대승론』(T31, 196a2)에서는 법신·응신·화신이라고 했다.[三謂法報應。毘盧遍耀正法爲身。舍那行滿報果爲身。釋迦應迹赴感爲身也。舍(㉠ 金)光攝論。名法應化。]"라고 하였다.

25 이상은 삼불문三佛門(分身門), 곧 부처님을 작용에 의해 셋으로 개별화한 것을 설명한 것이다.

26 이상은 일불문一佛門, 곧 부처님을 체에 의해 하나로 통섭한 것을 설명한 것이다. 이 문에 의거할 때, '석가'라고 해도 노사나·비로자나를 모두 포괄하고, '노사나'라고 해도 '석가'와 '비로자나'를 모두 포괄하며, '비로자나'라고 해도 '석가'와 '노사나'를 포괄한다.

27 사천하四天下 : 네 천하라는 뜻. 곧 사주四洲와 같은 말. 불교의 세계관에 따르면 수미산의 사방에 있는 네 개의 대륙을 가리킨다.

28 『화엄경』 권4(T9, 419a11)의 취의 요약이다.

29 이상에서 원효가 일불문과 삼불문을 시설한 이유는 다음과 같다. 『범망경』의 설주는 법신이다. 그런데 『범망경』 본문에서 그 설주의 이름을 '노사나'라고 했고, 삼불문에 의거하면 '노사나'는 보신이다.(앞의 주석에서, 지의가 『보살계의소』에서 三身을 해석한 부분을 인용한 것을 참조할 것. 당시 '노사나'와 '비로자나'는 구별되는 것으로 이해되었고, 원효 역시 이러한 사유를 계승하고 있었음을 추정할 수 있다.) 이때 법신에 대해 보신인 '노사나'의 명칭을 붙인 것에 대한 의문이 일어난다. 원효는 이 의문을 해소하기 위해 일불문을 시설하였다. 일불문에 의거하면, '노사나'는 '비로자나'와 '석가'를 모

若發名者。釋迦名[1]化身中發。盧舍那者應身發。毗盧遮那者法身中起。若以起名號體。一一名通號三身。所以得知其然。華嚴經云。此四天下。佛號不同。或稱悉達。或稱釋迦牟尼。或稱盧舍那。其數一萬。故知。通表。

1) 역 전후 맥락에 의하면 '名'은 '者'인 것 같다.

노사나라는 명호가 삼신을 통틀어서 칭한다는 것을 알 수 있는 이유는, 이 가운데 경의 일불문一佛門(한 부처님으로 통섭하는 문)에서 이미 "나는 이제 노사나이니"라고 했기 때문이다. 그러므로 통틀어서 칭하는 명호라는 것을 알 수 있다. 어떤 까닭으로 이 노사나불이 삼신을 갖추었다고 하는 것인가. "(천 장의 꽃잎의) 천 명의 석가와 (천 장의 꽃잎 각각에 있는 백억 개의 세계의) 백억 명의 석가가 모두 와서 본다."[30]라고 했기 때문에 법신불이라는 것을 알 수 있고, 또한 "응신인 천 명의 석가가 접인接引(교화하는 것)하는 지상地上(初地 이상)의 보살중이 모두 와서 볼 수 있다."[31]라고 했기 때문에 응신불이라는 것을 알 수 있으며, "백억 명의 화신으로 나타난 석가가 접인하는 지전地前(10지 이전)의 대중이 와서 본다."[32]라고 했기 때문에 화신불이라는 것을 알 수 있다.[33] 이와 같이 비록 삼신의 뜻을 갖추

두 포괄하기 때문에 명칭을 '노사나'라고 했어도 '비로자나'와 동일한 것으로 보아도 무방하다는 것이다. 이로써 일불문에 의거하여 법신인 '노사나'의 성립이 가능해진다.

30 뒤의 게송에서 "노사나불이 연화대에 앉고, 그를 둘러싼 천 장의 꽃잎에 천 명의 석가불을 나타내 다시 천 장의 꽃잎에 각각 백억 개의 세계가 있는데, 각 세계마다 한 명의 석가불을 나타내어 천백억 명의 석가불이 된다. 천 명의 석가불과 천백억 명의 석가불이 모두 대중을 거느리고 노사나불의 처소에 이르러 계법을 듣는다. 그리고 다시 모든 부처님이 자신의 처소에 돌아가 10중계와 48경계를 외운다."라고 한 것을 참조할 것. 백억 명의 석가와 천백억 명의 석가는 동일한 것을 달리 표현한 것이다. 천 명의 석가의 각 국토마다 백억 명의 석가를 나타내니, 통틀어서 천백억 명의 석가가 되기 때문이다. 그러므로 천백억은, 실질적으로는 천 명의 석가가 각각 나타낸 백억 명의 석가이니, 1,000×10,000,000,000이라는 말이다.

31 해당 본문은 바로 앞의 주석을 참조할 것.

32 해당 본문은 앞의 주석을 참조할 것.

33 이를 도표로 나타내면 다음과 같다.

고 있지만, 통틀어서 칭하는 명칭에 의해 "나는 이제 노사나이니"라고 했으니, 이는 일불문一佛門 가운데 부처님이기 때문이다. 삼신의 뜻을 갖춘 것은, 한 명의 중생이 상속하는 가운데 닦아야 할 인因에 응한 것이니, 삼신의 뜻을 갖추었기 때문에 일불一佛이라 한다. 그러므로 '천 명의 석가'는 응신에 부합하고, '백억 명의 석가'는 화신에 부합한다.

비로자나라는 명호가 삼신을 통틀어서 일컫는다는 것을 알 수 있는 이유는, 『능가경』에서 법장法藏을 결집한 보살이 당시의 화주化主인 석가불에게 귀명하면서 "저는 바다와 같은 일체지一切智를 갖춘 비로자나불께 귀명합니다."[34]라고 했기 때문이다. 그러므로 (삼신을) 통틀어서 표시한다는 것을 알 수 있다.

所以得知。以盧舍那名。通號三身者。此中。經一佛門中。既言我今盧舍那。故知。通名也。何故。此盧舍那佛。具三身者。及[1)]百億等釋迦往見。故知。法身佛。亦應身千釋迦所接地上菩薩衆皆得見。故知。應身佛。出百億化身釋迦所接地前衆往見。故知。化身佛。如是。雖具有三身義。而通名我今盧舍那者。此一佛門中佛故。具有三身義。謂一衆生相續中。應所修因。具三身門[2)]故。名爲一佛。故千釋迦者約應身。百億釋迦者約化身也。所以得知。毗盧舍那名。通號於三身者。楞伽經。結集法藏菩薩。當時化主釋迦佛。故[3)]命。言我歸命一切智海毗盧遮那佛。故知。通表也。

1) ㉮ '及'은 '千及'인 것 같다. 2) ㉮ '門'은 '義'인 것 같다. 3) ㉮ '故'는 '歸'인 것 같다.

| | 노사나불이 삼신을 갖춘 이유 | | |
|---|---|---|---|
| 삼신 | 법신 | 응신 | 화신 |
| 접인하는 대중 | 천 명의 석가,<br>천백억 명의 석가 | 지상의 보살중 | 지전의 대중 |

34 『입릉가경入楞伽經』 권1(T16, 514c7).

### (2) 주처를 밝힘

**경** 바르게 연화대에 앉았네.

方坐蓮花臺。

**기** "바르게 연화대에 앉았네."라는 것은 연화대 위에 함장含藏된 세계를 말한다. 『화엄경』에서 "불자여, 마땅히 알라. 수미산須彌山을 구성하는 티끌과 같은 수의 풍륜이 이 연화장장엄세계해蓮花藏莊嚴世界海를 떠받치고 있다. 가장 아래에 있는 풍륜은 평등이라 하는데, 그것은 일체보광명지一切寶光明地를 떠받치고 있다. 다음 차례의 풍륜은 종종보장엄種種寶莊嚴이라 하는데, 청정광명지淸淨光寶地를 떠받치고 있다.……(중략)……가장 위에 있는 풍륜은 승장이라 하는데, 일체향수해一切香水海를 떠받치고 있다. 그 향수해香水海 가운데에 큰 연꽃이 있어 향당광장엄香幢光莊嚴이라 하는데, 이 연화장장엄세계해를 떠받치고 있다. 이 세계해의 가장자리는 금강산金剛山이 두루 둘러싸고 있다."[35]라고 했고, 그 뒤에서 "그 대지처大地處에는 불가설不可說[36]의 불찰佛剎을 구성하는 티끌과 같은 수의 향수해가 있어서 온갖 보배로 장엄하였다. 일체의 향마니보왕香摩尼寶王이 그 언덕이 되었고, 보왕寶王으로 만들어진 나망羅網(그물)이 그 위를 두루 덮었으며, 온갖 보배 빛깔의 물이 그 속을 가득 채웠고, 일체의 온갖 꽃이 모두 활짝 피었으며, 가루 전단栴檀을 뿌려 그 물을 향기롭게 하였고, 항상

---

35 『화엄경』 권3(T9, 412a25).

36 불가설不可說 : 열 가지 큰 수 중 아홉 번째 수. 1아승기를 최초의 단위로 하여 점차 증대해 나갈 때 아홉 번째에 해당하는 수. 곧 1아승기의 자승自乘(같은 수를 두 번 곱하는 것)은 아승기전阿僧祇轉이고, 아승기전의 자승은 무량無量이니, 이것이 두 번째 큰 수이다. 이런 방식을 거듭하여 아홉 번째에 불가설에 이른다.

여래의 미묘한 음성이 흘러나와 끊어지는 일이 없었다."[37]라고 하였으며, 또 (그 뒤에서) "낱낱의 향수해에는 사천하의 티끌과 같은 수의 향수하香水河가 둘러싸고 있고, 여러 가지 보배로 이루어진 꽃이 그 위를 두루 덮었다."[38]라고 했으며, 그 뒤에서 "이 연화장세계해 가운데 낱낱의 경계에는 세계해의 티끌과 같은 수의 청정한 장엄이 있다. 불자들이여, 이 향수해 위에는 불가설의 불찰을 이루는 티끌과 같은 수의 세계성주世界性住가 있다."[39]라고 했다.

方坐蓮花臺者。觀[1)]蓮華臺上世界。華嚴經云。佛子當知。有須彌山微塵等風輪。持此蓮花藏莊嚴世界海。最下風輪。名曰平等。彼持一切寶[2)]明。[3)] 以[4)]上風輪。名種種寶莊嚴。持清淨光寶池。[5)] 乃至最上風輪。名勝藏。持一切香水海。彼香水海中。有一[6)]大蓮華。名香幢光莊嚴。持此蓮華藏莊嚴世界海。邊。[7)] 有金剛山。周迊[8)]圍繞。又下。彼大地處。不可說佛刹微塵香水海。衆寶莊嚴。一切香摩尼寶玉[9)]以爲其岸。寶玉羅網。彌覆其上。衆寶色水。盈滿其中。一切衆。[10)] 皆悉開敷。細末栴檀。以香其水。常[11)]如來妙音不絕。一一香水海。有四天[12)]微塵[13)]香水河圍繞。種種寶花。彌覆其上。下云。此蓮華藏世界。[14)] 一一境界。有世界海。[15)] 塵數清淨莊嚴。佛[16)]子。此香水海上。有不可說佛刹微塵世界。[17)]

1) ㉮ '觀'은 '謂'인 것 같다. 2) ㉮『화엄경』에 따르면 '寶' 뒤에 '光'이 누락되었다. 3) ㉮『화엄경』에 따르면 '明' 뒤에 '地'가 누락되었다. 4) ㉮『화엄경』에 따르면 '以'는 '次'이다. 5) ㉮『화엄경』에 따르면 '池'는 '地'이다. 6) ㉮『화엄경』에 따르면 '一'은 연자衍字(필요 없는 자리에 군더더기로 들어간 글자)이다. 7) ㉮『화엄경』에 따르면 '邊' 앞에 '此世界海'가 누락되었다. 8) ㉮『화엄경』에 따르면 '迊'은 '匝'이다. 9) ㉮『화엄경』에 따르면 '玉'은 '王'이다. 이하 동일하다. 10) ㉮『화엄경』에 따르면 '衆' 뒤에 '華'가 누락되었다. 11) ㉮『화엄경』에 따르면 '常' 뒤에 '出'이 누락되었다. 12) ㉮

37 『화엄경』 권3(T9, 413b15).
38 『화엄경』 권3(T9, 413c17).
39 『화엄경』 권4(T9, 414a27).

『화엄경』에 따르면 '天' 뒤에 '下'가 누락되었다. 13) ㉧『화엄경』에 따르면 '塵' 뒤에 '數'가 누락되었다. 14) ㉧『화엄경』에 따르면 '界' 뒤에 '海中'이 누락되었다. 15) ㉧『화엄경』에 따르면 '海' 뒤에 '微'가 누락되었다. 16) ㉧『화엄경』에 따르면 '佛' 앞에 '諸'가 누락되었다. 17) ㉧『화엄경』에 따르면 '界' 뒤에 '性住'가 누락되었다.

("연화대"에서) '화'라는 것은 천 명의 석가 등이 머무는 여러 세계에 의거한 것이다. '대'라는 것은 노사나불이 머무는 세계를 나타낸 것이니, 중심의 뜻을 나타내고자 했기 때문에 '대'라고 했다. 그런데 낱낱의 꽃잎 가운데 온갖 세계는 모두 연화대 위에 함장된 세계에 포섭되니, 연화상세계蓮華上世界(연화장세계)가 아님이 없다. "바르게(方) (연화대에) 앉았네."라는 것에서 '방方'은 정正의 뜻이다.

言花者。約千釋迦等所住諸世界。臺者。現盧舍那佛所住世界。謂爲欲現仲義。故言臺。然葉葉中衆世界。皆以蓮花上世界攝者。皆無非蓮華上世界也。方坐者。方此正義。

## 2) 법을 청문하는 대중을 열거함

경

둘러싼 천 장의 꽃잎 위에
다시 천 명의 석가를 나타내었네.
한 장의 꽃잎에 백억 개의 국토이고
한 개의 국토마다 한 명의 석가로다.
각각 보리수 밑에 앉아
일시에 불도를 이루었네.

周帀千花上。復現千釋迦。一花百億國。一國一釋迦。各坐菩提樹。一時成佛道。

기 두 번째로 법을 청문하는 대중을 열거한 것 가운데 세 짝이 있다. 첫 번째로 "둘러싼" 이하에서 "일시에 불도를 이루었네."까지는 인人과 법法을 상대로 하여 짝으로 삼았고, 두 번째로 "이와 같이" 이하에서 "본신이라네."까지는 본本과 말末을 상대로 하여 짝으로 삼았으며, 세 번째로 "천백억"에서부터 "티끌처럼 많은 대중을 접인하네."까지는 사師와 종도從徒를 상대로 하여 짝으로 삼았다.

第二列聽法之衆中。有三雙。一從周迊以下至一時成佛道。人與法相對爲雙。二者從如是至本身。本與末相對爲雙。第三從千百至塵衆者。師與從相對爲雙。

### (1) 인과 법을 상대로 하여 짝으로 삼음

처음 가운데 두 가지가 있다. 앞의 한 행은 능각인能覺人(깨달음을 이룬 사람)을 밝혔고, 뒤의 두 구절은 소각법所覺法(깨달은 법)을 밝혔다. 처음 가운데 또한 두 가지가 있다. 앞의 두 구절은 응신을 나타냈고, 뒤의 두 구절은 화신을 나타냈다. (다시 앞의 두 구절 가운데) 앞의 구절은 주처住處를 밝혔고, 뒤의 구절은 바로 응신을 밝혔다.

初中有二。上一行明能覺人。下二句明所覺法。初中亦有二。上二句表應身。下二句表化身。上句明住處。下句正明應身。

### ① 능각인을 밝힘

### A. 응신을 나타냄

#### A) 주처를 밝힘

처음에 (주처를 밝힌 것에서) "둘러싼 천 장의 꽃잎 위에"라고 한 것은, 응신이 머무르는 천 개의 정토를 밝힌 것이다.

初言周迊千花上者。明應身所住千淨土。

#### B) 바로 응신을 밝힘

"응신"이라고 한 것은 (다음과 같다.) 이것은 바로 분신문分身門(삼신을 분별하는 문) 가운데 응신이니, 『금광명경』에서 "응신이고 화신이 아닌 것이 있다."[40]라고 한 것이 바로 이 뜻이다.

40 『합부금광명경合部金光明經』 권1(T16, 363c17)에서 "분별하면 네 가지 몸이 있다. ① 화신이고 응신이 아닌 것이 있고, ② 응신이고 화신이 아닌 것이 있으며, ③ 화신이고 또한 응신인 것이 있고, ④ 화신도 아니고 또한 응신도 아닌 것이 있다. ① 어떤 것이 화신이고 응신이 아닌 것인가? 여래께서 이미 반열반하고 나서 중생이 원하는 것에 따라 자재하게 몸을 나타내기 때문이다. 이와 같은 몸이 곧 화신이다. ② 어떤 것이 응신이고 화신이 아닌 것인가? 지전의 보살이 보는 몸이다. ③ 어떤 것이 화신이고 또한 응신인 것인가? 유여열반에 머무는 여래의 몸이다. ④ 어떤 것이 화신이 아니고 또한 응신도 아닌 것인가? 여래의 법신이다."라고 했다. ①, ②, ③을 길장吉藏의 『법화의소』 권10(T34, 603b27), 규기窺基의 『대승법원의림장』 권7(T45, 362a25)에서는 "①은 부처님께서 열반에 드신 후에 중생을 위해 용·귀신 등의 몸을 나타내기 때문에 화신이라 하고, 불신佛身을 현시하지는 않기 때문에 응신이 아니라고 한다. ②는 지전의 보살이 보는 몸이다. 곧 여래께서 지전의 보살을 위해 삼매에 의해 나타낸 몸이니, 이를 응신이라 하고, 육취六趣에 포섭되지 않으니, 화신이 아니라고 한다. ③은 이승二乘(성문·연각)과 40심위(지전의 40심)에서 볼 수 있는 불신이다. 부처님께서 상호相好를 갖추

所言應身者。此卽分[1)]門中應身。金光明經云。有應身而[2)]非化身有。[3)] 卽是義。

1) 역『속장경』에 따르면 '分' 뒤에 '身'이 누락되었다. 2) 역『합부금광명경』에 따르면 '而'는 연자이다. 3) 역 전후 문맥상 '有'는 '者'인 것 같다.

### B. 화신을 나타냄

두 번째로 화신을 밝힌 것 가운데 곧 두 가지가 있다. 앞의 구절은 주처를 밝혔고, 뒤의 구절은 바로 화신을 밝혔다.

第二明化身中。卽有二。上句明住處。下句正明化身。

#### A) 주처를 밝힘

"한 장의 꽃잎에 백억 개의 국토이고"라고 한 것은, 화신의 숫자가 염부제의 백억 개의 국토와 같음을 밝힌 것이다.

所言一花百億國者。明化身閻浮等百億國也。

#### B) 바로 화신을 밝힘

"한 개의 국토마다 한 명의 석가로다."라는 것은 분신문 가운데 석가이다.『금광명경』에서 "한결같이 화신이고 응신이 아닌 것이 있다."[41]라

고 도를 닦아 성불하는 것을 보니, 부처님의 형상을 나타냈기 때문에 응신이라 하고, 인간으로 태어나 인간과 같은 모습, 곧 온갖 고통을 받는 모습 등을 나타냈기 때문에 화신이라 한다."라고 했다.

41 앞의 주석에서 서술한 네 가지 불신 중 ①에 해당한다.

고 한 것이 곧 이 뜻이다. 앞에서 밝힌 노사나불은 비록 삼신을 갖추었지만,[42] 삼불문三佛門(분신문) 가운데 한결같이 응신인 것과 한결같이 화신인 것을 마주하기 때문에 구별하여 진신眞身(법신)이라 한다.

一國一釋迦者。是卽分身門中釋迦。金光明經言。有一向化身而非應身者。卽是其義。上所明盧舍那佛。雖具三身。而三佛門中。對於一向應身及一向化身。故具[1]名爲眞身也。

1) ㉮ 전후 문맥상 '具'는 '別'인 것 같다.

### ② 소각법을 밝힘

**기** 두 번째로 소각법을 밝힌 것 가운데 곧 두 가지가 있다. 앞의 구절은 주처를 밝혔고, 뒤의 구절은 바로 소각법을 나타냈다.

二明所覺法中。卽有二。上句明住處。下句正表所覺法。

#### A. 주처를 밝힘

"보리수"라고 한 것에서 '보리'는 각覺(道라고도 의역함)이다. 실다 태자悉多太子[43]가 이 나무 아래에 앉아서 무상각無上覺을 이루었기 때문에 소각所覺(깨달은 것, 곧 道)을 지목하여 도수道樹로써 나무의 이름으로 삼았기 때문에 '보리수'라고 한 것이다.

42 앞에서 일불문의 입장에서 삼신을 통틀어서 칭하는 명호라고 한 것을 말한다.
43 실다 태자悉多太子 : '실다'는 Ⓢ Siddhārtha의 음사어로 실달悉達이라고도 한다. 부처님의 세속에서의 이름이다.

所言菩提樹者。菩提及[1]覺。是悉多太子坐此樹下。成無上覺。故目所覺。道樹爲樹名。故言菩提樹。

1) 역 전후 문맥상 '及'은 '言'인 것 같다.

### B. 소각법을 나타냄

"일시에 불도를 이루었네."라는 것은, 차방의 석가가 불도를 이룬 것처럼 타방의 석가도 일시에 모두 불도를 이루었기 때문에 '일시에 불도를 이루었네'라고 한 것이다.

一時成佛道者。如此方釋迦成道。他方釋迦亦一時中皆成道。故言一時成佛道。

### (2) 본과 말을 상대로 하여 짝으로 삼음

경

**이와 같이 나타낸 천백억 명의 부처님은**
**노사나불이 본신本身이라네.**

如是千百億。盧舍那本身。

기 두 번째로 (본과 말을) 상대로 한 것 가운데 앞의 구절은 말末을 밝혔고, 뒤의 구절은 본本을 밝혔다. 문장의 뜻은 알 수 있을 것이다.

第二對中。上句明末。下句明本。文釋可解。

### (3) 사와 종도를 상대로 하여 짝으로 삼음

경

천백억 명의 석가들
각각 티끌처럼 많은 대중을 접인하네.

千百億釋迦。各接微塵衆。

기 세 번째로 사師와 종도從徒를 상대로 한 것 가운데 앞의 구절은 사師를 나타냈고, 뒤의 구절은 종도를 나타냈다. "티끌처럼 많은 대중"이라는 것은, 접인의 대상인 대중이 헤아릴 수 없기 때문에 '티끌처럼 많은 대중'이라 한 것이다.

第三師與從相對中。上句標師。下句顯從。衆[1]微塵衆者。所接衆無數。故爲微塵衆也。

1) 역 '衆'은 연자인 것 같다.

### 3) 설할 법을 나타냄

경

모두 와서 나의 처소에 이르러
내가 불계佛戒를 외우는 것을 들으니,
감로문이 바로 활짝 열렸네.

俱來至我所。聽我誦佛戒。甘露門則開。

**기** 세 번째로 설할 법을 나타낸 것 가운데 두 단락이 있다. 앞의 한 구절은 대중이 와서 부처님의 처소에 이른 것을 밝혔고, 뒤의 두 구절은 바로 설할 법을 밝혔다.

第三出所說法中。有二段。上一[1)]句明衆來至佛所。下二句正明所說法。

1) ㉮ '一'은 '二'인 것 같다. ㉯ 본문의 분과에 의하면 '一'이 맞다.

### (1) 대중이 와서 부처님의 처소에 이른 것을 밝힘

처음 가운데 "모두 와서 나의 처소에 이르러"라고 한 것에서 '모두 와서……이르러'라는 것은, 천 명의 석가와 백억 명의 석가가 접인하는 대상인 대중이 모두 와서 본주本主(노사나불)의 처소에 이르렀기 때문에 '모두 와서……이르러'라고 한 것이다. '나의 처소'라는 것은 노사나불의 입장에서 '나'라고 한 것이다.[44]

初中。言俱來至我所者。俱來至者。千及百億釋迦所接衆。皆來至本主所。故言俱來至也。我所者。約盧舍那佛我也。

### (2) 바로 설할 법을 밝힘

"감로문이 바로 활짝 열렸네."라고 한 것에서 '감로'라는 것은 불사약不死藥이라 의역한다. 이 가운데 두 가지 설이 있다. 어떤 사람은 말하기를, "소전所詮의 삼취계법三聚戒法을 감로로 삼고 능전能詮의 교教를 문으로 삼는다. 삼취계를 수지함으로 말미암아 무상보리無上菩提의 불사약을 얻을

44 앞의 주석 22에서 '나(我)'를 팔자재아로 풀이한 것을 참조할 것.

수 있기 때문에, 곧 소전의 삼취계법을 감로로 삼는다."라고 했다. 어떤 사람은 말하기를, "무상보리를 감로로 삼고 삼취계를 문으로 삼는다."라고 했다.

所言甘露門卽[1]開。甘露者。翻名不死藥也。於中。有二說。一云。以所詮三聚戒法爲甘露。以能詮敎門。[2] 謂由持三聚戒故。能得於無上菩提不死藥故。卽以所詮三聚戒法爲甘露。一云。以無上菩提爲甘露。以三聚戒爲門。

1) ㊀『대정장』에 수록된『범망경』에는 '則'이라고 되어 있는데, 그 미주에서 명본明本에서는 '卽'이라 했음을 밝혔다. 그러므로 어느 하나가 옳다고 할 수는 없다. 2) ㊀ '門' 앞에 '爲'가 들어간다.

'문'의 뜻에는 여러 가지가 있다. 어떤 사람은 말하기를, "출입出入의 뜻이니, 이것이 문의 뜻이다. 말하자면 율의계律儀戒와 섭선법계攝善法戒[45]는 자리행自利行(자신의 이익을 위한 실천행)이기 때문에 입入을 뜻으로 삼고, 섭중생계攝衆生戒는 이타행利他行(타인을 이롭게 하기 위한 실천행)이기 때문에 출出을 뜻으로 삼는다."라고 했다.

어떤 사람은 말하기를, "폐퇴閉退를 문의 뜻으로 삼는다. 만약 나쁜 도

45 섭선법계攝善法戒 : 원문에서는 '善'을 '正'이라 했다. 섭정법계는 섭선법계와 동일하게 사용된 사례가 없기 때문에 양자를 함께 쓸 수는 없다. 다만 섭정법계를 섭률의계와 동일하게 본 사례는 있다.『청관음경소請觀音經疏』(T39, 968b6)에서 "자신을 위해 요청한 것도 섭선법계이고, 다른 사람을 위해 요청한 것은 섭중생계이며, 법을 보호하기 위해 (요청한 것은) 섭정법계이다.(自請是攝善法戒。爲他是攝衆生戒。護法是攝正法戒。)"라고 하여 섭률의계를 섭정법계라고 달리 부르고 있기 때문이다. 그런데『사기』원문의 섭정법계를 섭률의계라고 본다면 전후 문맥상 문제가 발생한다. 바로 앞에서 율의계를 열거했기 때문에 동어반복이 된다. 따라서 '正'은 '善'의 오자로 보는 것이 타당할 것으로 생각된다. 이 글은 다른 사람의 주장을 인용한 것이지만, 뒤에서 원효 자신의 입장을 서술할 때에도 동일한 문제가 발생하기 때문에 여기에서 밝혔다. 곧『사기』에는 섭정법계라는 용어가 일곱 곳에, 섭선법계라는 용어가 네 곳에 나오는데, 이를 섭률의계와 동일한 것으로 보면 모두 문제가 발생한다. 따라서 '正'은 '善'의 오자로 보는 것이 타당할 것 같다.

적이 들어와서 집안의 재물을 약탈하려고 하면, 문을 닫음으로써 물리쳐서 들어오지 못하게 할 수 있기 때문에 폐를 뜻으로 삼는다. 계도 또한 이와 같아서 지지止持·작지作持[46]의 두 계문戒門을 문으로 삼음으로 말미암아 지범止犯·작범作犯[47]이라는 나쁜 도적이 들어와 계라는 재물을 약탈하려고 할 때 닫음으로써 물리칠 수 있기 때문에, 들어와서 약탈하지 못하게 할 수 있기 때문에 폐의 뜻과 같다. 그러므로 '문'이라 한다."라고 했다.

어떤 사람은 말하기를, "개시開示를 문의 뜻으로 삼은 것이다. 뜻을 함께하는 선지식善知識이 들어오려고 할 때 안에서 문을 열어서 맞이하고, 또한 안에 있는 재물을 베풀도록 하니, 희구하고 기망期望하는 뜻이 있기 때문이다. (그러므로) 곧 개시를 문의 뜻으로 삼는다. 계도 또한 이와 같아서 삼취계를 수지함으로 말미암아 내부에 소유한 불성佛性·여래장如來藏·본각本覺 내지 10지十地와 불과佛果라는 뛰어나고 보배로운 재물이 그 가운데 나타날 수 있기 때문에, 또한 삼취계의 문을 개시함으로 말미암아 다른 중생도 또한 불성·본각 내지 불과 등의 내부에 소유한 보배로운 재물을 개시하게 할 수 있기 때문에 개시를 문의 뜻으로 삼는다."라

---

**46** 지지止持·작지作持 : '지지'라는 것은 본래 받은 것을 보호하고 몸과 입으로 온갖 악을 짓는 것을 금지하고 막는 것을 '지止'라 하고, 이로써 위범하는 일이 없어서 계체戒體(계를 받음으로 갖추어지는 防非止惡의 공능)가 빛나고 청결한 가운데 본래 받은 것에 수순하는 것을 '지持'라 한다. 이때 '지持'는 '지止'로 말미암아 이루어지기 때문에 '지지계'라 한다. '작지'라는 것은 받은 계법에 수순하여 선업을 행하는 것이다. 선업을 닦는 행위가 있기 때문에 '작'이라 하고, '지'는 앞에서 설명한 것과 같다. 『사분율산번보궐행사초四分律刪繁補闕行事鈔』 중권(T40, 91a17)을 참조할 것.

**47** 지범止犯·작범作犯 : '지범'이란 선법을 닦고 유지하는 것을 그쳐서 계체를 범하는 것이다. 예컨대 어리석음과 태만함으로 인해 본래 받은 것과 어긋나게 행동하여 모든 뛰어난 업을 싫어하면서 수학하지 않는 것을 '지'라 하고, 이렇게 함으로써 본래 받은 계와 어긋나는 것을 '범'이라 한다. '작범'이란 악업을 행하여 받은 계를 범하는 것을 말한다. 예컨대 몸과 입을 움직여서 이치를 거스르고 그것에 상응하는 행위, 곧 살생 등을 행하는 것을 '작'이라 하고, 이렇게 함으로써 이미 받은 계를 오염시키는 것을 '범'이라 한다. 위범은 '작'으로 말미암아 생겨나기 때문에 작범이라 한다. 『사분율산번보궐행사초』 중권(T40, 91a23)을 참조할 것.

고 했다.

門義有多種。一者。[1] 出入義。此門義。謂律儀戒及攝正[2]法戒者。自利戒。[3] 故以入爲義。若攝衆戒[4]者。是利他行。故以出爲義。一云。以閇開二義[5]爲門義。謂若有惡賊。爲欲人[6]來。奪內財物時者。能令閇退。而不得入故。以閉爲義。戒亦如是。由能門止持作持二戒門故。止犯作犯。惡賊入來。爲欲奪戒財時。能令閇退故。不能入奪故。猶現[7]義。故言門。一云。以開示爲門義者。若同意善知識入來時。中能開門而合。亦內財令發。悕望意故。卽以開示爲門義。戒亦如是。自能由持三聚戒。能內所有佛性如來藏本覺乃至十地佛果勝寶財。中得見故。亦由開三聚戒門故。他衆生。亦能令示佛性本覺乃至佛果等內寶財故。以開示爲門義也。

1) 역 '者'는 '云'인 것 같다. 2) 역 '正'은 '善'인 것 같다. 3) 역 '戒'는 '行'인 것 같다. 4) 역 '戒' 앞에 '生'이 누락되었다. 5) 역 전후 문맥상 '閇開二義'는 오자 혹은 착간이 있는 것 같다. 바로 이은 설명에서 '閇'만 언급하고 있기 때문이다. '閇退'일 수도 있을 것 같다. 6) 역 전후 문맥상 '人'은 '入'인 것 같다. 7) 역 '現'은 '閇'인 것 같다.

서분에 세 단락이 있는 가운데 노사나불의 서분을 앞에서 마쳤다.

序中。有三段中。盧舍那佛序。竟在於前。

## 2. 타방의 석가의 서분

경

이때 천백억 명의 부처님
돌아가 본래의 도량에 이르러
각각 보리수 아래 앉아
우리가 본사本師로 삼는 계인
10중금계와 48경계를 외웠네.

是時千百億。還至本道場。各坐菩提樹。誦我本師戒。十重四十八。

기 "이때 천백" 이하는 두 번째로 타방의 석가의 (서분을) 밝혔다. 이 가운데 네 단락이 있다. 첫 번째로 (앞의) 한 행과 한 구절의 게송은 모든 부처님께서 각각 외운 것을 밝혔다. 두 번째로 "계는 해와 달처럼 밝고" 이하의 한 행의 게송은 계덕戒德을 찬탄했다. 세 번째로 "이는 노사나불께서 외우신 것이고" 이하의 다섯 행의 게송은 중생에게 수지할 것을 권한 것을 밝혔다. 네 번째로 "대중들은 모두 공경하고" 이하는 (잘 들을 것을) 권하면서 맺었다.

是時千百以下。第二他方釋迦。於中有四段。一者以一行一句頌。明諸佛各誦。二者戒如明日月以下一行頌。讚戒德。三者是盧舍那誦以下五行頌。明勸物受持。四者大衆皆恭敬以下。結勸。

### 1) 모든 부처님께서 각각 외운 것을 밝힘

처음 가운데 첫째, 둘째, 셋째 구절은 돌아가 본래의 도량에 이른 것을 밝혔고, 뒤의 두 구절은 바로 계를 외운 것을 밝혔다.

初中二[1)]二三句。明還至本道場。後二句。正明誦戒。

1) ⓔ '二'는 '一'인 것 같다.

#### (1) 돌아가 본래의 도량에 이른 것을 밝힘

처음에 "도량"이라고 한 것은 비유에 의거하여 이름을 삼은 것이다. 세간에서 곡장穀場(곡식을 정제하는 곳)이라는 것은, 곡식의 겨를 벗겨서 곡식을 얻는 곳이니, 그러므로 '장'이라 한다. 도량도 또한 이와 같아서 세 가지 장애[48]를 버리고 보리를 취할 수 있는 장소이기 때문에 '도량'이라 한다.[49]

48 세 가지 장애(三障) : 원효 자신이 별도의 설명을 하지 않았기 때문에 정확히 무엇을 가리키는 것인지는 알 수 없다. 다만 『열반경』 권10(T12, 670a13)에서 번뇌장煩惱障·업장業障·보장報障(異熟障)을 중병重病이라 했고, 의적義寂(7세기 후반~8세기 초)의 『보살계본소菩薩戒本疏』 상권(T40, 656c21)에서 "계를 장애하는 악은 세 가지 장애를 벗어나지 않는다. 첫째 번뇌장이고, 둘째 업장이며, 셋째 보장이다.(障戒惡者。不出三障。一煩惱障。二業障。三報障。)"라고 한 것을 통해 유추할 수 있을 뿐이다.

49 해당 원문의 오자는 『법화경현찬요집法華經玄贊要集』 권21(X34, 653a7)에서 "또한 쌀알을 드러내는 곳과 보리를 드러내는 곳을 곡장·맥장이라 한다. 과에 있는 법신의 이치는 먼지나 모래알처럼 많은 온갖 덕법이 의지하는 곳이기 때문에 공덕법을 '도'라 하고, 의지의 대상인 이치를 '량'이라 한다.(又著穀處著麥處。名爲穀場麥場。果中法身理。是塵沙萬德法所依止處故。功德法名道。所依理名場。)"라고 한 것과 『천태사교집해天台四教集解』 상권(X57, 542c7)에서 "세간에서 곡식을 정제하는 곳을 '장'이라 한다. 지금 오주五住의 쌀겨를 다스려서 실상의 쌀알을 나타내는 것을 '량'이라 한다. 실상은 곧 도이다.(世以治穀祭處名場。今謂治五住穅。顯實相米。名爲場也。實相卽道也。)"라고 한 것을 참조하여 교감했다.

戒[1)]初言道場。約喩爲名。謂世間中潔[2)]場者。於糖[3)]取實處。故名場。道場亦如是。能捨三障。而取菩提之場。故言道場也。

1) 역 '戒'는 연자인 것 같다. 2) 역 '潔'은 '穀'인 것 같다. 3) 역 '糖'은 '穅'인 것 같다.

### (2) 바로 계를 외운 것을 밝힘

"우리가 본사로 삼는 계"라는 것은 두 가지 설이 있다. 어떤 사람은 말하기를, "본주인 노사나불이 설한 것이기 때문에 '본사(노사나불)께서 설한 계'라고 했다."[50]라고 했다. 어떤 사람은 말하기를, "제불諸佛은 모두 또한 계를 스승으로 삼기 때문에 '본사로 삼는 계'라고 했다."[51]라고 했다.

誦我本師戒者。有二說。一云。本主盧舍那所說。故言本師戒。一云。諸佛皆亦戒爲師。故言本師之戒也。

50 지의의 『보살계의소』 상권(T40, 570b10)에서 "지금은 처음이니 적불迹佛이 본신本身인 노사나불의 계를 전한 것을 밝혔다. 그러한즉 본신은 적불의 스승이니, 적불은 본신이 설한 것을 외우기 때문이다.(今初明迹傳本戒。則本爲迹師。以迹誦本故也。)"라고 한 것에 의거할 때 지의와 입장이 동일하다.

51 의적의 『보살계본소』 상권(T40, 662a5), 법장法藏(643~712)의 『범망경보살계본소』 권1(T40, 606c13), 명광明曠이 산보刪補한 『천태보살계소天台菩薩戒疏』 상권(T40, 585b1) 등에서 제시한 입장이다. 뒤의 글에서 원효가 "처음에 '내가 이제 보름마다…… 외울 것이니'라는 것은, 나는 계를 스승으로 삼기 때문에 항상 스승인 계를 외우니, 너희들도 계를 스승으로 삼으면 또한 외울 수 있다는 것을 나타내고자 하기 때문에 '내가 이제……외울 것이니'라고 한 것이다."라고 한 것에 따르면, 그 자신도 이 입장을 선호한 것으로 보인다.

## 2) 계덕을 찬탄함을 밝힘

**경**

계는 해와 달처럼 밝고
또한 영락瓔珞[52]과 구슬처럼 찬란하네.
티끌처럼 많은 보살 대중
이것으로 말미암아 정각正覺을 이루었네.

戒如明日月。亦如瓔珞珠。微塵菩薩衆。由是成正覺。

**기** 두 번째로 계덕을 찬탄한 것 가운데 곧 두 단락이 있다. 앞의 두 구절은 비유를 들어 계덕을 찬탄함을 밝혔고, 뒤의 두 구절은 법을 들어 계를 찬탄했다.

第二讚[1)]德中。卽有二段。上二句明擧喩讚戒德。後二句擧法歎戒。

1) 역 '讚' 뒤에 '戒'가 누락되었다.

### (1) 비유를 들어 계덕을 찬탄한 것을 밝힘

처음에 비유를 들어 계를 찬탄한 것 가운데 "계는 해와 달처럼 밝고"라고 한 것은 간략하게 세 가지 뜻이 있다. 말하자면, 첫째는 '해와 달'은 그 자체가 오염을 여의고 밝고 깨끗한 것이다. 그러므로 또한 저 어둠을 물리쳐 사물을 나타나게 할 수 있다. 계도 또한 이와 같아서 그 자체가 오

52 영락瓔珞 : Ⓢ keyūra·muktā-hāra의 의역어. 음사어는 길유라吉由羅이다. 구슬이나 꽃을 꿰거나 엮어서 만든 장식물. 머리·목·가슴 등에 걸 수 있도록 만들어졌다. 인도에서는 일반적으로 귀족의 부인이 장식물로 사용했다.

염을 여의고 밝고 깨끗한 것이다. 그러므로 번뇌를 일으키는 흑법의 어두운 장애를 물리치고 불성·여래장 등과 같은 것을 현현하게 할 수 있다. 그러므로 해와 달이 지닌 뜻과 일치한다. 그러므로 (이것을) 비유로 삼았다.

둘째는 '해'라는 것은 뜨거움(熱)을 성품으로 삼고, '달'이라는 것은 차가움(寒)을 성품으로 삼는다. 해만 있고 달이 없다면 온갖 모종(苗)은 타 버리기 때문에 열매를 맺을 수 없다. 또한 달만 있고 해가 없다면 온갖 모종은 바로 썩어 버리기 때문에 싹을 틔울 수 없다. 계도 또한 이와 같아서 비록 섭률의계와 섭선법계가 있다고 해도, 섭중생계가 없으면 오직 자리행만 있고 이타행은 없기 때문에 이승과 같아져서 무상보리의 풍성한 열매(豊果)를 낳을 수 없나. 비록 섭중생계는 있지만 섭률의와 섭선법계가 없다면, 오직 이타행만 있고 자리행은 없기 때문에 도리어 범부와 같아져서 보리의 싹을 틔울 수 없다.[53] 지금 해와 달을 모두 갖추고 있기 때문에 모종이 싹을 틔워 썩지도 않고 타 버리지도 않는 것처럼, 계도 또한 이와 같아서 삼취계를 모두 갖추고 있기 때문에 범부·이승과 같지 않을 수 있

53 삼취정계를 자리와 이타의 구도로 설명한 것을 다른 주석서에서는 찾기 어렵다. 섭률의계와 섭선법계를 자리행에, 섭중생계를 이타행에 배대한 것은 더욱 그러하다. 다만 원효가 『범망경』 본문의 "감로문"에서 '문'을 해석한 사례를 소개한 것 가운데, '문'을 출입의 뜻으로 풀이한 사람의 견해에서 삼취정계에 대한 원효의 해석과 동일한 구도를 찾을 수 있다. 길장 또한 『승만보굴勝鬘寶窟』 상권(T37, 21a16)에서 "『영락본업경』에 의해 개별적으로 삼계의 체를 밝히면 다음과 같다. 섭률의계는 10바라밀이고, 섭중생계는 자·비·희·사이며, 섭선법계는 8만 4천 법문이다. 여기에서 자·비·희·사는 다른 사람을 교화하는 것(이타행)이기 때문에 섭중생계이고, 10바라밀은 자리행이기 때문에 취하여 섭률의계로 삼았고, 섭선법계는 자리행와 이타행에 통하기 때문에 8만 4천 법문을 취하여 섭선법계로 삼았다.(若依瓔珞別明三戒體者。攝律儀戒。謂十波羅密。攝衆生戒。謂慈悲喜捨。攝善法戒。所謂八萬四千法門。此以四等爲化他。故是攝衆生戒。十度是自行。故取爲攝律儀。攝善法通自他。故取八萬四千法門爲攝善法也。)"라고 하여 자리·이타의 구도로 설명하기는 하지만, 섭률의계는 자리행, 섭선법계는 자리와 이타에 통하는 것, 섭중생계는 이타행으로 파악하여 약간 다른 입장을 보이고 있다.

어서 무상보리에 의한 세 가지 과果[54]를 감득할 수 있기 때문에 '해와 달'을 비유로 삼았다.

셋째는 '해와 달'은 비록 대지를 떠나서 허공을 빙빙 돌지만 허공에 집착하지 않는다. 계도 또한 이와 같다. 보살은 변邊을 여읜 삼취계를 지니기 때문에 유견有見을 여의고, 비록 법성法性의 허공을 빙빙 돌며 나는 모습을 보이지만 공견空見에 집착하지 않는다.

'해와 달'이 이와 같은 세 가지 뜻을 갖추고 있는 것이, 삼취계가 이와 같은 세 가지 뜻을 모두 갖추고 있는 것과 일치하기 때문에 '해와 달'을 비유로 삼았다.

初學喩讚戒中。言戒如明日月者。略有三義。謂一者日月自體。離染明淨。故亦能破他闇。而於現物。戒亦如是。自體。離染明淨。故能破煩惱黑法闇障。現顯佛性如來藏等物。故當於日月之義。故爲喩也。二者日者以勢[1)]爲性。月者寒爲性。若有日而無月者。萬苗燒燋故。不能生果。亦若有月而無日者。萬苗物卽腐故。不能生牙。[2)] 戒亦如是。若雖有攝律儀戒及攝正[3)]法戒。而無攝衆生戒者。唯有自利行。而無利他行故。同於二乘。而不生無上菩提豊果。若雖有攝衆生戒。而無攝律儀及攝善法戒者。唯有利他。而無自利行故。還同於凡夫故。不能生菩提牙也。今如具有日月故。能苗牙非腐非燋。戒亦如是。能具有三聚戒故。能不同凡夫二乘。能感得無上菩提三種之果故。以日月爲喩也。三者日月雖離地。翱翔於空。而無著於虛空。戒亦如是。菩薩能持離邊三聚戒故。能離有見故。雖顯翱翔於法性虛空。而無著於

54 세 가지 과果 : 의적義寂의 『보살계본소』 상권(T40, 662a18)에서 "삼종계(삼취정계)로 말미암아 세 가지 불과를 이룬다. 율의계는 단덕을 얻어 법신을 이루고, 섭선법계는 지덕을 얻어 응신을 이루며, 섭중생계는 은덕을 얻어 화신을 이룬다.(由三種戒。成三佛果。謂律儀戒。成斷德法身。攝善法戒。成智德應身。攝衆生戒。成恩德化身。)"라고 하였다. 뒤에서 원효 자신이 삼취계를 삼덕에 배대한 것을 참조할 것.

空見。日月。有如是三義。當於三聚戒。具有如是三義故。以日月爲喩也。

1) ㉰ '勢'는 '熱'인 것 같다. 2) ㉰ '牙'는 '芽'인 것 같다. 이하 동일하다. 3) ㉰ '正'은 '善'인 것 같다.

"또한 영락과 구슬처럼 찬란하네."라는 것은 (다음과 같다.) 어떤 사람이 비록 몸의 형상은 누추해도 보배로운 영락으로 온몸을 장엄하고 꾸미면, 모든 사람이 존경하고 바라고 기뻐하는 대상이 지닌 덕을 갖출 수 있다. 계도 또한 이와 같아서 비록 불선행不善行을 익힘으로 말미암아 누추한 형상을 지녔더라도 삼취계를 호지할 수 있으면, 모든 사람과 하늘이 존경하고 바라고 기뻐하는 대상이 지닌 덕을 갖출 수 있다. 그러므로 '영락'을 비유로 삼았다. 『영락경』에서 육종성보살六種姓菩薩[55]과 그에 상응하는 42현성四十二賢聖[56]을 설명하면서 "영락으로 그 몸을 장엄한다."[57]라고

55 육종성보살六種姓菩薩 : 보살을 인因에서 과果에 이르는 계위에 의해 여섯으로 분류한 것. 『본업경』에 따르면 습종성習種性·성종성性種性·도종성道種性·성종성聖種性·등각성等覺性·묘각성妙覺性이다. 습종성은 10주(10해)의 계위로 공관空觀을 수습하고 견혹見惑과 사혹思惑을 무너뜨리는 자리이고, 성종성은 10행의 계위로 공에 머물지 않고 중생을 교화하고 일체의 법성法性을 분별하는 자리이며, 도종성은 10회향의 계위로 중도中道의 묘관妙觀을 닦고 이것으로 인해 일체의 불법佛法에 통달하는 자리이고, 성종성은 10지의 계위로 중도의 묘관妙觀에 의거하여 일분一分의 무명無明을 무너뜨리고 성위聖位를 증득하여 들어가는 자리이며, 등각성은 등각의 계위로 묘각에는 미치지 못할지라도 앞의 40위보다는 뛰어난 자리이고, 묘각성은 묘각의 계위로 불과佛果의 지위에 도달하여 일체의 번뇌를 끊고 지혜가 원만하고 미묘해져서 열반의 이치를 깨닫는 자리이다.

56 42현성四十二賢聖 : 원문은 '二十七'이다. 원문이 타당하다고 할 때, '42현성'은 '27현성'이어야 하니, 『중아함경中阿含經』 권30(T1, 616a11), 『성실론成實論』 권1(T32, 245c4)에서 현성을 '27'로 총괄한 사례가 나온다. 곧 『중아함경』에서 학인學人인 신행信行·법행法行·신해信解·견도見到·신증身證·가가家家·일종一種·향수다원向須陀洹·득수다원得須陀洹·향사다함向斯陀含·득사다함得斯陀含·향아나함向阿那含·득아나함得阿那含·중반열반中般涅槃·생반열반生般涅槃·행반열반行般涅槃·무행반열반無行般涅槃·상류색구경上流色究竟 등의 18부류와 무학인無學人인 사법思法·승진법昇進法·부동법不動法·퇴법退法·불퇴법不退法·호법護法·실주법實住法·혜해탈慧解脫·구해탈俱解脫 등의 9부류를 합하여 27현성이라 했고, 『성실론』에서는 수신행隨信行·수법행隨法行·무상행無相行·예류과預流果(수다원과)·일래향一來向(사다함향)·일

한 것과 같이, 이 뜻도 또한 이와 같아서 삼취계와 50심[58]을 보살과 부처님 가운데 영락으로 삼았다. '구슬'이라고 한 것은 여의주如意珠를 말한다. 어떤 사람이 여의주를 얻어서 손에 잡으면, 소원에 따라 세간의 온갖 보배를 온전히 얻지 못하는 것이 없다. 계도 또한 이와 같아서 신심信心의 손으로 계의 구슬을 잡으면, 소원에 따라 세간과 출세간의 선법이라는 온갖 보배를 온전히 얻지 못하는 것이 없다. 그러므로 구슬을 비유로 삼았다.

亦如瓔珞珠者。若人雖身狀隨[1]醜。而若以寶瓔珞。嚴餝具身者。得有一切人所尊敬及悕慶之德。戒亦如是。雖由習不善行故。戒[2]醜行。[3] 而若能護持三聚戒者。得有諸人天所尊敬及悕慶之德。故瓔珞爲喩。如瓔珞經云。六種姓菩薩。二十七[4]賢聖中。瓔珞莊嚴其身。是義亦如是。以三聚戒五十心。菩薩。及佛中。爲瓔珞。言珠者。論如意珠。若人得如意珠。而執於手者。隨所願。心[5]間之萬寶。無非具得。戒亦如是。若以信心手。臻[6]戒珠者。隨所願。世出世善法萬寶。無非具得。是故。以珠爲喩也。

1) 역 '隨'는 '陋'인 것 같다. 2) 역 '戒'는 '陋'인 것 같다. 3) 역 '行'은 '狀'인 것 같다. 4) 역 '二十七'은 '四十二'인 것 같다. 5) 역 '心'은 '世'인 것 같다. 6) 역 '臻'은 '執'인 것 같다.

래과一來果(사다함과)·불환향不還向(아나함향)·중반中般·생반生般·유행반有行般·무행반無行般·낙혜樂慧·낙정樂定·전세轉世·현반現般·신해信解·견득見得·신증身證·퇴법상退法相·수호상守護相·사상死相·주상住相·가진상可進相·불괴상不壞相·혜해탈상慧解脫相·구해탈상俱解脫相·불퇴상不退相을 27현성이라 했다. 그런데 『본업경』에서는 이러한 논의가 보이지 않는다. 따라서 역자는 본 경에 의거하여 '27'을 '42'의 오자라고 판단했다. 본 경에 따르면 42현성은 10주·10행·10회향·10지·등각지·묘각지를 가리킨다. 이를 육종성에 배대하면, 습종성은 10주, 성종성性種性은 10행, 도종성은 10회향, 성종성聖種性은 10지, 등각성은 등각지, 묘각성은 묘각지이다.

57 『보살영락본업경』 상권 「현성학관품賢聖學觀品」(T24, 1012c6)에서 앞의 주석에서 설명한 것처럼 육종성을 42현성에 배대하고, 차례대로 동보銅寶 영락·은보銀寶 영락·금보金寶 영락·유리보琉璃寶 영락·마니보摩尼寶 영락·수정水精 영락에 비유하였다.

58 50심 : 앞에서 서술한 것에 따르면 지전의 40심과 지상의 10심을 합한 것이다.

어떤 사람은 말하기를, "앞의 구절은 지혜로 장엄함을 나타낸 것이고, 뒤의 구절은 복덕으로 장엄함을 나타낸 것이다."[59]라고 했다. 어떤 사람은 말하기를, "'해와 달'의 비유라는 것은 내적으로 오분법신五分法身[60] 등의 덕을 지닌 것을 나타낸 것이고, '영락'이라는 것은 단지 내적인 덕만 지닌 것이 아니라 또한 외적으로 색신色身을 장엄하는 것 등의 덕을 온전히 지니고 있기 때문에 영락을 비유로 삼았다. '구슬'이라는 것은 단지 내적인 덕과 외적인 덕만 지니는 것이 아니라 또한 세간과 출세간의 선법이라는 보배를 자유자재하게 수용하는 덕을 지녔기 때문에 구슬을 비유로 삼았다."라고 했다.

一云。上句表智慧莊嚴。下句表福德莊嚴。一云。日月喻者。表內有五分法身等德。瓔珞者。非直有內德。亦能具有外色身莊嚴等德故。以瓔珞爲喻也。珠者。非直有內外德。亦能有受用世出世善法寶自在德故。以珠爲喻也。

59 법장의『범망경보살계본소』권1(T40, 606c20)에서 여러 해석 중 하나로 제시하여, "또 풀이한다. 처음은 지혜로 장엄한 것이고, 뒤는 복덕으로 장엄한 것이다.(又釋。初是慧嚴。後是福嚴。)"라고 했다.

60 오분법신五分法身 : 소승에서는 아라한이 갖춘 다섯 가지 공덕을 가리킨다. 첫째는 계신戒身이니, 무루無漏의 신업과 어업을 말한다. 둘째는 정신定身이니, 무학의 공空·무원無願·무상無相의 삼매를 말한다. 셋째는 혜신慧身이니, 무학의 정견正見·정지正知를 말한다. 넷째는 해탈신解脫身이니, 정견과 상응하는 승해勝解를 말한다. 다섯째는 해탈지견신解脫知見身이니, 무학의 진지盡智와 무생지無生智를 말한다. 대승에서는 부처님이 갖춘 다섯 가지 공덕을 가리킨다. 첫째는 계신이니, 부처님의 법신이 청정하여 신·구·의의 삼업에 있어서 일체의 잘못을 모두 여읜 것을 말한다. 둘째는 정신이니, 부처님의 진심眞心은 체가 고요하고 자성이 흔들리지 않는 것을 말한다. 셋째는 혜신이니, 부처님의 진심은 체가 밝아서 어떤 어두움도 없는 것을 말한다. 넷째는 해탈신이니, 부처님은 모든 속박에서 벗어나서 자체에 어떤 얽매임도 없는 것을 말한다. 다섯째는 해탈지견신이니, 부처님께서는 스스로 본래 오염된 것이 없고 이미 모든 번뇌에서 벗어났음을 아는 것을 말한다.

### ⑵ 법을 들어 계를 찬탄함

"티끌처럼 많은 보살 대중"이라는 것은 다음과 같다. 대지를 잘게 쪼개어 얻은 것을 곧 미진수微塵數(티끌처럼 많은 수)라고 한다. 계를 수지함으로 말미암아 이미 정각을 이룬 사람의 숫자가 또한 미진수와 같기 때문에 '티끌처럼 많은 보살 대중'이라 했다.

"이것으로 말미암아 정각을 이루었네."라는 것은 다음과 같다. 뱀은 기어갈 때 본성상 비록 구불구불한 모양을 이루지만, 죽관竹管(대나무 관)에 집어넣으면 저절로 바르고 곧은 모양을 이루는 것처럼, 중생도 또한 이와 같아서 무시이래로 삿된 마음(邪意)을 익혔기 때문에 바르지 않은 성품을 이루지만, 삼취계라는 관管에 들어가면 저절로 정각을 이룬다. 그러므로 '이것으로 말미암아 정각을 이루었네'라고 하였다.

또한 여기에서 "삼취계"라고 한 것은 (다음과 같다.) 율의계라는 것은 단덕斷德(涅槃)의 조목이고, 섭선법계라는 것은 지덕智德(菩提)의 조목이며, 섭중생계라는 것은 은덕恩德의 조목이다. 이 세 가지 조목으로 말미암아 세 가지 덕[61]에 의한 과果를 얻기 때문에 '이것으로 말미암아 정각을 이루었네'라고 하였으니, 세 가지 덕을 합하여 정각의 보리과菩提果를 이루기 때문이다.

微塵菩薩衆。[1)] 分折大地。卽微塵數。由持戒故。既得成正覺人數。亦同於微塵數。故言微塵菩薩衆。由是成正覺者。虵行性雖成曲。而若入於竹管者。自成正直。衆生亦如是。從無始來。由習邪意故。成不正性。然若入於

61 세 가지 덕 : 불과佛果에 갖추어진 세 가지 공덕의 상相. 앞에서 서술한 단덕·지덕·은덕을 가리킨다. 단덕은 일체의 번뇌를 단멸시켜 버린 것이고, 지덕은 부처님의 입장에서 일체법을 관찰하는 지혜이며, 은덕은 중생을 구제하려는 원력願力으로 인해 중생에게 은혜를 베푸는 것이다.

三聚戒管者。自成正覺。是故。言由是成正覺也。亦此三聚戒者。律儀戒者。爲斷德目。攝正[2)]法戒者。爲智德目。攝衆生戒者。爲恩德目。此三目故。得成三德[3)]果。故言由此成正覺。合三德。而爲正覺菩提果故。

1) ㊐ 문장의 일관성을 위해 '衆' 뒤에 '者'가 들어가야 한다. 2) ㊐ '正'은 '善'인 것 같다. 3) ㊐ '德'은 '佛'인 것 같다.

계덕을 찬탄한 것을 앞에서 마쳤다.

讚戒德。竟在於前。

### 3) 중생에게 수지할 것을 권한 것을 밝힘

**경**

**이는 노사나불께서 외우신 것이고**
**나도 또한 이와 같이 외우니**[62]
**너희 처음 발심하여 배우는 보살이여,**
**정수리에 받들어 이고 계를 수지하라.**[63]
**이 계를 수지하고**
**굴려서 모든 중생에게 전하라.**[64]
**내가 바로 외우는 것을 잘 새겨들을지니,**
**이는 불법 중의 계장戒藏인**

62 "(1) 자신을 들어서 권함"에 해당하는 부분이다.

63 "(2) 바로 상대방에게 수지할 것을 권함, ① 당시의 대중에게 권함, A. 스스로 수지할 것을 권함"에 해당하는 부분이다.

64 "B. 전전하여 다른 사람에게 줄 것을 권함"에 해당하는 부분이다.

바라제목차[65]이니라.[66]

대중들은 마음에 새기고 믿어라.

그대들은 장차 성불할 것이고[67]

나는 이미 성불하였음을.

항상 이와 같이 믿을지니

계품戒品은 이미 원만하게 갖추어졌음을.[68]

是盧舍那誦。我亦如是誦。汝新學菩薩。頂戴受持戒。受持是戒已。轉授諸衆生。諦聽我正誦。佛法中戒藏。波羅提木叉。大衆心諦信。汝是當成佛。我是已成佛。常作如是信。戒品已具足。

**기** "이는 노사나불께서 외우신 것이고" 이하는 세 번째로 중생에게 수지할 것을 권했다. 이 가운데 또한 두 단락이 있다. 앞은 앞의 두 구절로 자신을 들어서 권했고, 뒤는 "너희 처음 발심하여 배우는 보살이여" 이하

65 바라제목차 : Ⓢ prātimokṣa의 음사어. 비구·비구니의 계율의 조문을 모아 놓은 것. 낱낱의 계율의 조문을 학처學處(禁戒)라고 하고, 이 학처를 모은 조문집을 바라제목차라고 한다. 그러나 아비달마불교에서는 식차마나式叉摩那(正學女)의 육법계六法戒, 사미와 사미니의 10계, 우바새와 우바이의 5계, 특별한 경우 재가 신자가 받는 팔재계八齋戒를 포함한 여덟 가지 계를 통틀어서 바라제목차라고 했다. 예컨대 『구사론』 권14(T29, 73b2)에서 "팔중이 모두 별해탈율의를 성취하니 비구에서부터 근주近住(정해진 재일에 만 하루 동안 일시적으로 출가하여 절에 머물면서 八戒를 수지하는 재가 신자)에 이르기까지를 말한다.(八衆。皆成就別解脫律儀。謂從苾芻。乃至近住。)"라고 했기 때문이다. 바라제목차는 별해탈別解脫·별별해탈別別解脫·처처해탈處處解脫 등으로 의역하는데, 이는 낱낱의 조문에 따라 별도의 해탈을 얻는 것을 의미한다. 예컨대 불망어계不妄語戒는 망어妄語로부터 벗어나게 하고, 불살생계不殺生戒는 살생으로부터 벗어나도록 한다.

66 "C. 계를 잘 들어 세 가지 지혜를 낼 것을 권함, A) 문혜를 낼 것을 권함"에 해당하는 부분이다.

67 "B) 사혜를 낼 것을 권함"에 해당하는 부분이다.

68 "C) 수혜를 낼 것을 권함"에 해당하는 부분이다.

로 바로 상대방에게 수지할 것을 권했다. 바로 권한 것 가운데 또한 두 단락이 있다. 앞의 세 행의 게송은 당시의 대중에게 권했고, "일체의 마음이 있는 이는" 이하의 한 행 반의 게송은 이세二世(현재와 미래)의 대중을 통틀어서 권했다. 이 단락은 또한 이익을 들어 중생에게 권한 것이라고도 한다. 처음에 당시의 대중에게 권한 것 가운데 또한 세 단락이 있다. 앞의 두 구절은 스스로 수지할 것을 권했고, 다음의 두 구절은 전전하여 (다른 사람에게) 줄 것을 권했으며, 세 번째로 "잘 새겨들을지니" 이하는 계를 잘 들어서 세 가지 지혜(三慧)[69]를 낼 것을 권했다. 뒤의 문장 가운데 세 가지 지혜를 밝혔으니, 곧 세 단락이 있다. 처음의 세 구절은 문혜聞慧를 낼 것을 권했고, 두 번째로 "대중들은 마음에 새기고 믿어라." 이하는 사혜思慧를 낼 것을 권했으며, 세 번째로 "항상 이와 같이 믿을지니" 이하는 수혜修慧를 낼 것을 권했다.

是盧舍那誦以下。第三勸物受持。於中亦有二段。前上二句。擧自而勸。後汝新學菩薩以下。正勸汝等受持。約正勸中。亦有二段。上三行頌。勸當時衆。一切有心者以下。一行半頌。以通勸二世衆。此段。亦名擧益勸物。初當時衆中。亦有三段。先二句。勸自受持。次二句。勸轉授。三者諦聽以下。勸出三慧聽戒。後中明三慧。卽有三段。初三句。勸出聞慧。二者大衆心諦信以下。勸出思慧。三者常作如是信以下。勸出修慧。

69 세 가지 지혜(三慧) : 사리事理를 간택하는 세 가지 정신 작용. 문혜는 문소성혜聞所成慧의 줄임말로 다른 이가 설하는 것을 직접 들음으로써 성취된 지혜를 뜻하고, 사혜는 사소성혜思所成慧의 줄임말로 들은 교법의 의미를 스스로 깊이 사유함으로써 성취된 지혜를 뜻하며, 수혜는 수소성혜修所成慧의 줄임말로 듣고 사유한 것을 직접 닦아 익힘으로써 성취된 지혜를 뜻한다. 문·사·수에 의해 얻어진 지혜의 본성은 유루有漏의 세속지世俗智이지만 이는 무루無漏의 지혜를 낳는 근본적인 역할을 하는 것이기도 하다.

### (1) 자신을 들어서 권함

처음 가운데 "나도 또한 이와 같이 외우니"라고 한 것에서 ('나'라는 것은) 타방의 석가인 나(我)이다.

初中。言我亦如是誦者。他方釋迦我。

### (2) 바로 상대방에게 수지할 것을 권함

#### ① 당시의 대중에게 권함

##### A. 스스로 수지할 것을 권함

두 번째로 바로 (상대방에게 수지할 것을) 권한 것 가운데 "정수리에 받들어 이고"라는 것은, 색신 가운데 정수리가 가장 높은 곳에 위치했기 때문에 (이것으로) 신심信心을 비유했으니, (이것이) '정수리에 받들어 이고'라고 한 것이 지닌 뜻이다.

("수지"라고 한 것에서) '수'와 '지'는 같지 않다. 『섭대승론』 가운데 세 가지 뜻이 있으니, "첫째는 다른 사람으로부터 계를 얻는 것을 '수'라고 하고, 스스로 (청정한) 마음을 내어 계를 얻는 것을 '지'라고 한다."라고 하였다. 이를 풀이한다. 다른 사람(으로부터 계를 받는 것과) 같은 것은 먼저 계를 받지 않았던 사람이 처음으로 받는 것이기 때문에 '수'라고 하고, 스스로 마음을 내어 계를 얻는 것과 같은 것은 과거에 앞서 계를 받았던 사람이 비로소 얻는 것이니, 스스로 마음을 내어 계를 얻기 때문에 '지'라고 한다. (또한) "둘째는 먼저 얻는 것을 '수'라고 하고, 뒤에 지키는 것을 '지'라 한다."라고 하였으며, (또한) "셋째는 계행戒行을 닦고 지키는 것을

'수'라고 하고, 문구를 기억하고 지키는 것을 '지'라고 한다."라고 하였다.[70]

第二正勸中。頂戴者。色身中以頂爲最上。故以辟於信心。頂戴義也。受持不同。攝大乘論中。有三復次。[1)] 一者若從他得戒名爲受。若自心得戒名持。解云。若他者。先不受人。始受。故爲受。若自心得戒。過去中先持戒人。方得。以自心得戒。故名持也。二者先得名爲受。後持名爲持。三者修持戒行名之爲受。若憶持文句名爲持也。

1) ㊐ '復次'는 '種義'인 것 같다.

### B. 전전하여 다른 사람에게 줄 것을 권함[71]

### C. 계를 잘 들어서 세 가지 지혜를 낼 것을 권함

#### A) 문혜를 낼 것을 권함

"잘 새겨들을지니"라고 한 것은 세 가지 뜻이 있다. 첫째는 산란함이 없는 것이라는 뜻이고, 둘째는 경만輕慢(남을 경멸하고 업신여기는 것)이 없는 것이라는 뜻이며, 셋째는 더러움을 여읜 것이라는 뜻이다. 이것이 '잘 새겨들을지니'라고 한 것이 지닌 뜻이다. 비유컨대 뒤집어 놓은 그릇은 비

70 이상 『섭대승론』에서 인용한 세 가지 뜻은, 『섭대승론석』 권11(T31, 234a27)에서 "다른 사람으로부터 얻는 것을 '수'라고 하고, 스스로 뜻을 청정히 하여 얻는 것을 '지'라 한다. 또한 처음에 얻는 것을 '수'라고 하고, 받은 후부터 성불할 때까지 (지니는 것을) '지'라 한다. 또한 계법을 수행하는 것을 '수'라고 하고, 문구를 억념하는 것을 '지'라고 한다.(從他得名受。自淸淨意得名持。又初得名受。受後乃至成佛名持。又修行戒法名受。憶念文句名持。)"라고 한 것을 참조할 것.

71 실제 본 분과에 해당하는 내용은 "C. 계를 잘 들어서 세 가지 지혜를 낼 것을 권함"에 섞여 들어가 있다. 본문에서는 "이 계를 수지하고 굴려서 모든 중생에게 전해라."라고 한 부분에 해당한다.

록 비가 내리더라도 끝내 빗물을 받을 수 없는 것과 같으니, 이것은 곧 산란함이라는 뜻과 일치한다. 혹은 비유컨대 구멍난 그릇은 비록 하늘에서 내리는 비를 받기는 하지만 끝내 머물게 할 수는 없는 것과 같으니, 이것은 곧 경만함이라는 뜻과 일치한다. 또한 비유컨대 더러운 그릇은 비록 물을 머물게 할 수는 있지만 다른 사람이 사용할 수는 없는 것과 같으니, 이 뜻은 곧 더러움이라는 뜻과 일치한다. 이와 같은 세 가지 허물을 여읠 수 있기 때문에 ('잘 새겨들을지니'라고 한 것이다.)

所言諦聽者。有三義。一無散亂義。二無性勝[1)]義。三離濁義。以爲諦聽義。譬如覆器。雖降雨而終不能受。是卽當於散亂義。或譬有孔器。雖受天雨而終不能住。此卽當輕慢義。亦譬如垢器。雖得住水而他人不所用。此義卽當濁義。能令離如是三過故者。

1) ㉰ '性勝'은 '輕慢'인 것 같다.

"잘 새겨들을지니"라고 (한 문장의) 앞에서, "이 계를 수지하고"라고 한 것은 다음과 같다. 교사敎師가 해석하여 말하기를, "10신의 계위에서는 비록 처음으로 계를 배우지만 계를 수지할 수는 없고, 10해 이상의 계위에 이르러야 비로소 분수에 따라서 계를 수지할 수 있으며,[72] 초지初地 이상의 계위에 도달한 사람이라야 비로소 계를 수지했다고 말할 수 있다. 완전하고 청정한 형태로 계를 수지하는 것에 나아가서 말하자면 제2지第二地에 이르러야 비로소 계를 수지했다고 할 수 있다. 이 지에 이르러야 비로소 계도戒度(戒波羅蜜)를 성취한 계위에 도달한다. 이 지 이하의 사람은 비록 고의로 계를 범하는 일은 없지만, 착오에 의해 계를 범하는 뜻이 있

72 온전한 계 가운데 자신의 분수에 따라서 감당할 만한 것만 받아서 지니는 것을 말한다. 수분계隨分戒 · 일분수계一分受戒라고 한다.

기 때문에 완전하고 청정한 형태로 수지하는 것이라고 할 수 없다."라고 했다.

諦聽上。言受持是戒已者。敎師解云。若十信者。雖初學戒而不能持位。[1] 十解以上。方隨分持戒。初地以上人。方得名持戒。約究竟清淨持戒者。至二地方得名爲持戒。此地方成就戒度位。此地以下者。雖非故犯戒。而有悞犯戒義故。不得名究竟清淨受持。

1) ⓔ '位'는 '戒'인 것 같다.

"굴려서 모든 중생에게 전하라."라는 것은 다음과 같다. 10신의 계위에 있는 사람은 선전하여 나른 사람에세 굴려 주게 할 수 없다. 이 계위의 사람은 오직 10겁 동안 계를 배울 뿐이다. 10해 이상의 사람이라야 비로소 인공人空을 얻는 지위에 도달하기 때문에[73] 그 이하의 계위에 있는 사람을 위해 계를 주게 한다. 그런데 지전地前의 계위에서 인공을 얻은 사람은 무류無流[74]를 얻은 이와 모두 서로 유사하지만 오직 분수에 따라서 굴려 줄 수 있을 뿐이다. 완전한 형태로 계를 굴려 줄 수 있는 경우를 말하자면, 지상地上의 계위에 이르러야 비로소 굴려 줄 수 있으니, 참된 무류의 지위를 얻었기 때문이다.[75]

73 원효의 『기신론소』 상권(T44, 215a13)에서 "『인왕경』(T8, 827b18)에서 '복인의 성스러운 모태는 30인이니, 10신과 10지와 10견심이다'라고 한 것과 같다. 여기에서 10회향을 '견'이라 하고, 10행을 '지'라고 하며, 10신해(10해)를 '신'이라 함을 알아야 한다. 이 계위(三賢의 계위)에 들어갈 때 이미 인공人空(生空)을 증득하여 견번뇌와 수번뇌가 현행하지 않기 때문에 '여읜다'라고 한다.(如仁王經言。伏忍聖胎三十人。十信十止十堅心。當知此中。十向名堅。十行名止。十信解名信。入此位時。已得人空。見修煩惱。不得現行。故名爲離。)"라고 한 것을 참조할 것.

74 무류無流 : 무루無漏의 구역어. '루'와 '류'는 모두 흘러나온다는 뜻으로 번뇌의 다른 이름이다. 무류는 번뇌가 없는 것을 가리킨다.

75 "잘 새겨들을지니"라고~얻었기 때문이다 : 이 단락은 분과에 충실할 때 "B. 전전하여 다른 사람에게 줄 것을 권함"에 해당하는 부분을 풀이한 것이다. 따라서 "C. 계를 잘

轉授諸衆生者。若十信人者。不得轉令受[1]他人。此位人者。唯十劫中學戒耳。十解以上人。方得人空位故。爲下地令授戒也。然而地前人空。無流者。皆相似。唯隨分。得轉受耳。若究竟轉受位[2]者。地上方得轉受。得眞無流位故。

1) ㉮ '受'는 '授'인 것 같다. 이하 동일하다. 2) ㉮ '位'는 '戒'인 것 같다.

"불법 중의 계장"이라는 것은 두 가지 설이 있다. 어떤 사람은 말하기를, "능전교能詮敎를 '장'이라 한다. 삼장三藏 가운데 비니장毗尼藏(Ⓢ Vinaya-piṭaka: 律藏)이기 때문이다."라고 했다. 어떤 사람은 말하기를, "이 삼취계는 정定·혜慧 등의 모든 행을 이룬다. 포섭하고 머금는 뜻이 있기 때문에 '장'이라 한다."라고 했다.

(앞에서 서술한) '세 가지 지혜'의 뜻은 일반적으로 설하는 것과 같다.[76]

佛法中戒藏者。有二說。一云。能詮教爲藏。三藏中毗尼藏故。一云。此三聚戒。能定慧等諸行。有攝含義。故爲藏也。三慧義。如常說。

"바라제목차"라고 한 것은 처처해탈處處解脫이라 의역한다. 인因·과果의 두 지위 가운데 해탈의 뜻이 있기 때문이다. 말하자면 세 가지 업(三業)[77]의 그릇됨을 막기 때문에, 인위因位에 있을 때 그 가운데 속박에서 벗어나는 뜻을 지니고 있기 때문에 '해탈'이라 한다. 또한 (과위果位와 관련해서는) 삼취계를 수지함으로 말미암아 무상보리해탈과無上菩提解脫果를 얻을 수 있기 때문에 '해탈'이라 한다.

들어서 세 가지 지혜를 낼 것을 권함"의 앞에 들어가야 한다.

76 앞의 주석 69를 참조할 것.

77 세 가지 업(三業) : 일체의 행위를 셋으로 분류한 것. 곧 신업身業·구업口業·의업意業을 가리킨다.

所言波羅提木叉者。翻名處處解脫。因果二位中。有解脫義故。謂遮三業中非故。因時中能有離縛義故。名解脫。亦能由持三聚戒。而得無上菩提解脫果故。名解脫也。

B) 사혜를 낼 것을 권함

"그대들은 장차 성불할 것이고"라는 것은, 계를 수지함으로 말미암아 성불의 인을 지닐 수 있기 때문에, 인은 결정코 과를 획득하기 때문에 '장차 성불할 것이고'라고 했다. "나는 이미 성불하였음을"이라는 것은, 내가 삼취계로 말미암아 이미 성불하였음을 보인 것이다. 이것은 자신이 이익을 얻었음을 들어서 중생에게 권한 것이다.

汝是當作佛者。由持戒故。能有成佛之因故。因定果故。名當作佛。我是已成佛者。示我由三聚戒故既得成佛也。此擧自得益而勸物也。

C) 수혜를 낼 것을 권함

"항상 이와 같이 믿을지니"라는 것은 함께할 때와 떠났을 때를 논하지 않고 항상 믿기 때문에 '항상 이와 같이 믿을지니'라고 했다. "계품은 이미 원만하게 갖추어졌음을"이라는 것은 두 가지 설이 있다. 어떤 사람은 말하기를, "제2지에서 계바라밀을 구족했기 때문에 '계품은 (이미) 원만하게 갖추어졌다'라고 했다."라고 했다. 어떤 사람은 말하기를, "'품'은 여기에서 품류品類의 뜻이니, 단지 계를 얻는 것만 말하는 것이 아니다. 또한 계를 수지함으로 말미암아 10도十度(10바라밀) 등의 실천행을 행할 수 있기 때문에 '품'이라 했다."라고 했다.

常作如是信者。不論竝離時常信故。言常作如是信。戒品已具足者。有二說。一云。二地戒度具足。故名戒品具足。一云。品此品類義。非直得戒。亦能能[1)]由持戒故。得能十度等行。故名品也。

1) ㉮ '能'은 연자인 것 같다.

## ② 이익을 들어 대중에게 권함[78]

**경**

**일체의 마음이 있는 이는**
**모두 불계佛戒를 섭취하고 있으니**
**중생이라면 누구나 불계를 받아 지니고 있다네.**
**바로 여러 부처님의 지위에 들어가**
**그 지위가 대각大覺[79]과 같아지면**
**참으로 모든 부처님의 아들이라 하리.**

一切有心者。皆應攝佛戒。衆生受佛戒。卽入諸佛位。位同大覺已。眞是諸佛子。

**기** "일체의 마음이 있는 이는" 이하에서 이익을 들어 대중에게 권한 것 가운데 또한 세 단락이 있다. 처음의 세 구절은 중생 자신이 지니고 있는 것을 들어서 권했고, 다음의 두 구절은 높은 지위를 들어서 권했으며,

78 앞의 분과에 따르면, "이세二世의 대중을 통틀어서 권함"이라고 해도 무방하다.
79 대각大覺 : 구경각究竟覺이라고도 한다.『대승기신론』에서 시각을 네 가지로 분류한 것 중 네 번째. 궁극적인 깨달음을 얻었기 때문에 구경각이라 한다. 이미 근본무명을 모두 끊어서 본각의 체가 온전히 드러나고 심성心性을 꿰뚫어 보고 마음이 곧 상주常住의 이치라는 것을 분명히 알아서 구경의 지극한 진각眞覺을 얻으니, 바로 여래지如來地에 들어간다.

뒤의 한 구절은 참된 불자를 들어서 권했다.

一切有心者以下。擧益勸物中。亦有三段。先三句擧自勸。次二句擧高位勸。後一句擧眞佛子勸。

### A. 중생 자신이 지니고 있는 것을 들어서 권함

처음에 "일체의 마음이 있는 이"라고 한 것은 불성의 정인正因(직접적 원인)을 말한 것이다. 말하자면, 『열반경』에서 "일체의 중생은 (마음이 있고,) 무릇 마음이 있는 이는 아뇩다라삼먁삼보리阿耨多羅三藐三菩提[80]를 얻는다."[81]라고 한 것과 같기 때문이다.

'무릇 마음이 있는 이'라는 것은 두 가지 마음이 있다. 말하자면, 첫째는 진여심眞如心이다. 이 마음은 본래부터 갠지스 강(恒河)의 모래알처럼 많은 성공덕性功德을 구족했기 때문에 불공여래장不空如來藏이라 한다. 둘째는 생멸심生滅心이다. 말하자면 이 마음은 번뇌로 말미암아 오염되고 덮여 있기 때문에, 성性이 나타나지 않기 때문에, 은밀함(隱)의 뜻에 따르기 때문에 공空이라 한다. 그런데 오염을 여의었을 때는 진眞을 유출하는 뜻이 있기 때문에 여래장이라 한다. 비유컨대 물이 비록 물결을 일으키지만 끝내 물의 성질을 잃지 않는 것이 지닌 뜻과 같기 때문에 여래장이라 한다. 이것은 곧 은부여래장隱覆如來藏(숨겨지고 덮인 여래장)이니, 나타나면 법신이 된다. 중생은 모두 이와 같은 두 가지 마음이 있기 때문에 '일체의 마음이

80 아뇩다라삼먁삼보리阿耨多羅三藐三菩提 : Ⓢ anuttara-samyak-saṁbodhi의 음사어. 부처님께서 깨달은 지혜. '아뇩다라'는 무상無上이라 의역하고, '삼먁삼보리'는 정변지正遍知라 의역한다.

81 36권본 『열반경』 권12(T12, 769a20)에서 "중생도 또한 이러하여 모두 마음을 가지고 있다. 무릇 마음이 있는 이는 결정코 아뇩다라삼먁삼보리를 얻는다.(衆生亦爾。悉皆有心。凡有心者。定當得成阿耨多羅三藐三菩提。)"라고 했다.

있는 이'라고 했다.

"불계를 섭취하고 있으니(攝佛戒)"라는 것에서 '섭攝'은 섭취攝取의 뜻이다.

初言一切有心者。論佛性正因。謂如涅槃經云。一切衆生。凡有心者。當得阿耨多羅三藐三菩提故。凡有心者。有二種心。謂一者。眞如心。此心。從本以來。具足恒河沙性功德故。名不空如來藏。二者。心[1)]生滅心。謂此心者。由煩惱。以染覆故。性不現故。約隱義故。名空。然離染時。流出厚[2)]義故。亦名如來藏。譬如水雖成波浪。而終不失水性義故。名如來藏。此卽隱覆如來藏。現爲法身。衆生。皆有如是二種心故。名一切有心者。攝佛戒者。攝是攝取義也。

1) ㉾ '心'은 연자인 것 같다. 2) ㉾ '厚'는 '眞'인 것 같다.

## B. 높은 지위를 들어서 권함

"바로 여러 부처님의 지위에 들어가 그 지위가 대각과 같아지면"이라는 것은 다음과 같다. 율사律師가 말하기를, "이미 초지 이상의 계위에 들어갔기 때문에 '여러 부처님의 지위에 들어가'라고 했다. 10지는 모두 불위佛位와 관련된 것이기 때문이다. 『십지론』에서 설한 것[82]과 같다."라고 했다. 교사敎師가 말하기를, "원인이 있으면 결정코 결과를 얻기 때문이다. 이미 삼취계로 말미암기 때문에, 미래에 얻을 과보인 불위佛位에 들어

82 『십지경론』 권12(T26, 201b29)에서 "이 열 개의 대보산왕은 함께 큰 바다 속에 있어서 큰 바다로 인하여 이름을 얻는다. 이와 같이 불자여, 보살의 10지도 모두 함께 일체지一切智(佛智) 안에 있으니, 일체지로 인하여 이름을 얻는다.(此十大寶山王。同在大海。因大海得名。如是佛子。菩薩十地。同在一切智。因一切智。得名。)"라고 했고, 같은 책 권12(T26, 201c24)에서 이 부분을 해석하기를, "그것이 원인과 결과가 되어 서로 드러내는 역할을 하기 때문이다.(彼因果相顯故)"라고 하였다.

갈 수 있는 뜻이기 때문에 '바로 여러 부처님의 지위에 들어가 그 지위 대각과 같아지면'이라고 했다."라고 했다. '대각'이라고 한 것은 상사각相似覺[83]과 수분각隨分覺[84]이 아니기 때문에 대각이라 한 것이다.

卽入諸佛位位同大覺已者。律師云。既入於初地以上位。故言入諸佛位。十地皆爲佛地故。如十地論說也。敎師云。因定得果故。既能由攝三聚戒故。得有入於當果佛位義。故言卽入諸佛位。位同大覺已。言大覺者。非相似及隨分覺。故名大覺也。

### C. 참된 불자를 들어서 권함

"참으로 모든 부처님의 아들(佛子)이라 하리."라는 것은 지상의 보살에 나아가기 때문에 '참된 부처님의 아들'이라고 한 것이다. 말하자면 네 가지의 불자의 뜻을 갖추었기 때문이다. "네 가지의 불자의 뜻"이라고 한 것은 다음과 같다. 통틀어서 '불자'라고 한 것은 비유에 나아가서 이름을 붙인 것이다. 말하자면 전륜성왕의 아들은 왕위를 이어서 사천하를 감임하는 왕위를 성취한다. 보살도 또한 이와 같아서 불위佛位를 이어서 법계를 감임하는 제일의 지위를 성취한다. 그러므로 '불자'라고 한 것이다.

眞是諸佛子者。約地上菩薩。故言眞佛子。謂具有四種佛子義故。所言四種佛子義者。通名佛子者。約喩爲名。謂輪王子者。續於文[1)]位。而成任四天

83 상사각相似覺 :『대승기신론』에서 시각始覺을 네 가지로 분류한 것 중 두 번째. 진여의 이치와 서로 유사한 것을 깨달았을 뿐이고, 아직 진실로 이것을 얻은 것은 아니기 때문에 상사각이라 한다.

84 수분각隨分覺 :『대승기신론』에서 시각을 네 가지로 분류한 것 중 세 번째. 일분一分의 진리를 증득하였으나 아직 완전한 깨달음을 이루지는 않았기 때문에 수분각이라 한다.

下王位。菩薩亦如是。能續佛位。而成任法界一位。故言佛子也。

1) ㉼ '文'은 '王'인 것 같다.

'네 가지'라고 한 것은 다음과 같다. 『섭대승론』에서 "첫째는 신심信心을 종자로 삼으니, 이 신심으로 말미암아 불과를 이룰 수 있기 때문이다. 이 마음으로 말미암아 일천제一闡提[85]의 불신不信의 장애를 대치할 수 있다. 계위를 말하자면 10신의 계위와 합치한다. 둘째는 반야를 어머니로 삼기 때문에 외도의 아我에 집착하는 장애를 대치할 수 있다. 이것은 곧 10해의 계위이다. 셋째는 선정을 태胎로 삼기 때문에 성문의 고통을 두려워하는 장애(畏苦障)를 대치할 수 있다. 이것은 곧 10행의 계위와 합치한다. 넷째는 대비를 유모乳母로 삼기 때문에 연각의 사심捨心[86]의 장애를 대치할 수 있다. 이것은 곧 10회향의 계위이다."[87]라고 하였다.[88]

85 일천제一闡提 : Ⓢ icchantika의 음사어. 줄여서 천제라고도 한다. 일체의 선근善根을 끊어서 성불할 수 없는 사람을 가리킨다. 단선근斷善根·신불구족信不具足·극욕極欲·대탐大貪·무종성無種性·소종燒種 등으로 의역한다.

86 연각의 사심捨心 : 대비大悲와 이타심을 버리고 홀로 무여열반無餘涅槃에 들어가려는 마음을 말한다.

87 세친世親이 짓고 진제眞諦가 한역한 『섭대승론석』 권8(T31, 206b18)에서 "풀이한다. 다시 불자에는 다섯 가지 뜻이 있다. 첫째 무상승을 원하고 좋아하는 것을 종자로 삼고, 둘째 반야를 어머니로 삼으며, 셋째 선정을 태로 삼고, 넷째 대비를 유모로 삼으며, 다섯째 제불을 아버지로 삼는다. 이러한 뜻으로 말미암아 '불가에 태어난다'라고 말한다.(釋。復次佛子。有五義。一願樂無上乘爲種子。二以般若爲母。三以定爲胎。四以大悲爲乳母。五以諸佛爲父。由此等義故。說得生佛家。)"라고 하였다. 제거해야 할 장애와 해당 계위를 제시한 것은 『섭대승론석』에는 나오지 않는다. 다만 『석마하연론釋摩訶衍論』 권1(T32, 599a10)에서 "일천제의 불신의 장애를 제거하여 10신심을 얻고, 아我에 집착하는 장애를 제거하여 10주심을 얻으며, 고통을 두려워하는 장애를 제거하여 10행심을 얻고, 버리고 여의려는 장애를 제거하여 10회향심을 얻으며, 이생성異生性 등의 열 가지 장애를 끊어서 환희지 등의 열 가지 지地를 증득하는 것을 말하기 때문이다.(謂除闡提不信障。得十信心。除著我障。得十住心。除畏苦障。得十行心。除捨離障。得十向心。斷異生性等十種障。證歡喜等十種地故。)"라고 한 것에서 일치하는 내용을 찾을 수 있다. 또한 네 가지 원인과 네 가지 장애를 제시한 것은 『불성론佛性論』 권2(T31, 797a24)에서 "장애를 제거하는 네 가지 원인은, 첫째는 대승을 믿고 좋아하는 것이고,

言心[1)]種者。攝大乘論云。一者以信心爲種子。由此信心故。得成佛果故。由此心故。能對治闡提不信障。若論位者。約十信位也。二者以般若爲母故。能對治外道著我障。此卽十解也。三者以禪定爲胎故。能對治聲聞衆[2)]苦障。此卽約十行位也。四者以大悲爲乳母故。能對治緣覺捨心障。此卽十迴向位也。

1) 역 '心'은 '四'인 것 같다. 2) 역 『불성론』에 따르면 '衆'은 '畏'인 것 같다.

지전地前의 계위에서 비록 이와 같은 네 가지 뜻을 갖추었다고 해도, 오직 서로 유사할 뿐이기 때문에 '참된 불자'라고 하지 못한다. 초지 이상에 이르러서 네 가지 뜻을 모두 갖추면, 또한 진실된 것이고 서로 유사할 뿐인 것은 아니기 때문에 '참된 불자'라고 한다.

地前中。雖有如是四義。而唯相似故。不得名眞佛子。初地以上。具有四義。亦是眞實。非相似故。名爲眞佛子。

둘째는 무분별반야이며, 셋째는 파허공삼매이고, 넷째는 보살대비이다. 제거의 대상인 네 가지 장애는, 차례대로 첫째는 대승을 싫어하고 등지는 것이고, 둘째는 신견을 지어 계탁하고 집착하는 것이며, 셋째는 생사를 두려워하는 것이고, 넷째는 다른 사람을 이익되게 하는 일을 보는 것을 좋아하지 않는 것이다. 차례대로 일천제·외도·성문·독각(연각)을 장애하는 것이다."라고 한 것에서도 일치하는 내용을 찾을 수 있다.

88 혜소慧沼의 『금광명최승왕경소』 권2(T39, 201c10)에서 "참된 불자에 네 가지가 있다. 첫째는 종자가 수승한 것이고, 둘째는 생모生母가 수승한 것이며, 셋째는 태장胎藏이 수승한 것이고, 넷째는 유모가 수승한 것이다."라고 했다.

### 4) 자세히 들을 것을 권하면서 맺음

경

대중들은 모두 공경하고
정성스러운 마음으로 내가 외우는 것을 들어라.

大衆皆恭敬。至心聽我誦

기 "대중들은 모두 공경하고" 이하는 네 번째로 권하면서 맺은 것이다. '공경'이라고 한 것은, 자신의 덕을 윗사람에게 양보하는 것을 '공'이라 하고, 자신의 세 가지 업으로 윗사람에게 예배하기 때문에 '경'이라 한다.

大衆皆恭敬以下。第四結勸。言恭敬者。以自德讓於上曰恭。以自三業於上禮故曰敬也。

## 3. 차방의 석가의 서분

### 1) 경가의 서분을 밝힘

#### (1) 부처님께서 계를 제정한 것을 밝힘

경 그때 석가모니불께서 처음으로 보리수 아래 앉아서 무상각無上覺을 이루시고, 처음으로 보살의 바라제목차를 제정하셨으니, 이는 부모와 사師·승

僧[89]과 삼보에 효순孝順하는 것이고, 지극한 도리인 법에 효순하는 것이다. 효를 계라 하고, 제지制止라고도 한다. 곧 입에서 한량없는 광명을 놓으시니, 그때 백만억 명의 대중, 곧 여러 보살들과 18범천十八梵天과 육욕천자六欲天子와 16대국十六大國의 왕이 합장하고 정성스런 마음으로 부처님께서 모든 부처님의 대계大戒를 외우는 것을 들었다.

爾時。釋迦牟尼佛。初坐菩提樹下。成無上覺。初結菩薩波羅提木叉。孝順父母師僧三寶。孝順至道之法。孝名爲戒。亦名制止。卽[1)]口放無量光明。是時。百萬億大衆。諸菩薩。十八梵天。六欲天子。十六大國王。合掌。至心。聽佛誦一切佛大乘[2)]戒。

1) ㉰『대정장大正藏』에 실린『범망경』본문에 따르면 '卽' 앞에 '佛'이 누락되었다. 그러나 원효의 주석에 따르면 그의 저본에는 '佛'이 없는 것 같다. 2) ㉰ 원효의 주석에 따르면 '乘'은 연자일 수도 있다.

ㄱ "그때 석가모니불께서" 이하는 세 번째로 차방의 석가의 서분이다. 이 가운데 두 단락이 있다. 첫 번째는 경가經家[90]의 서분을 밝혔고, 두 번

89 사師·승僧 : 원효의 주석에 따르면 '사'는 삼사三師이고, '승'은 칠승七僧이다. '삼사칠승'은 비구가 구족계를 받을 때 계장戒場에서 반드시 구족해야 할 계사戒師의 숫자를 가리키는 말이다. 보통 합하여 삼사칠증三師七證·십사十師·십승十僧 등이라고 한다. '삼사'는 주도적 역할을 하는 세 분의 스님이고, '칠승'은 수계의 사실을 증명해 줄 일곱 분의 스님이다. 삼사는 다음과 같다. 첫째는 전계화상傳戒和尙(親敎師)이다. 수계를 마친 출가자가 5년 혹은 10년 등의 정해진 기간 동안 함께 머물면서 따라야 할 스승이다. 전계화상은 출가자에게 비구계를 줄 것을 승가에 요청하는 역할을 한다. 둘째는 갈마사羯磨師이다. 갈마문羯磨文을 읽는 아사리阿闍梨(Ⓢ ācārya)이다. 백사갈마白四羯磨의 수계 의식을 주도한다. 셋째는 교수사敎授師이다. 계를 받고자 하는 사람에게 수계에 저촉되는 사항이 있는지의 여부를 확인하여 갈마사에게 보고하고, 계를 받을 사람에게 수계의 작법 및 행동 수칙을 알려 주는 역할을 한다. 상대적으로 승중의 숫자가 적은 변두리 지역에서는 삼사이증三師二證만 갖추어도 수계가 가능하다.

90 경가經家 : 부처님의 가르침을 암송하고 이것을 결집하여 경전을 완성한 제자를 일컫는 말. 여러 주석서에서 주로 제1 결집에서 경전 편찬의 주도적 역할을 한 아난阿難을 지목하여 경가라고 하였다.

째로 "여러 보살에게 말씀하셨다. (내가 이제 보름마다)" 이하는 부처님의 서분이다. 처음 가운데 또한 세 단락이 있다. 첫째는 부처님께서 계를 제정한 것을 밝혔고, 둘째는 광명을 놓은 것을 밝혔으며, 셋째는 당시의 대중이 법을 청문하는 것을 밝혔다. (각 단락에 상응하는) 문장의 해당처는 알 수 있을 것이다.

爾時釋迦牟尼佛以下。第三此方釋迦序。於中有二段。先明經家序。二者告諸菩薩以下。佛序。先中。亦有三段。一者明佛結戒。二者明放光。三明時衆聽法。文處可見。

### ① 계를 제정하는 사람을 나타냄

처음에 계를 제정한 것을 밝힌 것 가운데 또한 두 단락이 있다. 첫 번째는 계를 제정하는 사람을 나타냈고, 두 번째로 "처음으로 (보살의 바라제목차를) 제정하셨으니" 이하는 제정할 법을 나타냈다. 제정할 법을 나타낸 것 가운데 또한 세 단락이 있다. 첫 번째로 "처음으로 (보살의 바라제목차를) 제정하셨으니" 이하는 제정할 계의 이름을 나타냈고, 두 번째로 "효순하는 것이고" 이하는 계의 체성體性을 밝혔으며, 세 번째로 "효를 (계라) 하고" 이하는 계의 명자名字를 풀이했다. 두 번째로 계의 체성을 밝힌 것 가운데 또한 두 단락이 있다. 처음은 바로 계의 체를 밝혔고, 뒤는 계업戒業의 공용을 밝혔다.

先明結戒中。亦有二段。一現能詰[1]人。二者初結以下。表所結法。約表所結法中。亦有三段。一者初結以下。表所結戒名。二者孝順以下。辨戒體性。三者孝名以下。釋戒名字。二辨體中。亦有二段。先正明戒體。後明戒業功用。

1) 역 '詰'은 '結'인 것 같다.

처음에 "그때"라고 한 것은 알 수 있을 것이다. "석가모니"라는 것에서 '석'은 이곳에서의 성씨(氏)이고, 이름은 '가모니'이다.[91] 의역하여 능인能仁이라 한다. 중생을 인애仁愛하기 때문에 '능인'이라 한다.『잡아비담심론』에 의거하면, '모니'라는 것은 신身·구口·의意가 원만한 것[92]이다. 말하자면 세 가지 업 가운데 지혜를 따라 행하여 원만하지 않음이 없는 것이다.

初言爾時者。可解。釋迦牟尼者。釋此氏。名迦牟尼。翻名能仁。能仁衆生。名能仁也。若依雜心論者。迦[1)]牟尼者。身口意滿。謂三業中。隨智慧行。無非滿足也。

1) ㉮『잡아비담심론』에 따르면 '迦'는 연자이다. 원효의 의도에 따르면 연자가 아닐 수도 있다.

"처음으로 보리수 아래 앉아서 무상각을 이루시고"라는 것은 다음과 같다. 교사가 말하기를, "법신에 나아가서 풀이한 것이 아니고, 응신과 화신에 나아가서 말한 것이다. 그러한 이유는 알 수 있을 것이다."라고 했다. '무상각'이라고 한 것은 지전의 계위이면 비록 각覺의 뜻이 있더라도 상사각이기 때문에, 10지의 보살의 계위는 비록 각이 있더라도 이것은 수분각이기 때문에 무상각이라 할 수 없다. 부처님께서는 이미 각도覺道를 원만하게 이루었기 때문에 앞의 두 가지 각과 간별하기 위해서 '무상각'이라 한 것이다.

初坐菩提樹下成無上覺者。教師云。非約法身釋也。應身化身以論也。其所

91 '석가모니'는 Ⓢ Śākya-muni의 음사어이다. '사키야'는 고타마 싯다르타가 소속된 종족의 족성族姓으로 능인能仁이라 의역하고, '무니'는 그에 대한 존칭으로 적묵寂默·현인賢人 등으로 의역하는데, 통속적으로는 성인을 가리킨다. 따라서 본문의 해석은 일반적으로 통용되는 것과 거리가 멀다.

92 『잡아비담심론雜阿毘曇心論』 권1(T28, 870c3).

以可知也。言無上覺者。若地前者。雖有覺義。而相似故。十地菩薩。雖有覺。而此隨分覺故。不得名無上覺。佛既覺道滿足故。爲欲簡前二覺義。故言無上覺。

### ② 제정할 법을 나타냄

#### A. 제정할 계의 이름을 밝힘

"처음으로 보살의 바라제목차를 제정하셨으니"라는 것은 두 가지 설이 있다. 율사가 말하기를, "두 가지 설이 있다. 어떤 사람은 말하기를, '『화엄경』 이후에 설한 것이다'[93]라고 했고, 어떤 사람은 말하기를, '『화엄경』 이전에 설한 것이다'라고 했다."라고 했다. 교사가 말하기를, "소승에 의거하면 여래께서 정각을 이룬 이후 삼칠일 가운데 녹원鹿薗[94] 안에서 처음에 수다라修多羅(經)를 설하고, 12년 가운데 비니毗尼(律)를 설했다. 대승에 의거하면 불도를 이룬 후 바로 이어서 이 계를 제정하고, 또한 바로 이어서 수다라를 설하였다."라고 했다.

初結菩薩波羅提木叉者。有二說。律師云。有二說。一云。華嚴經以後說。一云。華嚴經前說也。教師云。若小乘者。如來從成正覺以後。三十七日中。鹿薗中。初說修多羅。十二年中說毗尼。若大乘者。成道後卽尋結此戒。亦卽尋說修多羅也。

---

93 지의의 『법화문구』 권9(T34, 128a22)에서 "『범망경』은 『화엄경』의 가르침을 맺어서 이루는 것이다.(梵網經。結成華嚴教。)"라고 한 것이 본 주장과 부합한다.

94 녹원鹿薗 : Ⓢ Mrgadāva의 의역어. 녹야원鹿野苑이라고도 한다. 부처님께서 불도를 이룬 후 처음으로 법륜을 굴린 지역의 이름이다.

## B. 계의 체성을 밝힘

### A) 계의 체를 밝힘

“효순”이라는 것은 어긋나지 않게 행동하는 것을 뜻하니, 이것이 효행의 뜻이고, 이것이 수순隨順의 뜻이다. 이 가운데 세 가지 설이 있다. 첫째는 율의계를 ‘효’라 하고, 섭선법계와 섭중생계를 ‘순’이라 한다. 둘째는 수체受體[95]를 ‘효’라 하고, 수행隨行을 ‘순’이라 한다. 셋째는 무작계無作戒[96]를 ‘효’라 하고, 작계作戒를 ‘순’이라 한다.

孝順者。不違行義。是孝行義。是義順順[1)]義。[2)] 於中有三說。一云。[3)] 以律儀戒爲孝。以攝正[4)]法戒及攝衆生戒爲順。二者。以受體爲孝。以隨行爲順。三者。以無作戒爲孝。以作戒爲順。

1) 원 ‘順’ 자는 다시 교감해야 한다. 역 ‘順’은 연자인 것 같다. 2) 역 ‘義’는 ‘隨’인 것 같다. 3) 역 ‘云’은 ‘者’인 것 같다. 4) 역 ‘正’은 ‘善’인 것 같다.

“부모”라는 것은 두 가지 설이 있다. 어떤 사람은 말하기를, “인연에 의해 낳아 준 부모가 있으니, 세간에 부모가 있는 것과 같다.”라고 했다. 어

95 수체受體 : 자신의 마음속에서 계를 받고 계체를 수지하여 파계하지 않을 것을 결심하는 것. 수행隨行은 이후에 그러한 결심에 상응하여 생활 속에서 실천해 나가는 것.

96 무작계無作戒 : 상대어는 작계作戒이다. 작계는 계를 받을 때 법대로 동작하는 몸과 입과 뜻의 세 가지 업, 곧 보고 들을 수 있는 업체業體이다. 무작계는 무표계無表戒라고도 한다. 계를 받을 때 작계作戒한 연緣에 의해서 몸속에 보거나 들을 수 없는 업체를 낳는 것이다. 이렇게 생겨난 업체는, 처음 발생하는 연은 몸과 입과 마음의 동작(작계)으로 말미암았더라도, 일단 생기하고 나면 몸과 입과 마음의 조작을 빌리지 않고 항상 상속하기 때문에 ‘무작’이라 한다. 또한 외적인 형상으로 나타나지 않기 때문에 ‘무표’라고 한다. 작계는 몸과 입과 마음의 동작이 그칠 때 동시에 사라지지만 무작계는 일생 동안 항상 상속하면서 방비지악의 공능을 일으키기 때문에 무작계체無作戒體라고 한다.

떤 사람은 말하기를, "불도에 들어감에 있어서 부모가 되는 것이다."라고 했다. "사師"라는 것은 삼사三師에 나아간 것이고, "승僧"이라는 것은 나머지 일곱 분의 스님(七僧)에 나아간 것이다. "사"라고 한 것은 개별적인 사람에 나아가서 별행別行을 취한 것이고, "승"이라고 한 것은 중승衆僧에 나아가서 중행衆行을 취한 것이다.[97] 오직 효순하는 행위는 대체로 중행과 별행을 넘어서지 않기 때문이다. 중행과 별행에 어긋나지 않기 때문에 "사·승에 효순하고"라고 한 것이다.

父母者。有二說。一云。有緣生父母。如世間有父母也。入[1)]道父母者。約[2)]三師等。僧者。約餘七僧等。言師者。約別人。取別行。言僧者。約衆僧。取衆行。唯孝順行。多不出衆別二行故。不違衆別二行。故言孝順師僧也。

1) 역 '入' 앞에 '一云'이 누락된 것 같다. 2) 역 '約' 앞에 '師者'가 누락된 것 같다.

"삼보"라고 한 것은 하나의 체에 대해 상相을 구별한 것이다. 준거를 삼는 것에 따라서 여러 가지 문이 있지만, 지금은 우선 한 가지 문에 나아가서 그 상을 드러낸다. "상을 구별한 것"이라는 것은, 삼신三身을 불보로 삼고, 설하신 삼장三藏의 교법을 법보로 삼으며, 삼승三乘의 승중僧衆을 승보로 삼는 것이다. "하나의 체"라는 것은 부처님 가운데 각覺의 뜻을 불보로 삼고, 다른 사람이 궤칙으로 삼지 않음이 없기 때문에 (이 뜻에서) 법보라고 하며, 부처님은 투쟁을 여의고 중도中道를 계회할 수 있기 때문에 (이 뜻에서) 승보라고 하는 것이다.[98]

97 삼사를 별행, 칠승을 중행에 배속시킨 것은, 삼사는 특정한 조건을 갖추어야 하고, 칠승은 스님이면 누구나 가능한 것이기 때문인 것으로 보인다.

98 '승'은 Ⓢ saṃgha의 줄인 음사어인데, 이 단어에 '화합'이라는 뜻이 있는 것에 착안한 해석인 것으로 보인다.

言三寶者。一體別相。准有多門。而今且約一門。而現其相也。謂別相者。以三身爲佛寶。以所說三藏敎法爲法寶。以三乘衆爲僧寶。一體者。佛中以覺義爲佛寶。卽爲他無不軌則故。名爲法寶。佛能離鬪諍。契會中道故。名僧寶。

#### B) 계업의 공용을 밝힘

"지극한 도리인 법에 효순하는 것이다."라는 것은 법계에 도달하는 지극한 도리인 법이기 때문에 '지극한 도리인 법'이라 한 것이다.

孝順至道之法者。至於法界之至道法。故言至道之法。

### C. 계의 명자를 풀이함

"효를 계라 하고"라는 것에서 ('계'는) 세 가지 업 가운데 그릇된 것을 경계할 수 있기 때문에 '계'라고 한다. "제지制止라고도 한다."라는 것에서 ('제지'란) 율의계로 말미암아 작범의 그릇됨을 제어하고, 섭선법계와 섭중생계로 말미암아 지범의 그릇됨을 제어할 수 있기 때문에 '제'라고 했고, 그릇됨을 제어함으로 말미암아 선법에 머물게 할 수 있기 때문에 '지'라고 했다.

孝名戒者。能誡三業中非。故名爲戒。亦名制止者。由律儀戒故。能制作犯非。由攝正[1]法及攝衆生戒故。能制止犯非。故言制。由制非故。能令住於善法。故名止。

1) ㉾ '正'은 '善'인 것 같다.

### (2) 광명을 놓은 것을 밝힘

"곧 입에서 (한량없는) 광명을 놓으시니"라는 것은 곧 두 번째 단락이다. 구업口業으로 계법을 설하고자 했기 때문에 입 안에서 광명을 놓는 것이 필요한 것이다. 다른 업으로 하고자 하지 않았기 때문에 다른 곳에서는 광명을 놓지 않았다.

卽口放光者。卽第二段。爲欲以口業。而說戒法故。須口中放光。非爲欲餘業故。不放餘光明。

### (3) 법을 청문하는 대중을 밝힘

"그때 백만" 이하는 세 번째로 법을 청문하는 대중을 밝혔다. "18범(천)"이라고 한 것은, (색계의 네 가지 선 가운데) 아래의 세 선에 각각 셋이 있기 때문에 아홉 가지[99]가 되고, 네 번째 선에 아홉 가지[100]가 있기 때문에 '18범천'이라고 한다. "육욕천"이라는 것은 욕계의 여섯 하늘[101]이다. "부처님의 대계"라는 것은 보살계菩薩戒를 가리킨다. 소승계小乘戒를 바라보기 때문에 '대계'라고 했다.

---

99 아홉 가지 : 초선初禪에 범중천梵衆天·범보천梵輔天·대범천大梵天의 세 하늘이 있고, 제2선에 소광천小光天·무량광천無量光天·극광천極光天의 세 하늘이 있으며, 제3선에 소정천小淨天·무량정천無量淨天·변정천遍淨天의 세 하늘이 있다.

100 아홉 가지 : 제4선에 무운천無雲天·복생천福生天·광과천廣果天·무번천無繁天·무열천無熱天·선현천善現天·선견천善見天·색구경천色究竟天·대자재천大自在天이 있다.

101 여섯 하늘 : 사대왕중천四大王衆天·삼십삼천三十三天·시분천時分天·지족천知足天·낙변화천樂變化天·타화자재천他化自在天이다.

是時百萬以下。第三明聽法衆。所言十八梵者。下三禪中各有三故九。第四禪中有九故。十八梵天。六欲天者。欲界六天也。佛大戒者。是菩薩戒者。望小乘戒。故言大戒也。

### 2) 부처님의 서분을 밝힘

**경** 여러 보살에게 말씀하셨다.

**내가 이제 보름마다 여러 부처님의 법계法戒를 외울 것이니, 너희들 보리심을 발한 모든 보살들도 외우고, 10발취·10장양·10금강·10지에 이르기까지의 여러 보살들도 또한 외울지니라.**

告諸菩薩言。我今。半月半月。自誦諸佛法戒。汝等一切發心菩薩。亦誦。乃至十發趣。十長養。十金剛。十地。諸菩薩。亦誦。

**기** "여러 보살에게 말씀하셨다." 이하는 두 번째로 부처님의 서분이다. 이 가운데 세 단락이 있다. 첫 번째는 자신을 들어 외울 것을 권했고, 두 번째로 "그러므로 계의 광명이" 이하는 간략하게 계상을 밝혔으며, 세 번째로 "불자여, 마음에 새겨서 들어라." 이하는 계를 받는 사람을 자세하게 열거했다.

告諸菩薩以下。第二佛序。於中有三段。一者擧自勸誦。二者是故戒光以下。略明戒相。三者佛子諦聽以下。廣列受戒之人。

### (1) 자신을 들어 외울 것을 권함

처음에 “내가 이제 보름마다……외울 것이니”라고 한 것은, 나는 계를 스승으로 삼기 때문에 항상 스승인 계를 외우니, 너희들도 계를 스승으로 삼으면 또한 외울 수 있음을 나타내고자 하기 때문에 ‘내가 이제……외울 것이니’라고 한 것이다. ‘보름마다……외울 것이니’라는 것은 승보僧寶를 기준으로 했기 때문에 이와 같이 말한 것이다.[102] 만약 개별적인 수행자의 실천행을 기준으로 하면, 신발의보살新發意菩薩[103]이어서 아직 익숙하게 외우지 못할 때에는, 하루의 여섯 때(六時)[104]에 외워야 한다. 승법僧法에서는 어째서 보름마다 외우는 것인가. 자주 외우면 사람들이 경만한 마음을 내기 때문이다. 세상 사람들의 마음은, 적게 행하는 것을 존중하고 두텁게 행하는 것을 가볍게 여기기 때문에, 또한 (그보다) 적게 지으면 법을 증장할 수 없기 때문에 적은 것을 여의고 두터운 것도 버리고 중도를 취했다. 그러므로 보름마다 계를 외워야 한다.

初言我今半月半月自誦者。爲欲現我以戒爲師故。常誦所師戒。汝等若以戒爲師者。亦可誦。故言我今誦也。半月半月誦者。約僧寶故。作如是說。

---

102 현전 승가에서 보름마다 포살을 행하면서 바라제목차를 외우는 것을 가리키는 말이다.

103 신발의보살新發意菩薩 : 처음 보리심을 발한 보살. 『대지도론』 권93(T25, 714c3)에서 “두 부류의 보살이 있다. 첫째는 대력大力을 성취한 보살이고, 둘째는 인연에 의해 새롭게 보리심을 발한 보살이다. 전자는 중생을 제도하기 위해 상황에 따라 적합한 몸을 받아서 변지邊地에 태어나거나 사견邪見을 지닌 사람들 사이에 태어나는 것을 회피하지 않는다. 후자는 이러한 곳에 태어나면 사람을 제도할 수 없을 뿐만 아니라 그 자신이 무너져 버린다. 비유컨대 진짜 금은 진흙 속에 있어도 끝내 손상되지 않지만 구리와 철은 손상되는 것과 같다.(菩薩有二種。一者成就大力菩薩。二者屬因緣新發心菩薩。大菩薩。爲衆生。隨所應度。受身。不避邊地邪見。新發意菩薩。若生是處。既不能度人。又自敗壞。是故不生。譬如眞金在泥。終不敗壞。銅鐵則壞。)”라고 한 것을 참조할 것.

104 여섯 때 : 하루를 여섯으로 나눈 것. 곧 아침(晨朝)·한낮(日中)·해질 녘(日沒)·초저녁(初夜)·한밤중(中夜)·새벽(後夜)이다.

若約別人行者。新發意菩薩。未熟誦時中。一日中六時中誦。僧法中。何半月半月誦者。若數數誦者。人心生輕慢故。謂世間人心。以寡行而爲尊重。以厚爲輕故。亦若寡作者。不得增長法故。離寡捨厚。而取中道。故須半月半月誦戒也。

"보리심을 발한 보살"이라는 것은 10신과 합치하고, "10발취"라는 것은 10해의 계위와 합치한다. 무슨 까닭으로 10신에서는 발취發趣를 말하지 않는 것인가. 이 계위의 보살은 비록 공에 대한 이해는 있다고 해도 아직 취행趣行하지 않기 때문에 발취를 말하지 않는다. 그러므로 10신의 보살을 명자보살名字菩薩[105]이라 하고, 또한 가명보살假名菩薩[106]이라고도 한다.

發心菩薩者。約十信。十發趣者。約十解位。何故。十信不論發趣者。此位菩薩者。雖有空解。而未趣行故。不論發趣也。是故。十信菩薩。名名字菩薩。亦假者[1)]菩薩。

1) ㉮ '者'는 '名'인 것 같다.『보살영락본업경』하권(T24, 1017a15)에서 10주 이전의 보살을 '가명보살假名菩薩'이라 한 것을 참조하였다.

**문** 10신과 10해는 (보살의 계위에 있어서) 차례대로 이어져서 계위에 있어서 건너뛰는 뜻이 없다. 무슨 까닭으로 (10신과 10해의) 중간에 "이르기까지의(乃至)"라는 문자를 두었는가?

**답** 부정취不定聚[107]로부터 정정취正定聚에 이르는 것이기 때문에 중간

105 명자보살名字菩薩 : 보살이라는 이름만 가졌을 뿐이고, 아직 그 이름에 상응하는 실질적인 내용을 갖추지 못한 보살이라는 뜻이다.

106 가명보살假名菩薩 : 명자보살과 같은 뜻. 보살이라고 부르기는 하지만 아직 그 이름에 상응하는 덕을 갖추지 못했기 때문에 실질적인 의미에서의 보살이라고 할 수 없음을 나타내는 말이다.

107 부정취不定聚 : 중생을 근기에 의해 세 부류로 나눈 것 중 하나. 다른 두 가지는 정정

에 "이르기까지의"라는 문자를 두었다.[108]

問。十信與十解。次第。位無越義。何故。仲置乃至文字耶。答。從不定聚。到於正定聚。卽故[1)]置乃至文字也。

1) ㉰ '卽故'는 '故仲'인 것 같다.

**문** 『인왕경』에서 "10신의 계위에 도달한 이는 가벼운 털과 같다. 그러므로 퇴위退位에 해당하여 3아승기겁(보살이 불과를 원만히 성취하는 데 걸리는 기간)에 들어가지 않는다."[109]라고 했고, 『섭대승론』에서는 "불퇴위不退位에

취正定聚와 사정취邪定聚이다. 부정취는 그 성품에 있어서 사邪·정正이 아직 정해지지 않아 선연善緣을 만나면 정정취를 이루고, 악연惡緣을 만나면 사정취를 이루는 중생을 가리킨다. 정정취는 반드시 깨달음을 얻을 것이 결정된 중생을 가리키고, 사정취는 삿된 업을 지어서 지옥에 떨어질 것이 결정된 중생을 가리킨다.

108 보살의 수행 계위 중 처음의 10신은 부정취이고, 그 이후의 10발취·10장양·10금강·10지의 40계위(삼현십성)는 정정취이다. 따라서 '부정취에서 정정취에 이르기까지'라는 뜻을 드러내기 위해 '내지'라고 했다는 말이다. 『석마하연론』 권1(T32, 596c5)에서 "삼취문에 세 가지가 있다. 첫째는 10신 이전을 사정취라고 하고, 삼현과 10성을 정정취라고 하며, 10신을 부정취라고 한다. 둘째는 10신 이전과 10신을 사정취라고 하고, 무상대각과無上大覺果를 정정취라고 하며, 삼현과 10성을 부정취라고 한다. 셋째는 10신 이전을 사정취라고 하고, 10성을 정정취라고 하며, 10신과 삼현을 부정취라고 한다. 마명보살은 처음의 입장을 취하였다."라고 한 것을 참조할 것.

109 『인왕반야바라밀경仁王般若波羅蜜經』 하권(T8, 831b7)에서 "습인習忍(습종성) 이전에 10선十善(十信)을 행하는 보살은 물러남도 있고 나아감도 있다. 비유컨대 가벼운 털이 바람을 따라 동쪽으로, 서쪽으로 날리는 것처럼 이 계위의 모든 보살도 이와 같다. 비록 만 겁 동안 10정도를 행하고 삼보리심을 발하여 습인위에 들어가서 또한 세 가지 복인법을 배운다고 해도, (습종성이라는) 이름을 붙일 수 없으니, 결정되지 않은 사람인 것이다. 결정된 사람은 생공生空의 지위에 들어간 성인의 종성이기 때문에 반드시 오역·육중·28경계를 일으키지 않는다. 불법을 담은 경서에 대해 반역죄를 짓거나 불설이 아니라고 말하는 일을 하지 않는다. 1아승기겁 동안 복도伏道의 인행을 닦고 비로소 승가타(성종성)의 지위에 들어갈 수 있다.(習忍以前行十善菩薩。有退有進。譬如輕毛。隨風東西。是諸菩薩。亦復如是。雖以十千劫。行十正道。發三菩提心。乃當入習忍位。亦常學三伏忍法。而不可名字。是不定人。是定人者。入生空位。聖人性故。必不起五逆。六重。二十八輕。佛法經書。作返逆罪。言非佛說。無有是處。能以一阿僧祇劫。修伏道忍行。始得入僧伽陀位。)"라고 한 것을 말한다. '결정되지 않은 사람'은 퇴위

해당하여 3아승기수에 들어간다."[110]라고 했다. 이 두 문장을 어떻게 회통할 수 있는가?

**답** 『유가사지론』에 의거하여 이 문장을 회통하면 다음과 같다. 보살성인菩薩性人[111]이 10신에 들어가면, 처음에 (10신의 계위 가운데) 첫 번째인 신심信心에 들어갈 때, 바로 불퇴를 얻는다. 이승성인二乘性人[112]이 소승에서 회향하여 대승으로 들어가면, 10신의 계위에서는 아직 불퇴위에 들어가지 않고, 또한 아직 3아승기수에 들어가지 않으며, 10해의 계위에 이르러 비로소 불퇴위를 얻고, 또한 3아승기수에 들어갈 수 있다.[113] 그러므로 『인왕경』에서는 이승성인에 나아가서 설했기 때문에 (10신을) 퇴위라

---

에 있는 사람을 가리킨다.

110 진제 역, 『섭대승론』 하권(T31, 126c3)에서 "3아승기겁의 수행을 통해 불도를 이루는 것과 관련하여 다섯 부류가 있다. 첫째, 원행지願行地를 행하는 사람은 1아승기겁 동안 수행하여 원만함을 이루고, 둘째, 청정의행清淨意行을 행하는 사람·유상행有相行을 행하는 사람·무상행無相行을 행하는 사람은 6지에서 7지에 이르기까지 두 번째의 아승기겁 동안 수행하여 원만함을 이루며, 이 뒤에서부터 무공용無功用을 행하는 사람은 10지에 이르기까지 세 번째의 아승기겁 동안 수행하여 원만함을 이룬다."라고 했고, 진제 역 『섭대승론석』 권11(T31, 229b19)에서 『섭대승론』에서 '원행지를 행하는 사람'이라 한 것을 '원락행인願樂行人'이라고 칭하고, 보살의 계위 중 10신·10해·10행·10회향에 해당한다고 했다. 곧 10신의 계위를 3아승기겁 중 제1겁에 들어가는 것으로 보고, 이것에 의해 10신을 불퇴위로 파악했음을 알 수 있다.

111 보살성인菩薩性人 : 보살의 종성을 갖춘 사람이라는 뜻. 불과佛果를 증득할 수 있는 무루종자無漏種子를 갖추고 있는 사람을 가리킨다.

112 이승성인二乘性人 : 성문의 종성을 갖춘 사람과 독각의 종성을 갖춘 사람을 합하여 일컫는 말이다. 전자는 아라한과를 증득할 수 있는 무루종자를 갖춘 사람을 가리키고, 후자는 벽지불과를 증득할 수 있는 무루종자를 갖춘 사람을 가리킨다.

113 『유가사지론』 권35(T30, 478c12)에서 "종성은 간략히 두 가지가 있다. 첫째는 본성주종성本性住種姓이고, 둘째는 습소성종성習所成種姓이다. 이 밖에 성문종성聲聞種姓과 독각종성獨覺種姓이 있다. 보살종성은 번뇌장과 소지장을 모두 청정하게 할 수 있고, 성문종성과 독각종성은 오직 번뇌장만 청정하게 할 수 있고, 소지장은 청정하게 할 수 없다. 그러므로 보살종성이 가장 뛰어나다."라고 했다. 여기에서 본성주종성은 본성정정취本性正定聚로 보살종성인(보살성인)을 가리키고, 습소성종성은 습성정정취習性正定聚로 이승성인과 부정성인不定性人이 선근을 상속하여 보리심을 발한 것을 가리키는 것으로 보면, 문맥이 통할 수도 있을 것 같다.

고 한 것이고, 『섭대승론』의 경우에는 보살성인에 나아가서 설했기 때문에 (10신을) 불퇴위라고 한 것이라고 할 수 있다.

問。仁王經。卽十信位者。如輕毛。故爲退位。不入三僧祇劫。若攝大乘論者。爲不退位。入於三僧祇數。此二文。何會耶。答。若依瑜伽論。通此文者。若菩薩性人。入十信者。始入第一信時。卽得不退。若二乘性人。廻小入大者。十信位中。未入不退位。亦未入於三僧祇數。到於十解位。方得入不退位。亦得入於三僧祇數。是故。仁王經者。約二乘性人故。爲退位。若攝論者。約菩薩性人故。爲不退位也。

10신의 계위를 넘어서는 것은, 『영락경』에서 "상품은 1겁, 2겁에 10신을 넘어서고, 가장 하품에 해당하는 사람에 나아가면 10겁을 지나야 비로소 10신을 넘어설 수 있다."[114]라고 했는데, (관련 내용은) 『반야경』 가운

114 『보살영락본업경』 하권(T24, 1017a19에서 "이 사람(10신의 가명보살)이 다시 10선을 행하면서 1겁, 2겁, 3겁 동안 10신을 닦으면 육천六天의 과보를 받는다. 상선上善에 세 품이 있다. 상품은 철륜왕으로 한 천하를 교화하고, 중품은 속산왕이며, 하품은 인중왕이다. 일체의 번뇌를 구족하고 한량없는 선업을 모으면서 또한 물러나기도 하고, 또한 나아가기도 한다. 선지식을 만나 불법을 배우면, 1겁, 2겁에 비로소 10주의 계위에 들어간다. 이와 같은 일이 없으면 항상 침몰하여 벗어나지 못하고 퇴분선근에 머무니, 앞에서 설한 것과 같다.(是人。復行十善。若一劫二劫三劫。修十信。受六天果報。上善有三品。上品鐵輪王化一天下。中品粟散王。下品人中王。具足一切煩惱。集無量善業。亦退亦出。若值善知識。學佛法。若一劫二劫。方入住位。若不爾者。常沒不出。住退分善根。如上說。)"라고 했고, 같은 책 상권(T24, 1014b27)에서 "불자여, 물러나거나 나아간다는 것은 다음과 같다. 10주 이전의 모든 범부법에서 삼보리심을 발하고, 이러한 갠지스 강의 모래알처럼 많은 중생이 있어서 불법을 배우고 실천하는데, 신상심信想心 속에서 행하는 이는 퇴분선근이다. 여러 선남자가 1겁, 2겁에서 10겁에 이르기까지 10신을 수행하여 10주에 들어간다. 이 사람이 그때 처음의 제1주에서부터 제6주에 이르는 가운데 제6 반야바라밀을 닦으면 정관이 앞에 나타나고, 다시 모든 부처님과 보살과 선지식이 호지하기 때문에 벗어나서 제7주에 이르러 항상 머물러 물러나지 않는다. 이 7주 이전을 퇴분이라 한다.(佛子。若退若進者。十住以前。一切凡夫法中。發三菩提心。有恒河沙衆生。學行佛法。信想心中行者。是退分善根。諸善男子。若一

데에서 자세히 설했다. 여기에서 "계법戒法(法戒)"이라는 것은, 보리심菩提心을 말한다면 (10신 중) 첫 번째인 신심이고, 계심戒心을 말한다면 (10신 중) 여섯 번째인 계심戒心이다. "10장양"이라는 것은 10행과 합치하고,[115] "10금강"이라는 것은 10회향에 합치한다. 다른 연緣에 의해 흔들리지 않기 때문에 '10금강'이라 하니, 이것은 비유로 이름을 삼은 것이다.

度十信位者。瓔珞經云。上品一劫二劫中。得度十信。若約最下品人者。逕中[1)]劫。方得度信。般若經中。乃至廣說。此戒法者。若論菩提心者。爲第一信心。若論戒心者。爲第六戒心。十長養者。約十解。[2)] 十金剛者。約十迴向。他緣不能動故。名爲十金剛。此以喩爲名。

1) 역 '中'은 '十'인 것 같다. 2) 역 전후 문맥상 '解'는 '行'이어야 한다.

### (2) 간략히 계의 상을 밝힘

**경** 그러므로 계의 광명이 입에서 나오니, 연緣이 있고 인因도 없는 것이 아니기 때문이다. 광명과 광명은 푸른 것도 아니고 노란 것도 아니며, 붉은 것도 아니고 흰 것도 아니며, 검은 것도 아니다. 색色도 아니고 심心도 아니며, 있는 것도 아니고 없는 것도 아니며, 인과법因果法도 아니다.

是故。戒光。從口出。有緣。非無因故。光光。非青黃赤白黑。非色非心。非有非無。非因果法。

---

劫二劫乃至十劫。修行十信。得入十住。是人爾時。從初一住至第六住中。若修第六般若波羅蜜。正觀現在前。復値諸佛菩薩知識所護故。出到第七住。常住不退。自此七住以前。名爲退分。)"라고 한 것을 참조할 것.

115 앞에서 "10발취는 10해와 합치한다."라고 했으니, 10장양은 10행과 합치하는 것이 전후 문맥상 옳다. 따라서 본문의 '解'를 '行'으로 교감하고, 이것에 의거하여 해석했다.

**기** "그러므로" 이하는 두 번째로 간략히 계의 상을 밝혔다. 이 가운데 세 단락이 있다. 첫째는 계의 인연을 밝혔고, 둘째는 계의 체가 구족한 것을 밝혔으며, 셋째로 "모든 부처님의 본원이었고" 이하는 계의 이익을 밝혔다.

是故以下。第二略辨戒相。於中有三段。一者明戒因緣。二者明戒體具。第三者諸佛之根本以下。明戒利益。

### ① 계의 인연을 밝힘

처음에 "계의 광명"이라고 한 것은 비유로 이름을 삼은 것이다. 계는 오염을 여의고 밝고 청정함을 얻게 하고, 또한 어둠을 무너뜨릴 수 있기 때문에, 광명과 비슷한 뜻이 있기 때문에 비유로 이름을 삼았다. 처음에 계의 인연을 밝힌 것에서, "연이 있고 인도 없는 것이 아니기 때문이다." 라고 한 것은 (다음과 같다.) 삼갈마三羯磨[116]의 연緣과 사師(三師)·승僧(七

116 삼갈마三羯磨 : 갈마를 형식에 따라 분류한 것 중 하나. '갈마'는 승가와 관련된 일을 결의하기 위해 행하는 전체 회의를 가리킨다. 삼갈마는 갖추어서 백삼갈마白三羯摩·일백삼갈마一白三羯磨 등이라고 한다. 비구계를 수여하는 것 등의 중요한 일을 결의할 때 행한다. 방법은 한 번의 백白과 세 번의 갈마설羯磨說을 행하는 것이다. '백'은 회의의 안건을 고지하는 것이고, '갈마설'은 그 다음에 회의의 안건에 대한 찬반 여부를 확인하는 것이다. 예를 들어 비구계를 수여할 때, 갈마사가 "아무개에게 비구계를 주고자 합니다. 이것이 백입니다."라고 하여 안건을 알리고, 그 다음에 갈마사가 세 번에 걸쳐서 "아무개에게 비구계를 주고자 합니다. 찬성하는 스님은 침묵하시고 찬성하지 않는 스님은 말씀해 주십시오."라고 하여 찬반 여부를 묻는 것이다. 백삼갈마는 백사갈마白四羯磨라고도 하는데, 이는 세 번의 갈마설을 행할 때도 백을 행하기 때문에 백이 네 번에 걸쳐 이루어짐을 나타내는 말이다. 이 밖에 한 번의 백으로 갈마가 결정되는 것을 단백갈마單白羯磨라고 한다. 통상적으로 단백갈마는 구성원 전체가 이미 알고 있는 내용을 고지하는 경우에 행한다. 예컨대 자자일自恣日에 자자를 행함을 알리는 것과 같은 것이 그것이다. 한 번의 백과 한 번의 갈마설로 갈마가 결정되는 것을 백이갈마白二羯磨라고 한다. 백이 두 번에 걸쳐 이루어짐을 나타낸다. 포살당을

證)의 연 등이 있기 때문에 '연이 있고'라고 했다. '인도 없는 것이 아니다'라고 한 것은, 발생할 삼품의 보리심[117]의 인이 없지 않기 때문에 '인도 없는 것이 아니다'라고 한 것이다.

初言戒光者。以喻爲名。謂戒離染明淨。亦能破闇故。有似光義故。以喻爲名也。初明戒因緣中。言有緣非無因者。有三羯摩[1)]及師僧緣等。故言有緣。非無因者。所發三品菩提心因非無。故言非無因。

1) 역 '摩'는 '磨'인 것 같다.

### ② 계의 체를 밝힘

두 번째로 계의 체를 밝힌 것 가운데 "광명과 광명"이라고 한 것은 여러 가지 설이 있다. 어떤 사람은 말하기를, "쏘아낸 광명 가운데 또한 한량없는 광명이 있기 때문에 '광명과 광명'이라고 했다."라고 했다. 어떤 사람은 말하기를, "쏘아낸 광명이기 때문에 '광명'이라 했고, 광명으로 인해 또한 계법을 설했기 때문에 거듭해서 '광명'이라 했다."라고 했다. 어떤 사람은 말하기를, "설한 계법戒法을 논하면, 유작有作(作戒)과 무작無作(無作戒)이 같지 않기 때문에 '광명과 광명'이라 했다."라고 했다. 어떤 사람은 말하기를, "수계受戒[118]와 수계隨戒[119]가 같지 않음을 나타내기 위해서 '광명과 광명'이라 했다."라고 했다. 어떤 사람은 말하기를, "삼취계가 (각각) 동일하지 않기 때문에 '광명과 광명'이라 했다."라고 했다. 또한 낱낱의 취

정하는 것과 같은 문제를 결정할 때 행한다.

117 삼품의 보리심 : 두 가지가 있다. 첫째는 보신보리報身菩提·화신보리化身菩提·법신보리法身菩提이다. 둘째는 아라한보리·벽지불보리·불보리이다. 『범망경』은 모든 중생이 불성을 지니고 있음을 전제로 하기 때문에 전자일 가능성이 높다.

118 수계受戒 : 계단에서 잘 수지할 것을 맹세하면서 계를 받는 것.

119 수계隨戒 : 계를 받은 후에 그러한 결심에 상응하여 생활 속에서 계를 실천해 나가는 것.

聚에 한량없는 계가 있기 때문에 '광명과 광명'이라고 한 것이라고 해야 한다.

第二辨體中。言光光者。有多說。一云。所放光中。亦有無量光故。言光光。一云。放光。故言光。因光。亦說戒法。故重言光也。一云。論所說戒法者。有作無作不同。故言光光。一云。表受隨二戒不同。故言光光。一云。三聚戒非一。故言光光。亦應言一一聚中。有無量戒。故言光光。

"푸른 것도 아니고 노란 것도 아니며, 붉은 것도 아니고 흰 것도 아니며, 검은 것도 아니다."라는 것은 (다음과 같다.) '검은 것'이라는 것은 불선不善이기 때문이고, '푸른 것' 등의 나머지 네 가지라는 것은 무기無記(선·불선의 어느 것으로도 언표할 수 없는 것)이기 때문이다. 설할 계의 체를 논하면, 악·무기가 아니고 선이기 때문에 '푸른 것도 아니고 노란 것도 아니며, 붉은 것도 아니고 흰 것도 아니며, 검은 것도 아니다'라고 한 것이다.

非青黃赤白黑者。黑者是不善故。青等四者是無記故。論所說戒體者。非惡無記。其是善。故言非青黃赤白黑也。

"색도 아니고 심心도 아니며"라는 것은 그릇된 것을 방호하고 악을 그치는 뜻을 계로 삼기 때문이다. 이 계라는 것은, 비록 색으로부터 생겨나지만 색이라고 하지 않고, 비록 마음으로부터 생겨나지만 마음이라 하지 않기 때문에 '색도 아니고 심도 아니며'라고 했다. 말하자면 소승가에서 색도 아니고 심도 아닌 불상응행법不相應行法[120]으로, 실實도 있고 체體

120 불상응행법不相應行法 : 설일체유부에서 일체의 존재를 다섯 범주로 분류한 것 중 하나. 유위법有爲法 중에서 색色·심心·심소心所(마음 작용) 등의 어느 것에도 속하지 않으므로 '불상응'이라 하고, 오온五蘊 중 행온行蘊에 포섭되므로 '행'이라 한다.

도 있기 때문에 색도 아니고 심도 아니라고 한 것과 같다. 여기에서 계의 체라는 것은, 오직 그릇된 것을 방호하는 뜻을 계로 삼기 때문에, (물질의 특성인) 질애質礙(공간을 점유하는 성질이 있는 것)의 뜻이 없기 때문에 '색도 아니고'라고 했고, (마음의 특성인) 연려緣慮(대상을 취하여 사유하는 것)가 없기 때문에 '심도 아니며'라고 한 것이다.

非色非心者。以防非止惡義爲戒故。此戒者。雖從色生。而非爲色。雖從心生。而非爲心。故言非色非心。論如小乘家中。非色非心。不相應[1)]法。有實有體。故名爲非色非心。此戒體者。唯以防非義爲戒故。非質旱[2)]義。故非色。非緣意[3)]義。故非心故。

1) ㉮ '應' 뒤에 '行'이 누락된 것 같다. 2) ㉮ '旱'는 '㝵'이다. 3) ㉮ '意'는 '慮'인 것 같다.

계의 체를 밝히는 것은 세 학파의 설이 같지 않다.

辨戒體。三業[1)]說不同。

1) ㉮ '業'은 '家' 혹은 '宗'인 것 같다.

살바다부薩婆多部(설일체유부)에서는 말하기를, "구업口業에 의해 지은 것이면 불가견유대색不可見有對色[121]을 체로 삼는다. 이식耳識에 의해 얻을 수 있기 때문에 성입聲入(聲處)에 포섭되는 색이다. 신업에 의해 지은 것이면

121 불가견유대색不可見有對色 : 열한 가지의 색법色法을 그 성격에 따라 셋으로 분류한 것 중 하나. 무견유대색無見有對色이라고도 한다. '견'은 감각에 의해 볼 수 있다는 것을, '애'는 물리적 장애를 지녔다는 것을 나타낸다. 불가견무대색은 감각에 의해 볼 수 없고 물리적 장애를 지닌 색을 가리키는 말로, 안眼·이耳·비鼻·설舌·신身 등의 다섯 가지 근根과 성聲·향香·미味·촉觸 등의 네 가지 경境이 여기에 해당한다.

가견유대색可見有對色[122]을 체로 삼는다. 안식眼識에 의해 얻을 수 있기 때문에 색입色入(色處)에 포섭된다.[123] 무작계인 경우라면 불가견무대색不可見無對色[124]을 체로 삼는다. 이는 의식意識에 의해 얻을 수 있기 때문에 법입法入(法處)에 포섭된다."라고 했다.

薩波[1)]多云。四[2)]作者。以不可見有對色爲體。耳識所得故。以聲入所攝色。若身作者。以可見有對色爲體。眼識所得故。色入所攝。若無作戒者。以不可見無對色爲體。此意識所得故。法入所攝。

1) ㉮ '波'는 '婆'인 것 같다. 2) ㉮ '四'는 '若口'인 것 같다.

성실가成實家의 입장은 다음과 같다.

"작계는 사수思數(思所: 思라는 마음 작용)를 체로 삼는다. 신身·구口 등과 같이 색色에 속하는 것은 한결같이 계의 체가 아니다. 색은 여기에서 무기이기 때문에, 색은 죄罪·복福의 성품을 지니지 않기 때문에 계의 체가 아니다. 무작계인 경우라면 색도 아니고 심도 아닌 것을 체로 삼는다."

若成實家者。作戒。以思數爲體。身口色。一向非戒體。色此無記故。色非

122 가견유대색可見有對色 : 열한 가지의 색법을 그 성격에 따라 셋으로 분류한 것 중 하나. 유견유대색有見有對色이라고도 한다. 감각에 의해 볼 수 있고 물리적 장애를 지닌 색을 가리키는 말로 색경色境이 여기에 해당한다.

123 이상은 작계와 관련된 것을 설명한 것이다.

124 불가견무대색不可見無對色 : 열한 가지의 색법을 그 성격에 따라 셋으로 분류한 것 중 하나. 무견무대색無見無對色이라고도 한다. 감각에 의해 볼 수 없고 물리적 장애를 지니지 않은 색을 가리키는 말. 무표색無表色(無表業)이라고도 한다. 무표색은 신업이나 어업에 의해 표현된 것(表業)에 의해 일어난 무형의 색법, 곧 신업과 어업의 행위가 종료된 후에 행위자 자신에게 머무는 것을 가리킨다. 이는 타인에 의해 인지되지 않기 때문에 '무표'라고 하고, 색에 속하는 어語·신身 등에 의해 유발된 것이므로 '색'이라 한다. 예컨대 계율을 준수하는 것은 선한 무표업을 낳는 강력한 어업과 신업이고, 계율을 위반하는 것은 악한 무표업을 낳는 강력한 어업과 신업이다.

罪福性故。非戒體。若無作戒者。以非色非心爲體。

대승가大乘家의 입장은 다음과 같다.

"작계에 있어서 통문通門에 나아가면 통틀어서 세 가지 업을 체로 삼는다. 그러므로 『섭대승론』에서 '**문** 이 세 가지 계는 어떤 법을 체로 삼는가? **답** 다른 사람을 괴롭히고 해치려는 마음을 일으키지 않고 선한 신업·구업·의업을 일으키는 것을 체로 삼는다'[125]라고 했다. (작계에 있어서) 주도적인 성질을 가진 것을 논하면 의업意業을 체로 삼는다. 그러므로 『섭대승론』의 한 문장에서 말하기를, '의업을 체로 삼는다. 그것이 구문口門에 의지하여 일어나면 구업이라고 하고, 신문身門에 의지하여 일어나면 신업이라고 하기 때문이다'[126]라고 했다. 무작계를 논하면, 『섭대승론』에서는 '아뢰야식阿賴耶識[127] 가운데 훈습한 것을 체로 삼는다'라고 하였고, 『보리자량론』에서는 '종자를 체로 삼는다'[128]라고 했다."

125 『섭대승론석攝大乘論釋』 권11(T31, 232c13).

126 『섭대승론석』 권5(T31, 185a11)에서 "이 작의업作意業은 비록 다시 하나이지만, 신문에 의거하여 일어나면 신업이고, 구문에 의거하여 일어나면 구업이다.(此作意業。雖復是一。若依身門起。名身業。若依口門起。名口業。)"라고 했다.

127 아뢰야식阿賴耶識 : '아뢰야'는 Ⓢ ālaya의 음사어. 구역에서는 무몰식無沒識이라 의역했고, 신역에서는 장식藏識이라 의역했다. 팔식八識 혹은 구식九識의 하나. 제법의 근본이 되기 때문에 본식本識이라고도 하고, 제법을 집지執持하여 심성心性을 잃지 않게 하기 때문에 무몰식이라 하며, 모든 식의 작용에 있어서 가장 강력한 것이기 때문에 식주識主라고도 하고, 우주 만물의 근본으로 만물을 함장하여 존속하여 잃지 않게 하기 때문에 장식이라고 한다.

128 『보리자량론菩提資糧論』 권1(T32, 520c3)에서 "보살계라는 것은 다함이 있지 않다. 이 계로써 능히 모든 계를 밝게 나타내기 때문이고, 종자가 상속하여 다함이 없기 때문이며, 보살이 상속하여 다함이 없기 때문이고, 여래계가 다함이 없기 때문이다. 이러한 인연으로 보살계를 '무진'이라 한다.(菩薩戒者。則無有盡。以此戒。能顯明諸戒故。種子相續無盡故。菩薩相續無盡故。如來戒無盡故。以此因緣。菩薩戒者。說名無盡。)"라고 했다.

若大乘家者。作戒。約通門者。通以三業爲體。是故。攝論中。問云。此三種戒。以何[1]爲體。答。以不起煩[2]惱害他意。生善身口意業。爲體故。若尅性者。以意業爲體。故攝論一文云。意業爲體。若依口門起者。名爲口業。若依身門起者。名爲身業故。若論無作。若攝大乘論者。以賴耶識中熏習爲體。若菩提資糧論者。以種子爲體。

1) ㉮『섭대승론석』에 따르면 '何' 뒤에 '法'이 누락되었다. 2) ㉮『섭대승론석』에 따르면 '煩'은 연자이다.

"있는 것도 아니고 없는 것도 아니며"라는 것은 계가 변邊을 여읜 중도라는 것을 나타낸 것이다.

계의 체를 논하면, 인연으로부터 생겨났기 때문에, 인연을 추구해도 계의 자성自性을 얻을 수 없기 때문에 '있는 것도 아니고'라고 했고, 인연으로부터 생겨났기 때문에, 계가 비록 있는 것은 아니지만 토끼의 뿔이 없는 것과는 같지 않기 때문에 '없는 것도 아니며'라고 했다.

계업戒業을 논하면, 능히 방호하는 것이 계의 뜻이고, 방호의 대상은 이것(계)과 관련된 죄이다. (죄와) 계는 모두 인연으로부터 생겨난 것이기 때문에, 또한 인연을 추구해도 모두 얻을 수 없다. 말하자면 마음을 논하면, 자성이 청정하기 때문에 죄의 성품과 방호의 대상인 그릇됨은 없는 것이니, 모두 자성이 없기 때문에 죄는 성립되지 않는다.

비록 있는 것이 아니지만(非有) 없는 것도 아니기(非無) 때문에 중도中道에 계회할 수 있다. 그러므로『대품반야경』(『마하반야바라밀경』)에서 "죄나 죄가 아닌 것을 얻을 수 없기 때문에 이것을 시라바라밀尸羅波羅蜜(계바라밀)을 구족한 것이라 한다."[129]라고 했다. 그러므로 어떤 사람이 비무문非無門에 집착하여 유有라고 여기면, 비록 계는 잃지 않을지라도 계의 실상을

129 『마하반야바라밀경摩訶般若波羅蜜經』 권1(T8, 218c24). 본 경은 일반적으로『대품반야경大品般若經』이라고 불린다.

알지 못하기 때문에 위범이 성립되고, 어떤 사람이 비유문非有門에 집착하여 무無라고 계탁하면, 계와 인과법因果法을 비방하는 것이기 때문에 곧 계를 잃는다. 이 두 변을 여의고 중도에 계회하고자 하여 '있는 것도 아니고 없는 것도 아니며'라고 한 것이다.

非有非無者。現戒離邊中道。論戒體者。從因緣生故。推求於因緣。戒自性。不可得。故非有。從因緣生。戒雖非有。而不同於兎角無。故言非無。若論戒業。有能防是戒義。所防是此罪。及戒皆從因緣生故。亦求於因緣。皆不可得。謂若論心者。自性清淨故。非罪性。及所防非。皆無自性故。非罪。雖非有而亦[1]無故。能契會中道。是故。大品經云。罪不罪不可得故。是名具之[2]尸羅波羅蜜。故若有人。執非無門而爲有者。雖戒不失。而不知戒實相故。卽成犯。若有人。執非有門而爲計無者。戒因果法誹機[3]故。卽成失戒。爲欲離此二邊。契會中道。故言非有非無也。

1) 역 '亦'은 '非'인 것 같다. 2) 원 '之'는 '足'인 것 같다. 3) 역 '機'는 '謗'인 것 같다.

"인과법도 아니다."라는 것은 세 가지 설이 있다. 어떤 사람은 말하기를, "인과를 얻을 수 없기 때문에 '인과법도 아니다'라고 한 것이다."라고 했다. 어떤 사람은 말하기를, "세간의 인과법이 아니고 출세간의 인과법이기 때문에 '인과법도 아니다'라고 했다."라고 했다. 어떤 사람은 말하기를, "작계에 의해 훈습된 종자인 무작계의 체에는 두 가지 뜻이 있다. 첫째, 그릇된 것을 방호하는 뜻이 있고, 둘째, 공덕의 뜻이 있다. 종자種子가 (그릇된 것을 방호한 것을 원인으로 하여) 불과佛果를 낳을 수 있는 것은 계가戒家 가운데 공덕의 뜻이 있는 것이고, (종자가 공덕을 지니고 있으므로) 그릇된 것을 방호할 수 있는 것은 공덕가功德家 가운데 계의 뜻이 있는 것이다. 그러므로 계가 (가운데 있는) 공덕의 뜻에 의해 바야흐로 불과佛果를 낳을 수 있으니 인과因果의 뜻이 있는 것이다. (그러나) 대공덕가大

功德家 가운데 그릇된 것을 방호하는 것은 부처님과 부처님이 행하신 인과의 뜻은 아니기 때문에 '인과법도 아니다'라고 한 것이다."라고 했다.

非因果法者。有三說。一云。因果不可得。故言非因果法。一云。非世間因果之法。是出世因果法。故言非因果法。一云。作戒所重[1]種子。無作戒體。卽有二義。一者防非義。二者功德義。種子能生佛果者。是戒家中功德義。能防非者。是功德家中戒義。是故。戒家功德義。方得能生佛果。是因果義。大功德家中防非。非佛佛因果義。故言非因果法也。

1) ㉮ '重'은 '熏'인 것 같다.

**문** 종자가種子家 가운데 그릇된 것을 방호하는 뜻을 계로 삼는 것은 종자 위에 가립假立한 것인가, 그렇지 않은 것인가?

**답** 종자 위에 가립한 것이 아니다. 모든 체가 종자가 되기도 하고, 또한 모든 체가 계가 되기도 한다.

問。種子家中。防非義爲戒者。種子以上假立耶。不爾。答。種子上。不假立。擧體爲種子。亦擧體爲戒。

**문** 그렇다면 계를 잃을 때 (계를 받은) 뒤에 일어난 종자도 또한 잃는 것인가?

**답** 비록 체는 다름이 없지만, 종자가種子家 가운데 계문戒門은 전부 소멸하고, 계가戒家의 종자문種子門은 전부 소멸하지 않는다. 비유컨대 물과 파도는 비록 체가 다르지 않지만, 바람이 그칠 때 파도는 전부 소멸하고, 물은 전부 소멸하지 않는 것과 같다.

問。若爾者。失戒時。生後種子。亦失耶。答。雖體無異。而種子家中戒門。

全滅。戒家種子門。擧體不滅。譬如水與浪。雖元[1)]異體。而風息時。浪門以全滅。而水門者全不滅。

1) ㉠ '元'은 '无(無)'인 것 같다.

총괄적으로 설하면 비록 그렇지만, 삼독三毒을 기준으로 삼아 분별하면 다음과 같다. 만약 탐심貪心에 (의해 위범한 것)이라면 계가戒家 가운데 공덕의 뜻과 공덕가의 계문이 모두 소멸한다. 만약 진심瞋心에 (의해 위범한 것)이라면 오직 계의 뜻만 소멸하고 공덕의 뜻은 소멸하지 않는다. 나머지 계를 잃는 것의 뜻은, 뒤의 '이양을 얻기 위해 스승이 되는 계'[130]에서 자세하게 설한 것과 같다.

그런데 계를 잃는 것 가운데 돈수頓受일 경우는, 갈마에 의해 돈수했기 때문에 증상번뇌增上煩惱를 발하여 하나의 중계를 범할 때 바로 돈실頓失한다. 수분수隨分受일 경우는 받을 때 모든 별별해탈율의(바라제목차)를 낱낱이 들어서 받았기 때문에 비록 증상번뇌를 발하여 범했더라도, 오직 그 범한 계를 잃을 뿐이고, 나머지 계는 잃지 않는다.

總說雖然。若約三毒分別。發耶見[1)]者。戒家中功德義及功德家戒門皆滅。若瞋心者。唯戒義滅。而功德義不滅也。餘失戒義。如後爲利作師戒中廣說。然失戒中。若頓受者。以羯磨而頓受故。發增上煩惱。犯一重時。卽頓失。若隨分受者。受時中。擧別別。一一提受故。雖發增上煩惱犯。而唯隨其所犯。戒失。餘戒者。不失。

1) ㉠ '發耶見'은 '若貪心'인 것 같다.

130 『범망경』에서 설한 48경계 중 제41에 해당한다. 위리작사계爲利作師戒라는 계명은, 지의가 『보살계의소』 하권(T40, 579a18)에서 명명한 것과 동일하다. 따라서 이하 48경계의 계명을 서술할 때에는 지의의 것을 따른다.

### ③ 계의 이익을 밝힘

**경** 모든 부처님의 본원이었고, 보살도를 행함에 있어서 근본이 되는 것이며, 부처님 제자인 대중의 근본이 되는 것이다. 그러므로 여러 불자인 대중은 수지해야 하고, 읽고 외우며 잘 배워야 한다.

諸佛之本源。行菩薩道之根本。是大衆諸佛子之根本。是故。大衆諸佛子。應受持。應讀誦善學。

**기** 세 번째로 계의 이익을 밝힌 것 가운데, "모든 부처님의 본원"이라는 것은 과거의 위치에서 볼 때 원인이 된다는 것을 나타냈고, "보살도를 행함에 있어서 근본이 되는 것"이라는 것은 미래의 보살의 위치에서 볼 때 근본이 된다는 것을 나타냈으며, "부처님 제자인 대중의 근본이 되는 것"이라는 것은 현재의 보살에게 있어서 근본이 된다는 것을 나타냈다. "수지해야 하고"에서 '수'와 '지'가 같지 않은 것은 앞에서 설한 것과 같다.

第三辨戒利益中。諸佛之本原。表過去所爲因。行菩薩根本者。表未來菩薩所爲根本。是大衆諸佛之根本者。表現在菩薩爲根本也。應受持者。受持不同。如前說。

"읽고 외우며 잘 배워야 한다."라는 것은 두 가지 설이 있다. 어떤 사람은 말하기를, "글을 외우는 것을 '외우는 것(誦)'이라고 하고, 뜻을 배우는 것을 '잘 배우는 것(善學)'이라 한다."[131]라고 했다. 어떤 사람은 말하기를,

131 의적의 『보살계본소』 상권(T40, 663a17)에서 "'외워야 하고'라는 것은 문구를 외우는 것이고, '잘 배우고'라는 것은 의의를 배우는 것이다.(應誦者誦文句也。善學者學義意也。)"라고 했고, 태현의 『범망경고적기』 하권(T40, 702c11)에서 "글을 외우고 뜻을 배

"글과 뜻을 외우는 실천행을 '외우는 것'이라 한다. 사무량四無量[132]으로 섭중생계를 수지하고, 세 가지 지혜(三慧)로 섭선법계를 수지하며, 세 가지 선근으로 율의계를 수지하기 때문에 '잘 배우는 것'이라고 한 것이다."라고 했다.

應誦善學。有二說。一云。誦文曰誦。學義曰善學。一云。誦文義行名爲誦。若能以四無量。持攝衆生戒。以三慧。能持攝正[1)]法戒。以三善根。持律儀戒。故言善學。

1) ㉮ '正'은 '善'인 것 같다.

### (3) 계를 받는 사람을 열거함

**경** 불자여, 마음에 새겨서 들어라. 만약 불계를 받으려는 이가 있다면, 국왕·왕자·백관百官·재상宰相·비구·비구니·18범천·육욕천자·서민庶民·황문黃門[133]·음란한 남자·음란한 여자·노비·8부의 귀신·금강신金剛神·축생과 변화인變化人에 이르기까지 단지 법사의 말을 알아들을 수만 있다면, 모두 계를 받아 지닐 수 있으니, 이런 이들을 모두 제일 청정한 이라고 한다.

우는 것이다.(誦文學義)"라고 했다.

132 사무량四無量 : 부처님과 보살이 한량없는 중생을 제도하여 고통을 여의고 즐거움을 얻도록 하기 위해 갖추어야 할 네 가지 정신. 첫째는 자무량慈無量이니, 한량없는 중생으로 하여금 모두 즐거움을 얻게 할 것을 사유하는 것이다. 둘째는 비무량悲無量이니, 한량없는 중생으로 하여금 모두 고통을 여의게 할 것을 사유하는 것이다. 셋째는 희무량喜無量이니, 한량없는 중생이 모두 고통을 여의고 즐거움을 얻어서 기뻐하는 것을 사유하는 것이다. 넷째는 사무량捨無量이니, 한량없는 중생이 모두 평등하여 사랑할 만한 것과 미워할 만한 것이 있지 않음을 사유하는 것이다.

133 황문黃門 : Ⓢ paṇḍaka의 의역어. 음사어는 반택가半擇迦이고, 불남不男·불능남不能男 등으로도 의역한다. 남근男根이 손상된 사람으로 소승 율장에서는 이들의 출가를 허락하지 않는다.

佛子諦聽。若受佛戒者。國王王子。百官宰相。比丘比丘尼。十八梵。六欲天子。庶民。黃門。婬男婬女。奴婢。八部鬼神。金剛神。畜生。乃至變化人。但解法師語。盡受得戒。皆名第一清淨者。

**기** "불자여, 마음에 새겨서 들어라." 이하는 다음과 같다. (부처님의) 서분 가운데 세 가지가 있는 가운데, 첫 번째로 자신을 들어 권한 것을 밝힌 것과 두 번째로 광명을 낸 것[134]을 밝히는 것을 앞에서 마쳤다. 이 이하는 세 번째로 계를 받는 사람을 열거했다.

佛子諦聽以下。序中有三中。一明擧自勸。二明放光。竟於在前。此下。第三列受戒之人。

"황문"이라고 한 것은 여섯 종류가 있다. 말하자면 반월半月·자절自截 등의 여섯 종류의 사람[135]이다. "8부의 귀신"이라는 것은, 사천왕四天王이

134 본래의 분과에 따르면 "간략히 계의 상을 밝힘"이라고 해야 하는데, 이렇게 말한 것은 본 분과에 해당하는 본문이, "그러므로 계의 광명이 입에서 나오니……"로 계의 광명과 관련된 내용을 밝히고 있기 때문인 것으로 보인다.

135 여섯 종류의 사람 : 『사분율』 권35(T22, 812c5), 『십송률』 권21(T23, 153c2) 등에서는 다섯 가지 황문을 들었다. 『마하승기율』 권23(T22, 417c23)에서만, "불능남(황문)이라는 것은 여섯 가지가 있다. 무엇이 여섯 가지인가. 첫째는 생불능남이고, 둘째는 날파불능남이며, 셋째는 할각불능남이고, 넷째는 인타불능남이며, 다섯째는 투불능남이고, 여섯째는 반월불능남이다.(不能男者。有六種。何等六。一者生。二者捺破。三者割却。四者因他。五者妬。六者半月。)"라고 하여 여섯 부류를 제시하고, 이러한 이들은 모두 출가시킬 수 없다고 했다. 단 앞의 세 부류는 이미 출가했어도 쫓아내야 하고, 뒤의 세 부류는 이미 출가했으면 바로 쫓아내서는 안 되고, 나중에 음욕을 일으키면 쫓아내야 한다고 하여 구별했다. 생불능남은 태어나면서부터 음행이 불가능한 사람이고, 날파불능남은 처첩이 서로 질투하여 어린 시절 상대 아들의 남근을 눌러서 파괴함으로써 음행을 할 수 없게 된 사람이며, 할각불능남은 나라에서 문지기 등으로 부리기 위해 남근을 베어낸 사람이고, 인타불능남은 다른 사람의 접촉으로 인해서만 남근이 발현되는 사람이며, 투불능남은 다른 사람의 음행을 보아야만 음심이 일어나는 사람이고, 반월불능남은 한 달에 보름은 음행이 가능하고 보름은 가능하지 않은 사

각각 야차夜叉 등의 2부를 통솔하기 때문에 2부를 네 번 합하여 '8부'라고 한 것이다.[136] "변화인에 이르기까지"라는 것은 '천신·용신 등과 변화신의 몸으로 와서 보살계를 받는 사람 등에 이르기까지'라는 뜻이다.

言黃門者。有六種。謂半自截六種人也。八部鬼神者。四天等。各各。將夜叉等二部。故爲二四八部。及化人者。天龍神等及化來受菩薩戒人等。

**문** 무색계인無色界人은 무엇 때문에 열거하지 않았는가?

**답** 또한 "변화인에 이르기까지"라고 하여 상계上界(무색계)를 포섭하고 승인하였으니, 모두 대승 가운데 계를 받을 수 있다. 소승일 경우는

---

람이다. 그런데 이상 여섯 가지의 사람 가운데 원효가 제시한 '자절'은 들어 있지 않다. 원효가 제시한 여섯 가지 황문은, 『사분율산보수기갈마四分律刪補隨機羯磨』 상권(T40, 497b9)에서 "그대는 황문이 아닌가?【생·건·투·변·반·자절 등의 여섯 가지에 해당하는 이가 아닌가라는 말이다.】(汝非黃門耶。【謂非生犍妬變半月自截等六種者】)"라고 했고, 『비니작지속석毗尼作持續釋』 권5(X41, 402b16)에서 "풀이한다. '생'은 태어날 때부터 남근이 온전하지 못한 것으로 생불남이라 한다. '건'은 다른 사람이 남근을 칼로 도려낸 것으로 건불남이라 한다. '투'는 남근이 없는 것 같은데, 다른 사람이 음행을 하는 것을 보면 그것으로 인해 질투심이 일어나 마침내 근이 있음을 감하는 것으로 투불남이라 한다. '변'은 변현할 수 있는 것이니, 남자를 만나면 여인으로 변하고, 여인을 만나면 남자로 변하는 것으로 변불남이라 한다. '반'은 보름 동안은 성기능이 정상적이지만, 보름 동안은 정상적이지 않는 것으로 반불남이라 한다. '자절'은 (남근이 절단되었다는 점에서) 또한 건불남에 포함되지만, 절단의 주체가 자신인지 타인인지의 여부에 따라서 갈라진 것이다. 그러므로 '여섯'이라고 했다.(釋。生。謂人從生來。男根不具。名生不男。犍。謂人以刀去男根。名犍不男。妬。謂男根似無。見他行婬。因生妬心。遂感有根。名妬不男。變。謂能變現也。遇男則變爲女。遇女則變爲男。名變不男。半。謂半月能男。半月不能男。名半不男。自截者。亦犍不男攝。由分自他。故云六。)"라고 한 것과 일치한다.

136 지의의 『인왕호국반야경소仁王護國般若經疏』 권2(T33, 262c2)에 따르면, 건달바乾闥婆와 비사사毘舍闍의 2부중은 동방의 제두뢰타천왕提頭賴吒天王(持國天)이 통솔하고, 구반다鳩槃茶와 벽려다薜荔多의 2부중은 남방의 비류륵차천왕毘留勒叉天王(增長天)이 통솔하며, 용龍과 부단나富單那의 2부중은 서방의 비류박차천왕毘留博叉天王(廣目天)이 통솔하고, 야차와 나찰羅刹의 2부중은 북방의 비사문천왕毘沙門天王(多聞天)이 통솔한다.

차난遮難[137]에 해당하니, (이 가운데 어디에) 포섭되는지는 알 수 있을 것이다.

問。無色界人者。何以故。非列耶。答。亦得言及化。以攝許上。皆大乘中得受戒。若小乘。遮難。所攝可知。

앞에서 "금강신"이라고 한 것은 두 가지가 있다. 첫째는 신의 몸을 나투어서 불법을 보호하는 신이다. 둘째는 부처님께서 적신迹身을 나투어 금강신을 보인 것이다.

---

137 차난遮難 : 소승 율법에서 비구계를 줄 때 교수사敎授師가, 수계자가 계를 받을 자격이 있는지의 여부를 간별하기 위해 하는 질문을 통틀어서 일컫는 말. 갖추어서 십삼난십차十三難十遮라고 한다. '차'는 자성이 악인 것은 아니고, 단지 비구계를 받기에 적합하지 않기 때문에 막아서 받지 못하게 하는 것이고, '난'은 자성이 악인 것으로 끝내 비구계를 받을 수 있는 그릇이 아니기 때문에 비구계를 받을 수 없는 것이다. 10차는, 『사분율산번보궐행사초四分律刪繁補闕行事鈔』 상권(T40, 28c22)에 따르면, ① 수계자 자신의 이름은 무엇인가, ② 화상의 이름은 무엇인가, ③ 비구계를 받을 수 있는 나이인 20세가 되었는가, ④ 의발衣鉢은 갖추었는가, ⑤ 부모님이 허락했는가, ⑥ 채무가 있는가, ⑦ 노비인가, ⑧ 관인官人인가, ⑨ 장부丈夫인가, ⑩ 문둥병(癩)·악창(癰疽)·백라白癩(피부가 하얗게 되는 나병)·건소乾痟(물기가 없어지는 병)·전광顚狂(광란) 등의 다섯 가지 병이 있는가 등을 묻는 것이다. 지욱智旭의 『중치비니사의집요重治毗尼事義集要』 권11(X40, 437a3)에 따르면, ⑦의 경우 노비라고 대답하면 주인의 허락을 받았는지의 여부를 물어야 하고, ⑧의 경우 관인이라고 대답하면 녹봉을 받는지의 여부를 묻고, 그렇다고 대답하면 왕의 허락을 받았는지의 여부를 물어야 한다. 13난은, 『사분율』 권35(T22, 814c12)에 따르면, ① 변죄邊罪(바라이죄)를 범했는가, ② 비구니를 범했는가, ③ 도적과 같은 마음으로 출가하려는 것은 아닌가, ④ 내도와 외도를 파괴했는가,(㉮ 이는 외도였는데 불법에 귀의했다가 비구계를 받고 다시 외도로 돌아갔다가 다시 외도를 버리고 불교에 들어옴으로써 내도와 외도를 모두 파괴한 것을 말한다.) ⑤ 황문인가, ⑥ 아버지를 살해했는가, ⑦ 어머니를 살해했는가, ⑧ 아라한을 살해했는가, ⑨ 법륜승을 파괴했는가, ⑩ 악한 마음으로 부처님의 몸에 피를 낸 적이 있는가, ⑪ 비인非人, 곧 귀신 등이 변화하여 사람의 모습을 한 것은 아닌가, ⑫ 축생이 변화하여 사람의 모습을 한 것이 아닌가, ⑬ 남근과 여근을 모두 지니고 있는가 등을 묻는 것이다.

上言金剛神。有二種。一者能現神身。而護法神也。二者以流氏[1]佛迹。爲金剛神也。

1) ㉮ '流氏'는 '顯'인 것 같다.

보살계를 받는 사람과 관련하여 융경사隆鏡師가 말하기를, "오직 인도人道라야 비로소 바르게 받을 수 있다.[138] 앞에서 축생·황문·귀신 등을 나열한 것은, 또한 보살들이 서원을 세우고 중생을 교화하기 위해 여러 가지 몸을 나투어서 먼저 받은 계를 다시 밝게 드러나게 하기 위해 보살계를 받는 것에 나아간 것이기 때문에 이 설을 지은 것일 뿐이다.[139] 그렇다는 것을 알 수 있는 이유는, 『유가사지론』「보살지」「결택분決擇分」에서 '오직 인도라야 비로소 보살계를 받을 수 있다'[140]라고 했기 때문이다."라고 했다.

受菩薩戒人。隆鏡師云。唯人道。方正得受。上列畜生黃門鬼神等者。且約菩薩等。由願爲及[1]化故。現種種身。而先所受戒。爲欲還令明露故。受菩薩戒故。作是說。所以得知其然者。瑜伽論菩薩地決擇中云。唯人道。方得受菩薩戒故。

1) ㉮ '及'은 '衆'인 것 같다.

"이런 이들을 모두 제일 청정한 이라고 한다."라는 것은 세 가지 뜻이

138 앞에 수록된 해제의 주석 17 참조.

139 축생은 인도가 아닌데 여기에 포함시킨 것은, 인도에 속하는 이가 중생을 교화하기 위해 비인非人으로 변화한 것일 경우에 한정하여 허락했다는 것을 밝힌 것이다. 또한 황문은, 『유가사지론』 권53(T30, 591c22)에서 비구 율의를 줄 수 없는 여섯 가지 경우를 든 것 중 세 번째인 남형손해男形損害에 해당한다. 따라서 『유가사지론』에 의거할 경우에 황문에게는 비구 율의를 줄 수 없다. 다만 인도에 속하는 정상적인 이가 변화한 것일 경우에만 줄 수 있을 뿐이다.

140 앞에 수록된 해제의 주석 17 참조.

있다. 첫째는 보살계를 수지하면 영원히 두 가지 장애[141]를 끊기 때문이고, 둘째는 (보살계를 수지하면) 자리自利와 이타利他의 두 가지 행을 갖추기 때문이며, 셋째는 (보살계를 수지하면) 무상보리無上菩提를 바라보기 때문이다. (그러나) 이승계二乘戒(聲聞戒)를 수지하면, 오직 번뇌장만 끊기 때문이고, 오직 자리행自利行만 갖출 뿐이고, 이타행利他行은 갖출 수 없기 때문이며, 오직 형체와 목숨이 다하는 것(灰身滅智)의 열반만 바라볼 뿐이고 무상보리를 바라보지 않기 때문이다. 지금 이 보살계라는 것은, 이와 같이 세 가지 측면에서 이승의 뜻보다 뛰어나기 때문에 '제일'이라고 했다.

'청정한'이라고 한 것은, (계를 받을) 당시는 비록 아직 두 가지 장애를 청정하게 하지는 못했지만, 두 가지 장애를 청정하게 만드는 보리심이 있기 때문에 '청정한'이라고 했다. 나머지는 경에서 "종성보살種性菩薩은 비록 두 가지 장애를 갖추고 있지만, 두 가지 장애를 청정하게 만드는 보리심이 있다."[142]라고 한 것과 같다. 그러므로 '두 가지 장애를 청정하게 만드는 것'이라고 했다.

皆名第一清淨者者。有三義。一者若受持菩薩戒者。永斷二障故。二者具自利利他二行故。三者望無上菩提故。若受持二乘戒者。唯斷煩惱障故。唯自利行。非利他行故。唯望盡形壽。非望無上菩提故。今此菩薩戒者。有如是

---

141 두 가지 장애 : 번뇌장煩惱障과 소지장所知障. 번뇌장은 아집我執으로 말미암아 생겨난 것으로 열반의 과果를 얻는 것을 장애한다. 소지장은 법집法執으로 말미암아 생겨난 것으로 보리菩提의 묘지妙智를 장애하여 제법의 사상事相과 실성實性을 분명히 알지 못하게 만든다.

142 『법화현의』 권3(T33, 714a14)에서 "『지지경』에서 '종성보살은 발심하여 두 가지 장애를 제거하고자 하면, 부처님이 계시든 부처님이 계시지 않든 결정코 차례대로 모든 번뇌를 끊는다'라고 한 것이 이 뜻이다.(地持云。種性菩薩。發心欲除二障。有佛無佛。決定能次第。斷諸煩惱。即此意也。)"라고 한 것을 참조할 것. 인용문은 『지지경』 권3(T30, 900a9)을 취의 요약한 것이다.

三種。勝於二乘義。故言第一。所言清淨者。當時雖未清淨二障。而有令清淨二障菩提心。故言清淨。餘如經六。[1] 種性菩薩。雖具有二障。而有令清淨二障菩提心。故言清淨二障。

1) ㉮ '六'은 '說'인 것 같다.

서분을 앞에서 마쳤다.

序分。竟在於前。

## 제2장 정설분

### 1. 10중계를 밝힘

#### 1) 총괄적으로 나타내고 배울 것을 권함

##### (1) 숫자를 들고 이름을 나타냄

**경** 부처님께서 모든 불자에게 말씀하셨다.
열 가지 중계重戒인 바라제목차波羅提木叉가 있다.

佛告諸佛子言。有十重波羅提木叉。

**기** "부처님께서 모든 불자에게 말씀하셨다." 이하는 두 번째로 정설분이다. 이 가운데 두 가지가 있다. 앞에서는 10중계를 밝혔고, 뒤에서는 48경계를 밝혔다. 앞에 세 가지가 있다. 첫째, 총괄적으로 나타내고 배울 것을 권하였고, 둘째, "부처님께서 말씀하셨다. 불자여, 스스로 죽이거나" 이하에서는 개별적으로 제지制止(戒)를 풀이했으며, 셋째, "잘 배우는 사람들이여" 이하에서는 중계를 제정함을 총괄적으로 맺었다.

佛告諸佛子以下。第二正說分。於中有二。先明十重。後明四十八輕戒。先中卽有三。一者總釋[1]初[2]學。二者佛告佛子若自殺以下。別解制止。三者若有犯者以下。[3] 總結重制。

1) 역 '釋'은 '標'인 것 같다. 2) 역 '初'는 '勸'인 것 같다. 3) 역 '若有犯者以下'는 원효 자신의 분과를 전체적으로 조망하면 '善學諸仁者下'라고 해야 한다. 전자는 후자를 다시 셋으로 나눈 가운데 두 번째에 해당하는 부분이다.

앞에 또한 세 단락이 있다. 첫째는 숫자를 들고 이름을 나타냈고, 둘째는 중생에게 외우고 배울 것을 권했으며, 셋째는 총괄적으로 맺으면서 배울 것을 권했다.

先中。亦有三段。一者擧數標名。二勸物誦學。三者總結勸學。

### (2) 중생에게 외우고 배울 것을 권함

**경** 보살계를 받고 이 계를 외우지 않는다면, 보살이 아니고 부처님의 종자도 아니다. 나도 또한 이와 같이 외우고, 모든 보살이 이미 배웠고, 모든 보살이 미래에도 배울 것이며, 모든 보살이 지금 배우고 있는 것이다.

若受菩薩戒。不誦此戒者。非菩薩非佛種子。我亦如是誦。一切菩薩已學。一切菩薩當學。一切菩薩今學。

**기** 두 번째로 중생에게 외우고 배울 것을 권한 것 가운데 두 가지가 있다. 처음에는 그릇된 것을 들어 외울 것을 권했고, 뒤에서는 사람을 들어 외울 것을 권했다.

第二勸物誦學中。有二。初學非勸誦。後擧人勸誦。

### ① 그릇된 것을 들어 외울 것을 권함

"보살이 아니고"라고 한 것은 계를 외우지 않으려는 마음을 일으켰기 때문이다. 마음을 기준으로 삼았기 때문에 보살이 아니라고 한 것일 뿐이고, 영원히 보살이 아니기 때문에 보살이 아니라고 한 것은 아니다. 수행을 순숙하게 이룬 것[143]을 기준으로 삼았기 때문에 "부처님의 종자도 아니다."라고 한 것일 뿐이고, 영원히 불자佛子가 아니기 때문에 부처님의 종자가 아니라고 한 것은 아니다. 어떤 사람은 말하기를, "성불이라는 것은 일체종지一切種智[144]를 갖추어야 비로소 성불하는 것이다. 계를 외우지 않으려는 불선심不善心을 일으킴으로써 일체종지를 갖추지 못하기 때문에 '부처님의 종자도 아니다'라고 한다."라고 했다.

所言非菩薩者。發不誦戒心故。約心。故言非菩薩。不謂永不菩薩。故非菩薩。亦[1)]熟行。故言非佛種子。不謂永非佛子。故非佛種子。一云。成佛者。具一切種智故。方成佛故。發不誦戒不善心故。不具種智故。爲非[2)]種子。

1) ㉮ '亦'은 '約'인 것 같다. 2) ㉮ '非' 뒤에 '佛'이 누락된 것 같다.

계를 외우지 않으려는 마음을 일으키는 것은 경구죄를 위범한다. 만약 다른 뛰어난 업을 행해야 할 때이기 때문에 이미 이 일을 하고 난 후에 비로소 계를 외운다면, 위범이 아니다. 또한 외우지 않으려는 마음을 짓지

143 홍찬弘贊의 『범망경보살계략소梵網經菩薩戒略疏』 권3(X38, 710b13)에서 "진실로 외우고 배우지 않으면 현재의 대승의 명칭을 잃기 때문에 '보살이 아니고'라고 했고, 미래에 있을 성불의 극과極果도 또한 잃기 때문에 '부처님의 종자도 아니다'라고 했다.(苟不誦學。卽失現在大乘之名。故非菩薩。當來成佛之極果亦失。故非佛種子。)"라고 한 것을 참조할 것.

144 일체종지一切種智 : 일체를 두루 아는 지혜. 오직 부처님만이 갖춘 것이기 때문에 불지佛智라고도 한다.

않았고, (따라서) 비록 외우려는 마음을 일으켰더라도, 둔근鈍根이어서 외울 수 없었다면, 위범이 아니다. 소승의 경우는, 외우지 않으려는 생각을 지었으면, 그런 뜻을 낸 이후 바로 불학죄不學罪(배우지 않은 죄)를 위범하고,[145] 무지죄無知罪(배우려고 했으나 외우지 못한 것)인 경우는, (법랍法臘[146]이) 5세가 된 이후라야 비로소 위범한 것으로 간주된다.[147] 나머지 뜻은 앞에서 설한 것과 같다.

"열 가지 중계인 바라제목차"라는 것은 이 열 가지 중계를 수지하지 않으면 바라제목차[148]라는 이름을 얻을 수 없고, 수지할 수 있으면 속박을 여의는 것이라는 뜻이 있기 때문이다.[149]

發不誦戒心者。犯輕垢罪。若趣餘勝業時故。既作此事後。方誦戒者 無犯。亦若不作不誦心。雖起誦。而由鈍根故。不得誦者。無犯。若小乘者。若作不誦念者。作意以後。卽犯不學罪。若無知罪者。五歲以後。方犯也。餘義同上。所言十重波羅提木叉者。不持此十重戒者。不得名波羅提木叉。若能持者。有離縛義故。

---

145 『사분율』 권18(T22, 685b22)에 따르면 90바일제 중 제71 거권학계拒勸學戒(계를 배울 것을 권함을 거부하지 마라)에 해당한다.

146 법랍法臘 : 출가자가 비구계·비구니계를 받은 이후 하안거를 지낸 햇수에 따라 헤아린 나이를 가리키는 말이다.

147 『사분율』 권36(T22, 825a24)에서 법랍이 5세가 되어도 계를 외우지 못하는 비구는 법대로 다스리라고 하였다.

148 바라제목차에 별해탈別解脫·별별해탈別別解脫·처처해탈處處解脫 등의 뜻이 있음을 나타낸 것으로 보인다.

149 "열 가지 중계인 바라제목차"라는~있기 때문이다 : 이 부분은 앞의 분과 중 "(1) 숫자를 들고 이름을 나타냄"에 들어가야 한다.

#### ② 사람을 들어 외울 것을 권함[150]

### (3) 총괄적으로 맺고 배울 것을 권함

**경** 내가 이미 바라제목차의 모습을 간략하게 설하였으니, 마땅히 배우고 공경하는 마음으로 받들어 지녀야 한다.

我已略說波羅提木叉相貌。應當學。敬心奉持。

## 2) 개별적으로 제지를 풀이함

**경** 부처님께서 말씀하셨다.
불자여,

佛言[1)]佛子。

1) ㉮ 뒤의 주석에 따르면 원효의 저본인『범망경』에는 '言'을 '告'라고 하였다.

**기** 이 이하는 두 번째로 개별적으로 제지를 풀이한 것이다. 이 가운데 열 가지 계가 있으니, 곧 열 단락을 이룬다.

此下第二別餘[1)]制止。於中十戒故。則爲十段。

1) ㉮ 앞의 분과를 참조할 때 '餘'는 '解'인 것 같다.

150 본 분과에 해당하는 본문은 "나도 또한 이와 같이 외우고……지금 배우고 있는 것이다."라고 한 부분이다. 별도로 해석한 것은 없지만 원효 자신이 앞에서 분과한 것에 의거하여 그 제목을 집어넣었다.

### (1) 불살계: 살생을 하지 마라

첫 번째는 불살계不殺戒이다. 이것은 곧 지지행止持行[151]에 의거하여 이름을 지었기 때문이다. 또한 살계煞戒라고도 한다. 이는 작범행作犯行에 의거하여 이름을 지은 것이다. 이 이하의 여러 계의 상과 두 가지 명칭은 앞에서 말한 것에 준하면 알 수 있을 것이다.

이 계 가운데 세 단락이 있다. 첫 번째로 "부처님께서 말씀하셨다. 불자여"라는 것은 사람을 들어 체를 나타낸 것이고, 두 번째로 "스스로 죽이거나" 이하는 일을 나열하고 수행隨行를 밝힌 것이며, 세 번째로 "방자한 마음으로" 이하는 그릇된 것을 들고 허물을 짓는 것이라고 제정한 것이다.

第一不煞戒。是卽約止持行爲名。亦名煞戒。此約作犯非[1)]爲名。以此下衆戒相及二種名。准上可知。此戒中。有三段。一佛告佛子有。[2)] 擧人表體。二者若自煞以下。列事明隨。三者而自以下。擧非結過。

1) ㉰ '非'는 '行'인 것 같다. 2) ㉰ '有'는 연자이거나 '者'인 것 같다.

#### ① 사람을 들어 체를 나타냄

처음에 "부처님께서 말씀셨다. 불자여"라고 하였으니, 이것은 근기를 제시한 말이다. 소승 등의 경우는, 보살계를 들을 수 있는 근기가 아니기 때문에 그들을 위해서 설하지 않기 때문이다. 근기를 갖춘 불자라야 비로소 그들을 위해 보살계를 설하기 때문에 '부처님께서 말씀하셨다. 불자여'라고 했다. '불자'라는 것은 사람을 들어 체를 나타낸 것이다. '불자'라는

151 지지행止持行 : 악업을 그치는 것에 의해 계율을 지키는 행위. 상대어는 작범행作犯行으로 악업을 짓는 것에 의해 계율을 범하는 행위를 가리킨다. 불살생은 지지행이고, 살생은 작범행이다.

것은, 이것은 수체受體를 나타낸 것이기 때문에 '체를 나타낸 것'이라 한 것이다. "스스로 죽이거나" 이하는 수행隨行을 밝힌 것이다. 비유컨대 소승에서 "비구"라고 한 것과 같은 경우는 수체를 나타낸 것이고, "스스로 죽이거나" 이하는 수행을 나타낸 것이니, 수체와 수행의 두 가지 계를 갖추어야 비로소 비구가 될 수 있기 때문이다. 이 뜻도 또한 이러하여 수체와 수행의 두 가지 뜻을 갖추어야 비로소 보살이 될 수 있기 때문이다.

初言佛告佛子。此擊[1)]機之辭。若小乘等者。非聽菩薩戒機故 非爲說故。有機佛子。方爲說菩薩戒。故言佛告佛子。佛子者。擧人表體者。佛子者。此表受體。故言表體。若自煞以下。明隨行。譬如小乘中。若比丘者。是表受體。共同戒[2)]以下。表隨行。具有受隨二戒。方得比丘故。是義亦爾。具有受隨二義。方爲菩薩故。

1) ㉯ '擊'은 '擧'인 것 같다. 2) ㉮ '共同戒'는 '若自煞'인 것 같다.

### ② 일을 나열하고 수행을 밝힘

**경 스스로 죽이거나, 다른 사람으로 하여금 죽이게 하거나, 방편으로 죽이거나, (죽음을) 찬탄하여 죽게 만들거나, (죽이는 것을) 보고 따라서 기뻐하여 (죽이도록 하거나,) 주문으로 죽이는 것에 이르기까지**

若自殺。教人殺。方便。[1)] 讚歎[2)]殺。見作隨喜。乃至呪殺。

1) ㉮ 원효의 주석에 따르면 '便' 뒤에 '煞'이 누락되었다. 2) ㉮ 주석에 인용된 글에 따르면 '歎'은 '嘆'이다.

기 두 번째로 일을 나열하고 수행隨行을 밝힌 것 가운데 두 단락이 있다. 첫 번째는 그릇된 것을 나열했고, 두 번째로 "보살은" 이하에서는 대치할 수 있는 바른 실천행을 밝혔다. 또한 이 단락은 작지作持를 들어 지지止持를 이룬 것이라고도 한다.

第二列事明隨中。有二段。初列非。二者是菩薩以下。明對治正行。亦此段。名擧作持成止持。

## A. 그릇된 것을 나열함

처음에 그릇된 것을 나열한 것 가운데 두 단락이 있다. 앞에서는 중비重非(중죄에 해당하는 그릇됨)를 나열했고, 뒤에서 "일체의 생명이 있는 것에 이르기까지" 이하는 경비輕非(경죄에 해당하는 그릇됨)를 나열했다.

先列非中。有二段。先列重非。後乃至一切以下輕非。

### A) 중죄에 해당하는 그릇된 것을 나열함

앞에 또한 두 가지가 있다. 앞에서는 바로 그릇된 것을 나열했고, 뒤에서는 연緣(조건)을 갖추어서 업을 이루는 것을 밝혔다.

先中。亦有二。先列正非。後明具緣成業。

#### (A) 그릇된 것을 밝힘

그릇된 것을 밝힌 것 가운데 앞에서는 삼품三品의 중생을 기준으로 그 죄의 경중의 정도 및 대승과 소승의 동일성과 차이성을 나타냈고, 뒤에서는 명근命根[152]을 끊는 뜻을 밝혔다.

明非中。先約三品衆生。現其罪輕重階降及大小同失。[1] 後明斷命義。

1) ㉠ '失'은 '異'인 것 같다.

Ⓐ 삼품의 중생을 기준으로 그 죄의 경중의 정도와 대승과 소승의 동일성과 차이성을 나타냄

처음에 상품上品의 중생이라는 것은 (다음과 같다. 먼저) 부모와 필정보살畢定菩薩[153]과 무학無學의 성인[154]이니, 이 상품을 살해하면 중죄와 차죄遮罪(逆罪)[155]의 두 가지 죄를 범한다. (그런데 무학의 성인) 아래의 세 가

152 명근命根 : 유부의 5위 75법 중 심불상응행법心不相應行法에 속하는 열네 가지 법 중 하나. 유정의 수명, 곧 개체가 지니고 있는 생명 기능을 가리키는 말이다.

153 필정보살畢定菩薩 : 위없는 보리를 구하려는 마음에서 결정코 물러나지 않아 끝내 반드시 불도를 성취할 것이 결정된 보살. 『열반경』 권15(T12, 702c18)에서 살생의 대상과 관련하여 상품의 중생 중 하나로 필정보살을 들었는데, 해당 계위에 대해서는 이설이 있다. 승장의 『범망경술기』 상권(X38, 406b21)에서 "혹은 10해十解 이상을 필정보살이라 할 수 있다. 위없는 보리를 구하려는 마음에 머물러 물러나지 않기 때문이다. 혹은 초지初地 이상의 보살을 필정보살이라 할 수 있다. 해행보살解行菩薩은 위없는 보리를 구하려는 마음에서 물러나기도 하고 물러나지 않기도 하여, 모두 그 마음이 견고하게 결정되지 않았기 때문이다. 제8지 이상의 계위에 이른 보살을 '필정'이라 하는 경우도 있다. 모든 번뇌가 필연코 일어나지 않기 때문이다.(或可十解以上。乃名畢定菩薩。不退轉故。或可初地以上菩薩。名畢定菩薩。解行菩薩。退與不退。皆不定故。有諸八地以上菩薩。乃名畢定。一切煩惱。必不起故。)"라고 한 것을 참조할 것.

154 무학無學의 성인 : 성문사과聲聞四果 중 최고의 계위인 제4 아라한과阿羅漢果를 증득한 성인. 불교의 궁극적 진리에 통달하여 더 이상 끊어야 할 번뇌도 없고 배울 것도 없는 사람이라는 뜻이다.

155 차죄遮罪 : 칠역죄七逆罪를 가리킨다. 칠차죄七遮罪라고도 한다. 이치에 수순하지 않은 행위로 수계에 장애가 되기 때문에 '차'라고 한다. 첫째는 부처님의 몸에 피를 내는 것이고, 둘째는 아버지를 살해하는 것이며, 셋째는 어머니를 살해하는 것이고, 넷째는 화상을 살해하는 것이며, 다섯째는 아사리를 살해하는 것이고, 여섯째는 갈마승羯磨僧과 전법륜승轉法輪僧을 파괴하는 것이며, 일곱째는 성인을 살해하는 것이다. 갈마승을 파괴하는 것은 동일한 계내에서 다른 무리를 지어 별도로 포살갈마 등을 짓는 것이고, 전법륜승을 파괴하는 것은 불법에 어긋나는 가르침을 설파하여 불법을 파괴하는 것이다.

지 과果[156]를 논하면, 『열반경』에서 뒤와 앞의 두 문장이 같지 않다. 뒤의 문장에 의거하면, "기바耆婆가 아사세왕阿闍世王에게 말하기를, '당신은 두 가지 역죄를 지었으니, 수다원須陀洹과 아버지를 죽였기 때문입니다'라고 했다."[157]라고 하여 (세 가지 과果 중 하나인 수다원과를 취했고,) 앞의 문장에 의거하면, "오직 무학과無學果(阿羅漢果)를 얻은 이만을 취하여 역죄로 삼는다."[158]라고 하여 (무학의 성인) 아래의 세 가지 과는 취하지 않았다. 그러므로 (그 교설이) 일정하지 않다.

중품이라는 것은 무릇 천도天道와 인도人道이다. 이 중품을 살해하는 것은 오직 중죄를 범할 뿐이고, 역죄를 범하는 것은 아니다. 천도를 중품이라 한 것은 또한 대승을 기준으로 했기 때문이다. 소승을 기준으로 하면 하늘(천도의 중생)을 살해하는 것은 투란차[159]를 범한다.[160]

---

156 아래의 세 가지 과果 : 성문사과 중 앞에 해당하는 제1 예류과預流果(수다원과), 제2 일래과一來果(사다함과), 제3 불환과不還果(아나함과)를 가리킨다.

157 『열반경』 권31(T12, 812b19)에서 "기바가 또 말했다. '대왕이여, 이와 같은 업은, 죄가 두 가지 중죄를 겸한다는 것을 알아야 한다. 첫째는 부왕을 죽인 것이고, 둘째는 수다원을 죽인 것이다.'(耆婆復言。大王當知。如是業者。罪兼二重。一者殺父王。二者殺須陀洹。)"라고 한 것을 요약한 것이다. 본 경의 본문에서는 아사세왕을 선견 태자善見太子라고 했는데, 이는 아사세왕의 별명이다. 불교의 적극적인 외호자였던 마가다국 빈바사라왕頻婆娑羅王의 아들로 아버지를 살해하고 왕위에 올랐다.

158 『열반경』 권10(T12, 672b12)에서 "부모를 반역하고 아라한을 살해하고 탑을 파괴하고 승단을 무너뜨리며 부처님의 몸에 피를 내는 것.(反逆父母。殺阿羅漢。破塔壞僧。出佛身血。)"이라고 한 것을 가리키는 것으로 보인다. 소승의 오역죄는 어머니를 살해하는 것, 아버지를 살해하는 것, 아라한을 살해하는 것, 악한 마음으로 부처님의 몸에 피를 내는 것, 승단을 파괴하는 것인데, 맥락상 이것과 같은 내용이기 때문이다.

159 투란차偸蘭遮 : Ⓢ stūlātyaya의 음사어. 의역어는 중죄重罪·대죄大罪 등이다. 바라이나 승잔에 해당하는 죄에 대한 미수죄를 가리킨다. 예를 들어 낙태하려고 했는데 태아가 죽었으면 바라이죄이지만, 모친이 죽고 태아는 살았다면 모친을 죽일 의향은 없었기 때문에 투란차죄에 해당한다. 중투란重偸蘭과 경투란輕偸蘭으로 나누기도 하는데, 이 경우 앞의 사건은 중투란에 해당한다. 또한 도둑질과 관련해서는 4전 이하의 물건을 훔치려다가 미수에 그쳤을 경우에는 경투란輕偸蘭이다. 바라이죄는, 이를 범했을 경우 승가로부터 영원히 추방당하는 벌을 받는 가장 무거운 죄이고, 승잔죄는 바라이죄 다음으로 무거운 죄이지만, 일주일 동안 비구로서의 권리를 박탈당한 후에

하품이라는 것은 비인非人[161]과 축생이다. 이 하품을 살해하는 것은 오직 경구죄를 범할 뿐이고, 중죄를 범하는 것은 아니다.

先上品衆生者。父母。決[1)]定菩薩。無學聖人。若煞此上品者。犯重遮二罪。若論下已[2)]果者。涅槃經中。下上二文不同。若依上[3)]文者。耆婆語阿闍世王云。汝犯二逆。謂煞須陀洹及父故。若依下[4)]文者。唯取無學果而爲逆。不取下三果。故不定。中品者。凡夫[5)]人道。煞此中品者。唯犯重不犯逆。以天爲中品者。且約大乘故。若約小乘者。煞天者。犯蘭。下品者。非人畜生。煞此下品者。唯犯輕垢罪。非犯重罪。

1) ㉮『열반경』에 따르면 '決'은 '畢' 혹은 '必'인 것 같다. 2) ㉯ '已'는 '三'인 것 같다. 3) ㉮ '上'은 '下'인 것 같다. 4) ㉮ '下'는 '上'인 것 같다. 5) ㉮ '夫'는 '天'인 것 같다.

사견邪見을 지닌 사람을 살해하면, 대지大地(보살 10지 중 제8지를 가리킴)에 들어간 달기보살達機菩薩[162]이라면 죄는 없고 오직 복덕만 있을 뿐이며, 신

여법하게 행했음이 승가에 의해 인정되면 출죄出罪할 수 있다.

160 소승 율장에 대한 주석서인『선견율비바사善見律毘婆沙』권11(T24, 754a15)에서 "단지 야차를 살해하는 것만이 아니라 천제석天帝釋(帝釋天)을 살해해도 또한 투란차죄를 얻는다.(不但殺夜叉。殺天帝釋。亦得偷蘭遮罪。)"라고 했다.

161 비인非人 : 사람의 부류가 아닌 것. 곧 하늘·용·야차·아귀·아수라·지옥 등을 가리킨다. 일반적으로 귀신의 범칭으로 쓰인다. 혹은 축생을 비롯하여 사람을 제외한 모든 것을 통틀어서 일컫는 말로 쓰이기도 한다. 본 서에서는 문맥에 따라 두 가지 뜻을 혼용하고 있다.

162 달기보살達機菩薩 :『유가사지론』권41(T30, 517b6)에서 "보살들이 보살의 청정한 계율의에 머물면서 훌륭한 방편으로 다른 사람의 이익을 위하여 행위함으로써 여러 성죄性罪에 해당하는 것 가운데 적은 부분이 현행했다면, 그렇다고 해도 이러한 인연으로 말미암아 보살계를 범하는 일은 없고, 오히려 많은 공덕을 낳는다. 예를 들어 보살이, 남의 물건을 빼앗고 훔치는 도적이 재물을 탐하여 많은 중생을 죽이려고 하거나, 혹은 큰 덕을 가진 성문과 독각과 보살을 해치려고 하거나, 여러 가지 무간업無間業을 짓거나 하는 것을 보되, 이러한 일들을 보고 나서 구제하려는 마음을 일으켜 생각하기를, '내가 저 악한 중생의 생명을 끊는다면 나는 지옥에 떨어질 것이고, 만약 그의 생명을 끊지 않는다면 그는 무간업을 성취하여 장차 큰 고통을 받을 것이다. 내가

학보살新學菩薩[163]이라면 경구죄를 범한다. 소승의 경우라면, 사람을 살해하는 것은 중죄를 범하고, 하늘과 비인을 살해하는 것은 제3취[164]를 범하며,[165] 축생을 살해하는 것은 제3편[166]을 범한다.[167]

---

차라리 그를 죽여서 나락가那落迦(地獄)에 떨어질지언정 끝내 그로 하여금 무간지옥에서의 쉴 새 없이 이어지는 고통을 받게 하지는 않겠다'라고 했다고 하자. 이와 같이 보살이 어떤 의도를 가지고 생각하여 저 중생에 대해 혹은 선심善心이나 혹은 무기심無記心으로, 그 일로 인해 생겨날 모든 일들을 잘 알고 그를 미래의 나쁜 과보로부터 구제하기 위해 매우 부끄러워하는 마음을 품고 있으면서도 그를 불쌍하게 여기는 마음에 의해 그의 생명을 끊는다고 하자. 그렇게 한다고 해도 이러한 인연으로 말미암아 보살계를 위반하는 일은 없고 오히려 많은 공덕을 발생시킨다."라고 한 것을 참조할 때, 달기보살은 중생의 근기에 통달한 보살을 가리키는 것으로 보인다.

163 신학보살新學菩薩 : 처음 보리심을 발하여 불도를 배우는 보살. 보살의 52수행 계위 중 제1~제10에 해당하는 10신十信과 상응한다.

164 제3취 : 투란차를 가리킨다. 비구계를 범했을 때의 죄를 일곱 가지로 분류한 것(七聚) 중 하나. 일곱 가지는, 상좌부上座部 계통의 법장부法藏部에서 전해진 『사분율』과 팔리어 율장에 따르면, 제1취는 바라이波羅夷(斷頭)이고, 제2취는 승잔僧殘(僧伽婆尸沙)이며, 제3취는 투란차偸蘭遮(大障善道)이고, 제4취는 바일제波逸提(墮)이며, 제5취는 바라제제사니波羅提提舍尼(向彼悔)이고, 제6취는 돌길라突吉羅(惡作)이며, 제7취는 악설惡說이다. 돌길라는 몸으로 행한 것과 관련된 죄이고, 악설은 입으로 말한 것과 관련된 죄이다. 유부 계통의 율장인 『십송률十誦律』이나 대중부大衆部 계통의 율장인 『마하승기율』 등에는 이러한 형식이 나타나지 않는다.

165 『오분율』 권2(T22, 9a7), 『선견율비바사』 권18(T24, 799a14).

166 제3편 : 바일제를 가리킨다. 비구계를 범했을 때의 죄를 다섯 가지로 분류한 것(五篇) 중 하나. 다섯 가지는, 제1편은 바라이(비구계 중의 사바라이)이고, 제2편은 승잔(비구계 중의 13승잔)이며, 제3편은 바일제(비구계 중의 30니살기바일제와 90바일제)이고, 제4편은 바라제제사니(비구계 중의 사바라제제사니)이며, 제5편은 돌길라(비구계 중의 二不定·百衆學·七滅諍 등)이다. 5편은 7취에서 투란차와 악설이 빠진 것인데, 이러한 형식이 여러 율장에 두루 나타나므로 5편이 7취보다 고전적인 형식인 것으로 추정된다. 바일제는 Ⓢ pāyattika의 음사어로 타墮라고 의역한다. 이 죄를 짓고 참회하지 않으면 삼악도三惡道에 떨어진다는 뜻을 나타낸 것이다. 이 죄를 지은 비구는 승가에 참회할 필요는 없고, 두 명이나 세 명(4인 이상은 승가를 구성함)의 비구 앞에서 참회하면 죄가 청정해진다. 바라제제사니는 Ⓢ pratideśanīya의 음사어이다. '바라제'는 '~을 향하여', '~을 마주 보고'라는 뜻의 접두어이고, '제사니'는 고백해야 할', '참회해야 할'이라는 뜻의 분사이다. 이것에 의거하면 대수참對首懺이라고 의역할 수 있다. 받아서는 안 될 음식을 받아서 먹은 것과 관련된 비교적 가벼운 죄이다. 단지 한 명의 비구를 마주하고 참회하면 죄에서 벗어날 수 있다.

若煞邪見人道者。大地遣[1]機菩薩。無罪唯福。若新學菩薩者。犯輕垢罪。若小乘者。煞人者。犯重。煞天非人者。犯第三聚。煞畜生者。犯第六[2]篇。

1) 역 '遣'은 '達'인 것 같다. 2) 역 '六'은 '三'인 것 같다.

### Ⓑ 명근을 끊는 것을 밝힘

두 번째로 명근命根을 끊는 것을 밝힌 것은 세 학파가 같지 않다.

살바다중薩婆多衆은 다음과 같다.

"오음五陰을 떠나서 별도로 색色도 아니고 심心도 아닌 명근법命根法이 있다.[168] 오음을 파괴할 때 겸하여 그 명근을 파괴하기 때문에 살계煞戒를 범한다."

성실종成實宗은 다음과 같다.

"색과 심이 상속하여 끊어지지 않는 것을 명命이라 한다. 과거세의 업이 (명을 낳아 명과 더불어) 근根이 되기 때문에 (명근이라 한다.)[169] 색과 심의 상속을 끊어지게 하기 때문에 살계를 범한다."

이 종宗은 색과 심이 상속하는 가운데 비록 임시로 명근을 세우기는 했지만, 색과 심을 여의고 별도로 명근법의 체가 있다고 한 것은 아니다.

대승에서는 세 가지 설이 있다. 어떤 사람은 말하기를, "법계를 명근으

167 『사분율』 권16(T22, 677a24)에서 "비구가 고의로 축생의 생명을 해치면 바일제이다.(若比丘。故殺畜生命者。波逸提。)"라고 하고, 『오분율』 권2(T22, 9a8)에서 "축생을 살해하면 바일제이다.(若殺畜生。波逸提。)"라고 한 것을 참조할 것.

168 『구사론』 권4(T29, 22a8)에서 게송으로 명근을 포함한 열네 가지 심불상응행을 설한 후에 "이와 같은 제법은 마음과 상응하지 않고, 색 등의 자성도 아닌 것으로 행온에 포섭된다. 그러므로 심불상응행이라 한다.(如是諸法。心不相應非色等性。行蘊所攝。是故名心不相應行。)"라고 했다.

169 『성실론』 권7(T32, 289b17)에서 "명근이라는 것은 업의 인연 때문에 오음이 상속하는 것을 '명'이라 한다. 이 명은 업을 근본으로 하기 때문에 명근이라 한다.(命根者。以業因緣故。五陰相續。名命。是命。以業爲根。故說命根。)"라고 한 것을 참조할 것. 본문은 천태의 『보살계의소』 하권(T40, 572a15)에서 서술한 것과 오히려 가깝다.

로 삼는다."라고 했고, 어떤 사람은 말하기를, "아뢰야식을 명근으로 삼는다."라고 했으며, 어떤 사람은 말하기를, "아뢰야식의 특별한 상태에 대해 임시로 세워서 이것을 명근이라 한다."[170]라고 했다.

뒤의 두 가지 설 가운데 통문通門에 나아가면 처음의 설이 좋고, 별문別門에 나아가면 뒤의 설도 또한 좋다. 별문에 나아가면, 비록 살바다부의 명근과 같이 비심非心으로 실유實有인 체體가 있는 것은 아닐지라도, 아뢰야식에 의해서 앞의 색도 아니고 심도 아닌 명근법을 임시로 세웠으니, 없는 것은 아니기 때문에, 이렇게 임시로 세운 명근을 끊기 때문에 살계를 범한다. 아뢰야식을 끊었기 때문에 살계를 범하는 것에 대한 것은 논하지 않으니, 아뢰야식은 끊을 수 없는 법이기 때문이다.

第二明斷命根者。三衆不同。若薩婆多衆。離五陰異。有非色非心命根法。破惟[1)]五陰時。兼破彼命根故。犯煞戒。若成實宗者。色心相續斷。[2)] 以爲命。以先世業爲根。令斷色心相續故。犯煞戒也。此宗者。色心相續中。雖假立命根。而離色心。無別命根法體。若大乘者。有三說。一云。法界爲命根。一云。以賴耶識爲命根。一云。賴耶識分位中假立。以爲命根。後二說中。若就通門者。初說好。若約別者。後說亦好。約別門者。雖非薩婆多命根非心實有體。而賴耶識以上非色非心命根法假立。非無故。能斷此假立命故。犯煞戒。不論斷賴耶識故。爲犯煞戒。賴耶識。不可斷法故。

1) ㉯ '惟'는 '壞'인 것 같다. 2) ㉯ '斷' 앞에 '不'이 누락된 것 같다.

170 『성유식론成唯識論』 권7(대정장31, p.41a12)에서 "명근은 다만 본식本識(아뢰야식)에 있는 친종親種(직접적인 종자)의 특별한 상태에 대해 임시로 세운 것이고 별도로 존재하는 것은 아니다.(命根。但依本識親種分位。假立。非別有性。)"라고 한 것을 참조할 것. 단 만약 『사기』가 원효의 초기 저술이라면, 『성유식론』이 아직 한역되지 않은 시기로 보아야 한다. 따라서 『성유식론』과 문장이 꼭 일치하는 것은 아니므로 『유가사지론』 권56(T30, 607b15)에서 명근의 건립을 논한 것과, 같은 책 권100(T30, 879a10)에서 심불상응행법의 특별한 상태에 대해 임시로 세우는 것을 논한 것을 종합하여 창출한 문장일 가능성도 열어 두어야 한다.

### © 바로 그릇된 것의 모양을 나열함[171]

"스스로 죽이거나"라고 한 것 가운데 다섯 구절을 지어서 죄의 경중 및 대승과 소승의 동일성과 차이성을 정리한다.

自煞中。作五句。成罪輕重及大小乘同異。

첫째는 사람을 사람이라고 생각하는 것이다. 대승과 소승에서 동일하게 중죄이니, 마음과 대상이 서로 일치하기 때문이다.[172]

둘째는 사람을 사람이 아닐 것이라고 의심하는 것이다.[173] 소승의 경우, 『마하승기율』[174]에서는 "중죄를 범한다."[175]라고 했고, 『사분율』에서는 "투란차를 범한다."[176]라고 했다. 이것을 풀이하면 다음과 같다. 『마하승기율』

---

171 원효의 의도에 의거하여 역자가 시설한 것이다. 이하 별도로 밝히지 않는다.

172 도선道宣(596~667)의 『사분율산번보궐행사초』 중권(T40, 95b20)에서 "첫 번째 구절은 사람을 사람이라고 생각하는 것이다.【마음과 대상이 서로 일치한다.】(初句。人作人想。【心境相當。】)"라고 했다.

173 『사분율산번보궐행사초』 중권(T40, 95b20)에서 "둘째는 사람을 사람이 아닐 것이라고 의심하는 것이다.【대상은 본래 정한 것과 같지만 마음은 의심하는 것이다.】(二人非人疑。【境定心疑。】)"라고 했다.

174 소승률小乘律의 관련 전적과 소속 부파의 관계는 다음과 같다. 『사분율』은 담무덕부曇無德部(法藏部)이고, 『십송률』은 살바다부薩婆多部(有部)이며, 『오분율』은 미사색부彌沙塞部이고, 『해탈계경』은 가섭유부迦葉遺部이며, 『마하승기율』은 마하승기부摩訶僧祇部(大衆部)이다.

175 『마하승기율』 권4 「사바라이」 〈살계〉(T22, 257c3)에서는, "다섯 가지를 구족하여 사람을 살해하면 바라이를 범한다. 첫째는 사람을 대상으로 하고, 둘째는 사람이라는 생각을 하며, 셋째는 방편을 일으키고, 넷째는 살해하려는 마음을 일으키며, 다섯째는 생명을 끊는 것이니, 이를 다섯 가지 일이라 한다.(有五事具足殺人。犯波羅夷。何等五。一者人。二者人想。三者興方便。四者殺心。五者斷命。是名五事。)"라고 했을 뿐이고, '사람에 대해 사람이 아닐 것이라고 의심한 것'에 대해서는 논하지 않았다.

176 『사분율』 권2(T22, 577b3)에서 "① 실제로 사람인 것을 사람이라고 생각하고 살해했으면 바라이이다. ② 사람인지의 여부를 의심했으면 투란차이다. ③ 사람을 사람이 아니라고 생각했으면 투란차이다. ④ 사람이 아닌 것을 사람이라고 생각했으면 투란

에서는 사람을 대상으로 반신반의하는 뜻을 기준으로 했기 때문이고, 『사분율』에서는 사람이 아닌 것을 대상으로 의심하는 뜻을 기준으로 했기 때문이다.[177] 통틀어서 두 가지 대상 가운데 의심하는 뜻에 나아가면 거듭해서 두 가지 죄를 얻는다. 대승에서는 중죄를 범한다.

謂一者人作人想。大小同重。心境相當故。二者人非人疑。若小乘者。僧祇律云。犯重。若四分律。犯蘭。解云。僧祇律者。約半疑於人境義故。若四分者。約疑於非人境義故。若通趣二境中疑義者。重得二罪。大乘者。犯重。

셋째는 사람을 사람이 아니라고 생각하는 것이다.[178] 소승의 경우, 전상轉想[179]을 기준으로 하면, 이전의 마음[180]에 의거할 경우는 방편을 일으켰으면 제3취(투란차)를 범하고, 뒤의 마음[181]에 의거할 경우는 사람이 아닌 것을 죽이는 방편을 일으킨 것이기 때문에 돌길라[182]를 범한다. 대승에서

---

차이다. ⑤ 사람이 아닐 것이라고 의심했으면 투란차이다.(實人人想殺波羅夷。人疑偷蘭遮。人非人想偷蘭遮。非人人想偷蘭遮。非人疑偷蘭遮。)"라고 했다.

177 『마하승기율』은 본래 사람을 죽이려고 했는데 사람을 보고도 사람이 아닐 것이라고 의심하면서 살해한 것이고, 『사분율』은 본래 사람이 아닌 것을 죽이려고 했는데, 대상이 사람으로 교체되는 상황이 생겨나고, 이로써 사람을 보고도 사람이 아닐 것이라고 의심한 것이다. 따라서 전자는 사람을 대상으로 하고, 후자는 비인을 대상으로 한 것이 된다.

178 『사분율산번보궐행사초』 중권(T40, 95b20)에서 "셋째는 사람을 사람이 아니라고 생각하는 것이다.【대상은 본래 정한 것과 같지만 마음은 어긋나는 것이다.】(三人非人想。【境定心差。】)"라고 했다.

179 전상轉想 : 생각이 바뀐 것. 처음에는 사람이라고 생각했지만 나중에 생각이 바뀌어서 사람이 아니라고 생각한 것을 말한다.

180 사람을 보고 사람이라고 생각하고 죽이려고 한 것을 말한다.

181 사람을 보고 사람이 아닐 것이라 생각하고 죽이려고 한 것을 말한다.

182 돌길라突吉羅 : Ⓢ duṣkṛta의 음사어. 악작惡作이라 의역한다. 마음으로 '나쁜 짓을 했다'라고 후회하는 것만으로 청정해질 수 있는 가벼운 죄이다. 후에 좀 더 세분화되어 응참돌길라應懺突吉羅가 언급되는 경우도 있는데, 이는 참회를 부여하는 돌길라로서 다른 비구 앞에서 참회하는 것이다.

는 앞과 뒤의 두 마음이 모두 경구죄를 범한다. 본미本迷[183]를 기준으로 논하면, 처음부터 끝까지 살인은 실행되지 않았고, 마음이 (사람을) 나무 그루터기라고 잘못 안 것이니, 대승과 소승에 있어서 동일하게 전적으로 죄가 없다. 죄가 되지 않는 대상[184]으로 잘못 안 것이기 때문이다. 사람을 (보고) 미혹하여 나무 그루터기라고 잘못 안 것은 불가학미不可學迷[185]이니, 배워서 알 수 있는 것이 아니기 때문이다. 비록 본미라고 해도, (사람을 보고) 비인非人과 축생이라고 잘못 안 것이면, 죄가 되는 대상[186]에 나아가서 미혹한 것이기 때문에, 소승에서는 비인과 축생을 살해한 방편을 일으켰기 때문에 돌길라를 범하고, 대승에서는 경구죄를 범한다.

三者人作非人想。小乘。若約轉想者。前方便。犯第三聚。後心者。煞非人之方便故吉。若大乘者。前後二心。皆犯輕垢罪。若約本迷論者。始終中。不作煞人。心爲机木迷者。大小同全無罪。迷於非罪境故。人迷爲机木迷者。是不可學迷。不以學所知故。若雖本迷。而爲非人及畜生迷者。趣罪境迷故。小乘者。煞非人畜生之方便故犯吉。若大乘者。犯輕垢罪也。

넷째는 사람이 아닌 것을 사람이라고 생각하는 것이다.[187] 소승에서는

---

183 본미本迷 : 본래 미혹된 것. 생각이 중간에 바뀐 것이 아니고 처음부터 사람을 보고도 사람이 아니라고 생각한 것을 말한다.

184 죄가 되지 않는 대상 : 나무 그루터기를 가리키는 말. 무생물이므로 죄가 되지 않는다.

185 불가학미不可學迷 : 배워서 알 수 있는 것이 아닌 것으로서의 미혹. 마음이 혼미하여 미혹된 것. 상대어는 가학미可學迷로 배워서 알 수 있는 것으로서의 미혹이다. 곧 계법을 배우지 않음으로써 온전한 마음으로 미혹된 것을 말한다.

186 죄가 되는 대상 : 비인과 축생을 가리키는 말. 이는 사람보다는 그 죄가 가볍지만 죄의 범주에 들어가는 대상이기 때문이다.

187 『사분율산번보궐행사초』 중권(T40, 95b21)에서 "넷째는 사람이 아닌 것을 사람이라고 생각하는 것이다.【대상은 본래 정한 것과 어긋나고 마음은 본래 정한 것과 같은 것이다.】(四非人人想。【境差心定。】)"라고 했다.

제3취(투란차)를 범하니, 사람을 살해하는 방편을 일으켰기 때문이다. 대승에서는 경구죄를 범한다.

다섯째는 사람이 아닌 것을 (보고) 사람일 것이라고 의심하는 것이다.[188] 소승의 경우, 사람을 대상으로 반신반의하는 뜻에 나아가면 제3취를 범하고, 사람이 아닌 것을 대상으로 반신반의하는 뜻에 나아가면 돌길라를 범한다. 대승에서는 경구죄를 범한다.

四者非人作人想。小乘。犯第三聚。煞人方便故。若大乘。犯輕垢罪。五者非人作人疑。小乘中。若約半趣[1)]人疑[2)]義者。犯第三聚。若約半趣非人疑義者。犯吉。大乘。犯輕垢罪。

1) ㊇ '趣'는 '疑於'인 것 같다. 2) ㊇ '疑'는 '境'인 것 같다.

"다른 사람으로 하여금 죽이게 하거나"라는 것은 다음과 같다. 소승의 경우, 나를 위해서 다른 사람으로 하여금 죽이게 하면 결정코 중계를 범하고, 다른 사람으로 하여금 그 자신을 위해서 사람을 죽이게 하면 투란차라고 할 수 있다. 비록 이러한 판단을 증명하는 문장은 없지만 도계盜戒에 의거하면 그렇다는 것을 알 수 있기 때문이다.

敎人煞者。小乘。若爲我敎他人煞。定犯重。若敎他爲汝煞人者。可蘭。雖無正文。而准於盜戒。可然故。

**문** 세 가지 투란차 가운데 어떤 투란차인가?

188 『사분율산번보궐행사초』 중권(T40, 95b21)에서 "다섯째는 사람이 아닌 것을 사람일 것이라고 의심하는 것이다.【대상은 본래 정한 것과 어긋나고, 마음은 전변하였으니, 두 가지 연을 모두 결여했다.】(五非人人疑。【境差心轉。雙闕二緣。】)"라고 했다.

**답** 다른 사람으로 하여금 사람을 죽이게 하면 대중란大衆蘭[189]이고, 비인非人이라는 대상에 나아가서 다른 사람으로 하여금 죽이게 하면 대수란對首蘭[190]이며, 다른 사람으로 하여금 축생을 죽이게 하면 돌길라이다.

問。三蘭中何蘭耶。答。敎他煞人。爲大衆蘭。若趣非人境。敎他煞者。對首蘭。敎他煞畜生者。吉。

여기에서 "다른 사람으로 하여금 죽이게 하는 것"이라는 것은, 대승에서는 나를 위한 것이든 그 자신을 위한 것이든 모두 중죄이다. 다른 사람으로 하여금 죽이게 한 사람은 세 가지 성질의 마음[191]이 있는 가운데 행했다면 중죄를 범하는 것이니, (이는) 대승과 소승에서 동일한 죄를 적용한다.

此敎他殺者。大乘。爲我及爲汝。皆同犯重。能敎人。三性心中。犯重者。大小同也。

"방편으로 죽이거나"라는 것은 약을 주어 낙태시킴으로써 태아를 살해하는 것 등이고, 또한 사약死藥을 먹게 하는 것 등이다.

"(죽음을) 찬탄하여 죽게 만들거나"라고 한 것 가운데 세 가지가 있다. 첫째는 선을 닦는 사람을 보고 말하기를, "너는 선을 닦았을 때 빨리 죽어

---

189 대중란大衆蘭 : 대중을 앞에 두고 죄를 고백하고 참회함으로써 죄를 소멸시킬 수 있는 형태의 투란차라는 뜻. 대중의 숫자를 『십송률』 권13(T23, 94c20)에서는 최소한 여덟 명이라 했고, 『사분율』 권22(T22, 717a6)에서는 네 명 혹은 네 명 이상이라고 했다.

190 대수란對首蘭 : 한 분의 스님을 앞에 두고 죄를 고백하고 참회함으로써 죄를 소멸시킬 수 있는 형태의 투란차라는 뜻.

191 세 가지 성질의 마음 : 선善·불선不善·무기無記의 마음을 가리킨다. 여기에 무심無心을 더하여 사심四心이라 한다.

야 한다. 만약 더 오래 살면 원망의 허물이 마음에 맺혀서 악업을 짓게 될 것이다."라고 했는데, 그 사람이 이 말을 듣고, 그로 인해서 바로 죽는 것이다. 둘째는 악업을 짓는 사람을 보고 말하기를, "너는 죄를 조금 지었을 때 빨리 죽어야 한다. 만약 더 오래 살면 더욱 많은 악업을 짓게 될 것이기 때문이다."라고 하는 것이다. 셋째는 늙은이나 병든 사람을 보고 말하기를, "오래 살면서 오래 고통을 받는 것은 차라리 빨리 죽어서 고통에서 벗어나는 것만 못하다."라고 하는 것이다. 그 사람들이 이 세 가지의 말을 듣고, 그것으로 인해 죽었다면, 이렇게 찬탄한 사람은 중죄를 범한다. 대승과 소승에서 동일하게 위범이다.

方便煞者。與藥墮胎煞兒等。亦死藥令食等。讚嘆煞中。有三。一者見修善人語言。汝宜修善時速死。若久生者。怨過意緣。造意[1)]業乎。彼人。聽此語故卽死也。二者見作意業人語言。汝宜罪小作時速死。若久生者。彌可多作意業故。三者見老及病人語言。久生久苦者。寧不如速死離苦。彼人等。聽此三語故死。能讚者。死[2)]重。大小同犯。

1) 역 '意'는 '惡'인 것 같다. 이하 동일하다. 2) 역 '死'는 '犯'인 것 같다.

"(죽이는 것을) 보고 따라서 기뻐하여 (죽이도록 하거나)"라는 것은, 사람을 살해하는 것을 본 사람이 따라서 기뻐했기 때문에, 그 사람(사람을 죽인 사람)이 내가 기뻐하는 마음을 보았기 때문에, (그 사람이) 살해의 업을 지었기 때문에 따라서 기뻐한 사람은 중죄를 범한다. 말하자면 『사분율』에서 "저 (비사리의) 미후강彌猴江 근처에서 여래께서 여러 비구를 위해 부정관不淨觀[192]을 설하셨을 때였다. 비구들이 이러한 관찰을 익힘으로

**192** 부정관不淨觀 : 자신과 타인의 육체의 부정不淨한 측면을 관찰하여 탐욕의 번뇌를 대치하는 관법이다.

써 신명身命을 싫어하고 근심스러운 것으로 여겼다. 그때 어떤 비구가 물력가勿力伽[193]라는 비구에게 말하기를, '나의 가사와 발우를 너에게 줄 테니 너는 나를 죽여라'라고 했기 때문에 그 물력가 비구라는 이가 바로 살해했다. 살해하고 나서 강변에 이르러 칼을 씻으면서 (후회하고 있을) 때, 마구니가 강에서 몸을 나타내어 따라서 기뻐하면서 말하기를, '훌륭하다, 훌륭해. 그대 비구여, 아직 (피안彼岸으로) 건너가지 못한 사람을 건너가게 했도다'라고 했다. 비구는 이 말을 듣고 자연스럽게 비구에게 이것은 공덕이 되는 일이라고 여겼다. (그리하여) 여러 비구들의 처소에 가서 말하기를, '아직 건너가지 못한 사람은 오라. 내가 이제 그대들을 건너가게 하리라'라고 했다. 그때 아직 탐욕을 여의지 못한 사람은 죽음을 벗어나려고 했지만, 이미 탐욕을 여읜 비구들은 모두 죽으려고 했기 때문에 물력가 비구라는 이는 60명의 비구를 살해했다. (비사리의 비구들이) 포살布薩[194]을 행하는 날, 소수의 사람만 모였기 때문에 부처님께서 알면서도 물으시기를, '오늘은 무슨 까닭으로 사람의 숫자가 적은 것인가?'라고 했다. 남은 비구들이 설명하여 말씀드리기를, '물력가 비구가 살해했기 때문에 사람의 숫자가 적은 것입니다'라고 했다."[195]라고 한 것과 같다. 이 물력가라는 이는 저 마구니가 기뻐한 것으로 말미암아 살생을 했기 때문에 이와 같은 것을 기뻐하는 것으로 말미암아 죽이는 것이라고 한다. 『대

193 물력가勿力伽 : Ⓢ Mṛgalaṇḍika의 음사어. 갖추어서 물력가난제勿力伽難提라고 한다. 녹장鹿杖이라 의역한다.

194 포살布薩 : Ⓢ poṣadha의 음사어로 장정長淨·장양長養·증장增長·선숙善宿·정주淨住 등으로 의역한다. 현전승가의 구성원인 비구들이 보름마다, 곧 매달 14일 혹은 15일 중의 하루와 29일 혹은 30일 중의 하루에 포살당에 모이고, 특정 비구가 바라제목차를 외우고, 나머지 비구는 이것을 듣고 자신이 위범한 사실이 있는지의 여부를 살펴서 고백하고 참회함으로써 청정함을 회복하는 의식이다. 한 달이 30일인 경우는 15일과 30일에 행하고, 29일인 경우는 14일과 29일에 행한다. 포살에서 바라제목차를 외우는 것을 설계說戒라고 한다. 이 때문에 포살을 설계라고 의역하기도 한다.

195 『사분율』 권2(T22, 575c11)의 취의 요약이다.

방등다라니경』에서 "여기에서 따라서 기뻐하는 것으로 인해 죽이는 것은 제6 중계重戒이다."[196]라고 했다. 이미 죽인 이후에 따라서 기뻐하는 것은, 대승에서는 경구죄를 범하고, 소승에서는 돌길라이다.

見作隨喜者。見煞人者。隨喜故。彼人見我喜心故。造煞業故。能隨喜人。犯重。謂如律云。彼鳩度河[1)]邊中。如來。爲衆比丘。說不淨觀時。比丘等。由習此觀故。支離眞身心。[2)] 爾時。一比丘。語勿力迦[3)]比丘中[4)]言。我衣鉢與汝。汝煞我故。彼勿力迦比丘者。卽煞。煞竟。往至河邊。洗刀時中。魔有河中現。隨喜語言。善哉善哉。汝比丘。能度未度人。比丘。聞此言竟。自然。比丘。以爲功德。往至於諸比丘所。語言。未度人來。我今度之。爾時。未離欲人。捨死。旣離欲比丘等。皆欲死故。勿力迦比丘者。煞六十箇比丘。布薩日中小集故。佛知而問云。今日者。何故。人小有耶。餘比丘。釋言。勿力迦比丘煞故。人少。此勿力迦者。由彼魔喜煞故。以是如等。爲喜煞。陀羅尼經云。此隨喜煞者。第六重戒也。若旣死以後喜者。大乘中。犯輕垢罪。若小乘者。吉。

1) 역 『사분율』에 따르면 '鳩度河'는 '獼猴江'이다. 율장의 바라이죄를 설하는 부분에 모두 나오지만 '물력가 비구'라는 이름은 『사분율』에만 나오는 것이기 때문에 이것에 의거하여 교감했다. 2) 역 『사분율』에 따르면 '支離眞身心'은 '厭患身命'이다. 3) 역 『사분율』에 따르면 '迦'는 '伽'이다. 이하 동일하다. 4) 역 '中'은 연자인 것 같다.

"이르기까지"라는 것은 분노심에 의해 살해하는 것을 (겸하여) 취한 것이다. 『유식론』에서 "(단나가국檀拏迦國·가릉가국迦陵迦國·마등가국摩燈伽國 등의 세 나라가 선인을 괴롭혔다.) 선인이 분노하는 마음을 발함으로 말

196 『대방등다라니경大方等陀羅尼經』 권1(T21, 645c17)에서 "보살이, 다른 사람이 분노하면서 다른 사람의 생명을 해치고자 하는 것을 보고 다시 찬미하는 말로 그 분노하는 사람을 찬탄한다면, 이를 여섯 번째 중계를 범하는 것이라 한다.(若有菩薩。見他瞋恚。欲害他命。更以美言。讚他瞋恚者。是名犯第六重戒。)"라고 하였다.

미암아 이 선인의 소매 자락에서는 돌덩이로 이루어진 비가 쏟아져 내렸고, (이로써 세 나라를) 멸망시켰다."[197]라고 한 것과 같다. 마가다국 등에 대해 앞에서 열거한 것[198]은 신업身業에 의해 살해하는 것을 밝힌 것이고, 이것은 분노심에 의해 살해한 것이니, 의업意業에 의해 살해하는 것이다.

뒤에서 "주문으로 죽이는 것"이라고 한 것은 구업口業에 의해 살해하는 것이다. '죽이는 것'이라고 한 것은, 귀신에게 주문을 걸 수 있기 때문에 그 귀신이 가서 사람을 죽이는 것, 죽은 시체에게 주문을 걸어서 칼을 잡도록 할 수 있기 때문에 그 시체가 가서 사람을 죽이는 것 등과 같은 것이다.

乃至者。取瞋煞。如唯識論云。由仙人發瞋心故。護此仙人袖。雨石雨令滅。摩迦陀國等上列者。明身之煞。此瞋煞者。意業煞。下言呪煞者。謂口業煞。言煞者。神中可呪故。彼神往煞人。及可呪尸。令執刀故。彼尸往煞人等件。

앞의 주제와 관련하여 그릇된 것은 아홉 구절을 이룬다. 방편으로 죽이는 것 가운데 세 가지가 있기 때문이다. 이 아홉 구절이 삼품三品의 중생을 경유하면 27계가 성립된다. 살해의 대상을 바라보면, 일체의 중생은 한량없기 때문에 계도 또한 한량없다.

右非爲九句。方便煞中。有三種故。此九。逕於三品衆生者。爲二十七戒。若望所煞。一切衆生無量故。戒亦無量。

바로 그릇된 것의 모양을 나열한 것을 마쳤다.

---

197 『유식론唯識論』(T31, 69b27)의 취의 요약이다.

198 마가다국의 아사세왕이 부왕인 빈바사라왕을 살해한 일을 가리키는 것 같다. 앞에서 설한 것을 참조할 것.

正列非相竟。

### (B) 연을 갖추어 업을 이루는 것을 밝힘

**경** 살생의 업業과 살생의 법法과 살생의 인因과 살생의 연緣을 지으며,[199]

殺因。殺緣。殺法。殺業。[1)]

1) ㉮ '殺因殺緣殺法殺業'은 '殺業殺法殺因殺緣'인 것 같다.

**기** "살생의 업" 이하는 두 번째로 연을 갖추어 업을 이루는 것을 밝혔다. 이 계는 다섯 가지 연을 채우면 정업正業(바라이에 해당하는 업)을 이룬다. 첫째는 사람이라는 대상이니, 비인 등의 대상에 나아가면 경구죄이기 때문이다. 둘째는 사람이라는 생각이니, 비록 사람이라는 대상에 나아갔더라도 사람이 아닌 것이라는 생각 등을 일으켰으면 경구죄이기 때문이다. 셋째는 사람을 살해하려는 마음을 일으키는 것이다. 처음부터 끝까지 사람을 살해하려는 마음을 일으키지 않았을 경우, 사람이 있는 것을 알지 못

199 원효의 주석에 의거하면 '殺業'이 앞에 나와야 한다. 또한 후나야마 토루(船山徹)가 「梵網經諸本の二系統」(京都大學人文科學研究所, 『東方學報』 85권, 2010)에서 『범망경』의 여러 판본을 대조하여 제시한 연구 성과에 의거하여 순서를 바꾸었는데, 이것과 관련된 부분을 요약 정리하면 다음과 같다. "첫째, 『범망경』의 여러 판본은 α형, β형, 두 형의 중간 상태 등으로 구분된다. 둘째, 이 가운데 α형은 먼저 거친 형태로 성립된 것이고, β형은 그 이후에 좀 더 세밀하게 정립된 형태로 성립된 것이다. 셋째, 궁본은 α형에 속하고, 본 서에서 저본으로 삼은 고려판대장경 재조본인 『범망경』, 곧 대장경에 실린 것은 β형에 속한다. 넷째, 원효가 『사기』를 찬술할 때 저본으로 삼은 것은 α형이다. 다섯째, 그러므로 여러 주석서에서 보이는 것과 같은 형태, 곧 고려판대장경 재조본에 수록된 『범망경』을 원문으로 설정하고, 그에 대한 주석을 집어넣은 체재는 후대에 구성된 것이다. 여섯째, 『범망경』에 대한 여러 가지 주석서 가운데 최초로 β형을 저본으로 삼은 것은 법장이다. 신라 출신의 『범망경』 주석가는 모두 α형을 저본으로 하였다." 궁본은 남송南宋 개원사판開元寺版으로 일본 궁내청宮內廳 서릉부書陵部에 소장된 것을 가리키는데, 본판은 12세기 중엽에 성립된 것이다.

했기 때문에 산에서 사람이 아닌 것 등을 쏘았는데 (사람이 맞았을) 경우, 또한 비록 살해하려는 마음은 없었지만 착오와 태만으로 인해 중물重物(중죄에 해당하는 대상)을 살해했을 경우 등은 전적으로 죄가 없기 때문이다. 넷째는 방편을 일으키는 것[200]이니, 방편을 일으키지 않았으면 경구죄이기 때문이다.

煞業以下。第二明具緣戒[1)]業。此戒中。滿五緣者。成正業。一者人境。若趣非人等境。有輕垢罪故。二者人想。雖趣人境。而爲非人等想者。輕垢罪故。三者發煞人心。謂若始終中。不發煞心。而若不知有人故。射山非人等。亦雖無煞心。而悞墮重物煞等。全無罪故。四者發方便。若不起方便者。輕垢故。

1) ㊈ '戒'는 '成'인 것 같다.

**문** 앞에서 고의故意[201] 등의 나머지 연이 모두 일어났지만, 살인하는 찰나에는 작심作心하지 않았을 때, (단지) 오류 등으로 인해 (살인을 했으면) 어떤 죄를 범하는 것인가?

**답** 소승에서는 제3취이고, 대승에서는 경구죄를 범한다.

問。若前故意等。餘緣具起。而煞刹那中。不作心時。悞等。犯何罪。答。小乘者。第三聚。大乘。犯輕垢也。

다섯째는 명근命根을 끊는 것이니, 명근을 끊지 않았으면 경구죄이기 때문이다.

200 방편을 일으키는 것 : 실제로 살인을 하기 위해 칼을 드는 것 등과 같은 여러 형태의 방편을 실행하는 것이다.

201 세 번째로 사람을 살해하려는 마음을 일으킨 것을 가리킨다.

五者斷命根。若不斷命根者。輕垢罪故。

다섯 가지 연 가운데 처음의 두 가지는 연緣이고, 세 번째 한 가지는 인因이며, 네 번째 한 가지는 업業이고, 다섯 번째 한 가지는 법法이다. 소疏에서 "살생의 도구인 칼과 지팡이 등을 법이라 한다."[202]라고 했는데, 이치에 합당하지 않다. 비록 칼과 지팡이 등의 도구가 없더라도 살인은 할 수 있기 때문이다. 그러므로 명근을 법으로 삼는다. 명근법命根法이 없다면 살인의 업은 이루어지지 않기 때문이다. 다섯 가지 연 가운데 인因이 없으면 전적으로 죄가 없고, 연이 없되 낱낱이 서로 없는 경우라면 경구죄를 얻는다.

五緣中。初二者爲緣。第三一爲因。第四一爲業。第五一爲法。疏云。以煞具刀杖等爲法。然而無合於義。若雖無刀杖等具。而得煞故。是故。以命根爲法。若無命根法者。不成煞業故。五緣中。若闕因者。全無罪。若闕緣。一一互闕者。得輕垢罪也。

B) 경죄에 해당하는 그릇된 것을 밝힘

**경** **일체의 생명이 있는 것에 이르기까지 고의로 살생해서는 안 된다.**

乃至一切有命者。不得故殺。

**기** "이르기까지"라고 한 것은 축생을 살해하여 얻는 경구죄를 겸하여

202 지의의『보살계의소』하권(T40, 571c11)에서 "살생의 법은 칼·검·구덩이·덫 등을 말하니, 모두 법체가 있기 때문에 법이라 한다.(殺法。謂刀劍坑弶等。皆有法體。故稱爲法。)"라고 했다.

취한 것이다. 그러므로 '이르기까지'라고 했다. "고의로 살생해서는 안 된다."라는 것은 착오에 의해 살해하는 것 등과 간별하고자 하여 '고의로 살생'이라고 한 것이다. 만약 살생하려는 마음이 없었으나 착오에 의해 살생했다면, 오직 업도業道[203]만 있을 뿐이고, 계를 범하는 죄는 없기 때문이다.

言乃至者。兼取煞畜生。輕垢罪。故言乃至。不得故煞者。爲欲簡悞煞等。故言故煞。若無心而悞煞者。唯有業道。而無犯戒罪故。

### B. 대치할 수 있는 바른 실천행을 밝힘: 작지를 들어 지지를 이룸

**경** 보살은 항상 머무는 자비로운 마음과 효도하는 마음과 수순하는 마음과 방편을 일으켜 일체의 중생을 구하고 보호해야 하거늘,

是菩薩。應起常住慈悲心孝順心方便。救護一切衆生。

**기** "보살은" 이하는 작지作持를 들어 지지止持를 이룬 것이다. 말하자면 항상 자비로운 마음을 닦는 것이니, 작지로 말미암아 지지인 불살계不煞戒를 이루려고 하기 때문이다. 혹은 지지로 말미암아 작지를 이루는 경우도 있다. 계를 설하는 것[204]과 자신의 원한을 갚는 것[205] 등과 관련된 법

---

203 업도業道 : 하나의 업이 이루어지는 과정을 세 단계로 나눈 것 중 두 번째에 해당하는 것. 예컨대 양을 죽이기 위한 준비적 행위를 가행加行이라고 하고, 죽이는 찰나에 발생하는 표업表業과 무표업無表業을 근본업도根本業道(業道)라고 하며, 그 뒤에 칼을 씻는 것 등을 후기後起라고 한다.

204 『사기』에서 48경계를 주석한 부분은 전하지 않기 때문에 정확히 알 수는 없지만, 48경계 중 제23 교만벽설계憍慢僻說戒(새로 배우는 보살이 찾아와 경률의 뜻을 물을 때 업신여기거나 교만한 마음을 일으켜 질문에 대해 바르게 대답해 주지 않는 것을

을 말한다. 작지를 행하려고 하기 때문에 먼저 여러 가지 일을 그치는 것이다. 사미沙彌 등의 (율의律儀에) 나머지 실천행과 관련된 법이 있기 때문이다.[206] 혹은 작범으로 지범止犯을 이루는 경우도 있다. 말하자면 아직 계율을 외우지 않았을 때 다른 문장을 외우고 배우지 말아야 하는 것을 위범하는 것이니, 먼저 계를 배워야 하기 때문이다.[207] 혹은 지범으로 말미암아 작범을 이루는 경우도 있다. 말하자면 지금 사람을 살생함에 있어서 살생업을 짓기 위해서 비구 등을 만나려고 하지 않는 것을 말한다. 이 계 가운데 작지행을 든 것은 지지를 이루는 뜻이 있다.[208]

是以下。擧作持行[1)]成止持。謂常習脩[2)]悲心者。由作持。欲成止持不煞戒故。或有由止持故。成作持。謂說戒自恣等法。爲欲作時[3)]故。能先息諸事。出沙彌等有餘行之法故。或以作犯成止持[4)]犯。謂違於未誦戒時。莫誦學他文故。先學戒故。或有由止持[5)]故成作犯。謂今俱[6)]人。爲作煞生業故。不顯[7)]見比丘等。此戒中。擧作持行者。成止持。

1) ㊂ 앞의 분과에 따르면 '行'은 연자이다. 2) ㊂ '脩'는 '慈'인 것 같다. 3) ㊂ '時'는

금한 것), 제42 위악인설계계爲惡人說戒戒(나쁜 사람을 위해 계를 설하는 것을 금한 것) 등을 가리키는 것으로 보인다. 이미 밝혔듯이 계명은 지의의 『보살계의소』에 의거한 것이다.

205 『사기』에서 48경계를 주석한 부분은 전하지 않기 때문에 정확히 알 수는 없지만, 제21 진타보구계瞋打報仇戒(원수에게 분노하는 마음을 품어 보복하는 것을 금한 것)를 가리키는 것으로 보인다.

206 사미십계는, 살생하지 말 것, 도둑질하지 말 것, 음행하지 말 것, 거짓말하지 말 것, 술을 마시지 말 것, 춤추고 노래하면서 즐기거나 그런 것을 가서 보거나 듣지도 말 것, 꽃과 향으로 몸을 치장하지 말 것, 높고 넓은 평상에 앉지 말 것, 금은보화를 받거나 축적하지 말 것, 정오가 지난 후에는 먹지 말 것 등이다. 이는 모두 금해야 할 것을 제시한 것이니, 지지에 의해 작지를 이루는 것이다.

207 다른 글을 배우는 것을 행하는 위범에 의해(작범) 계율을 배우는 것을 행하지 않는 위범을 이루는 것(지범)을 말한다.

208 작지행은 일체의 중생을 구호하는 것이고, 이것에 의해 결국 중생을 살해하는 것을 그치게 되니, 결국 지지행止持行을 이루는 것이 된다는 말이다.

'持'인 것 같다. 4) 역 '持'는 연자인 것 같다. 5) 역 '持'는 '犯'인 것 같다. 6) 역 '俱'는 '殺'인 것 같다. 7) 원 '顯'은 '欲'인 것 같다. 자체字體가 분명하지 않다.

어째서 작지가 지닌 선행善行의 뜻이 섭선법계가 되는 것을 밝히지 않았는가? 10중계는 모두 율의계에 속하기 때문이다. 뒤의 여러 계 가운데 지지를 들어서 작지를 이룬 것도 있고, 또한 작지를 들어서 지지를 이룬 것도 있으며, 또한 작범作犯의 그릇됨을 들어서 지지계止持戒를 이루기에 이른 것도 있고, 혹은 지범止犯의 그릇됨을 들어서 작지계作持戒를 이루기에 이른 것도 있지만, 율의계에 작지를 드는 뜻이 있기 때문에 섭선법계가 된다고 하거나 내지 지지행止持行을 드는 뜻이 있기 때문에 섭선법계를 섭률의계로 삼는다고 하거나 할 수는 없다. 비록 그렇지만 낱낱의 계마다 매번 수행하여 목적지에 도달한다.

"자비"를 수행隨行하는 것은 무엇인가? 섭중생계이다. "효도"를 수행하는 것은 무엇인가? 율의계이다. "수순하는 마음"을 수행하는 것은 무엇인가? 섭선법계이다. "방편"을 수행하는 것은 사섭법四攝法[209]을 균등하게 행하는 것이다. "구하고"라는 것은 구해서 고통을 여의게 하는 것을 '구하고'라고 한 것이다. "보호해야 하거늘"이라는 것은 호념하여 이익을 얻게 하기 때문에 '보호해야 하거늘'이라고 한 것이다.

不何有明作持善行義。爲攝善法戒。十重戒。皆律儀戒故。下衆戒中。有擧止持而成作持。亦有擧作持成止持。亦有擧作犯非及成止持戒。或有擧止

209 사섭법四攝法 : 보살이 중생을 섭수하여 친애하는 마음을 일으키게 하고 불도로 인도하여 깨달음을 얻게 하는 네 가지 방법. 첫째는 보시섭布施攝이니 보시에 의해 포섭하는 것이고, 둘째는 애어섭愛語攝이니 좋은 말에 의해 포섭하는 것이며, 셋째는 이행섭利行攝이니 이익을 주는 행위에 의해 포섭하는 것이고, 넷째는 동사섭同事攝이니 중생이 좋아하는 것과 싫어하는 것을 함께하는 모습을 보임으로써 포섭하는 것이다.

犯非而及成作持戒。不可得言。律儀戒。有擧作持故。爲攝正[1)]法戒。乃至擧止持行故。以攝善法戒爲攝律儀。雖然。戒戒每隨至處。釋通[2)]慈悲者是。[3)] 謂攝衆生戒。隨行孝是何。謂律儀戒。隨行順心者何。謂攝善法戒。隨行方便者。謂四攝等行也。救者。救而離苦。名爲救。護者。而護念令得利。故名護。

1) ㉠ '正'은 '善'인 것 같다. 2) ㉠ '釋通'은 '隨行'인 것 같다. 3) ㉢ '是'는 '何'인 것 같다.

③ 그릇된 것을 들고 허물을 짓는 것이라고 제정함

**경 방자한 마음으로 분명한 의도를 가지고 살생을 한다면 보살의 바라이죄波羅夷罪[210]이다.**

而自恣心。快意殺生者。是菩薩波羅夷罪。

기 "방자한 마음으로"라는 것은 어떤 것인가? 자신의 내심內心에서 번뇌업煩惱業을 발하는 것이다. "분명한 의도를 가지고"라는 것은 내심에서 바로 발한 것은 아니지만 또한 분명한 의도를 나타내어서 두려움이나 의심이 없기 때문에 '분명한 의도를 가지고'라고 한 것이다.

**210** 바라이죄波羅夷罪 : 바라이는 Ⓢ pārājika의 음사어. 계율 중에서 가장 무거운 죄. 성문계인 비구의 250계에서는 최초의 네 조목을 가리키고, 보살계에서는 10중계를 가리킨다. 이 죄를 지었을 경우, 머리를 자르면 다시 살아나는 것이 불가능한 것처럼 승가의 구성원으로서의 자격을 영원히 박탈당하기 때문에 단두斷頭라고 하고, 번뇌와의 싸움에서 패배하여 정복당하기 때문에 타승他勝·타승처他勝處 등이라고 하며, 참회에 의해 용서받는 것이 허락되지 않기 때문에 불가회죄不可悔罪라고도 하고, 여의치 않은 곳에 떨어지기 때문에 타불여처墮不如處라고도 하며, 승가의 공동생활을 허락하지 않고 추방당하는 벌을 받기 때문에 불공주不共住라고도 한다.

自恣者是何。自內心中。發熾共等。[1] 決[2]意者。非直發內心。亦能表決意。而無怖疑。故言決意也。

1) 역 '熾共等'은 '煩惱業'인 것 같다. 2) 역 '決'은 '快'인 것 같다. 이하 동일하다.

"바라이"라는 것은, 의역어에 비록 타불여처墮不如處·단두斷頭 등의 여러 가지 명칭이 있지만, 『마하승기율』에서 밝힌 극악極惡의 뜻이 이 경의 문장에 일치한다. 그 율에서 말하기를, "극악에 세 가지 뜻이 있다. 첫째는 퇴몰退沒이다. 이 계를 범하면 도과道果 가운데 분유分有함이 없기 때문이다."라고 했다. 이 뜻은 곧 (『범망경』의) 뒤의 문장에서 "만약 (10중계를) 범하는 사람이 있다면, 현재의 몸으로는 보리심을 일으키지 못하고, 10발취·10장양·10금강·10지와 불성佛性에 상주常住하는 묘과妙果를 잃을 것이다."라고 한 것과 일치한다. "둘째는 불공주不共住이다. 이 계를 범하면 설계說戒[211]·자자自恣[212]의 두 가지 갈마에서, 승중僧衆 가운데 참여자의 숫자에 포함되지 못하기 때문이다."라고 했다. 이 뜻은 (『범망경』의) 뒤의 문장에서 "만약 (10중계를) 범하는 사람이 있다면, 또한 국왕의 지위와 전륜왕의 지위를 잃을 것이며, 비구와 비구니의 지위도 잃을 것이다."라고 한 것과 일치한다. "셋째는 타락墮落이라 한다. 이 계를 범하면

211 설계說戒 : Ⓢ poṣadha의 의역어. 포살布薩이라고 음사한다. 동일한 지역에 머무는 비구들이 보름마다 한 곳에 모여서 율법을 잘 아는 비구가 바라제목차계본波羅提木叉戒本을 설하는 것을 듣고, 자신이 계를 범했는지의 여부를 살펴보고, 어긴 것이 있으면 대중 앞에서 참회하여 청정함을 회복하는 의식을 가리킨다.

212 자자自恣 : Ⓢ pravāraṇā의 의역어. 하안거夏安居를 마치는 날, 그 기간 동안 함께 생활했던 비구 전원이 모여 자신이 한 행위에 있어서 잘못된 것이라고 보였거나(見), 잘못된 것이라고 소문이 났거나(聞), 잘못된 것이 아닌가 하는 의심을 받는 것(疑)에 대해 자유롭게 말하게 하고, 지은 죄가 있을 경우에는 다른 비구 앞에서 참회하여 청청해지게 하는 의식이다. 전안거前安居는 4월 16일에 들어가서 7월 15일에 나오며, 후안거後安居는 5월 16일에 들어가서 8월 15일에 나온다. 따라서 자자일도 전자는 7월 15일이고, 후자는 8월 15일이다.

몸을 버린 이후에 아비지옥阿鼻地獄[213]에 떨어지기 때문이다."라고 했다. 이 뜻은 곧 (『범망경』의) 뒤의 문장에서 "만약 (10중계를) 범하면 삼악도三惡道에 떨어져 2겁이나 3겁 동안 부모와 삼보의 이름조차 듣지 못한다."라고 한 것과 일치한다.[214]

波羅夷者。翻名。雖有墮不如處斷頭等多名。而僧祇律所明極意[1)]義。當於此經文。彼律云。極意有三義。第一退沒。謂若犯此戒者。道果中無分故。此義。卽當於下文云。若有犯者。不得現身發菩提心。乃至十發趣十長養十金剛十地佛性常住妙果。二者不共住。謂若犯此戒。說戒自恣等二種羯摩中。不得成僧中是數故。此義。卽當於下之。[2)] 若有犯者。亦失國王位轉輪聖位。失比丘比丘尼。三者名墮落。謂若犯此戒者。捨身以後。落在阿鼻地獄故。此義。卽當於下云。若有犯者。墮三惡道中。二劫三劫。不聞父母三寶名字也。

1) ㉮ '意'는 '惡'인 것 같다. 이하 동일하다. 2) ㉮ '之'는 '云'인 것 같다.

---

213 아비지옥阿鼻地獄 : 팔열지옥八熱地獄의 하나. '아비'는 Ⓢ Avīci의 음사어로 무간無間이라 의역한다.

214 『마하승기율』 권2(T22, 237b23)에서 "지혜·열반 등에서 퇴몰退沒하고 타락墮落하여 도과道果를 분유分有할 수 없는 것을 바라이라 한다. 죄를 범하면 죄를 발로發露하고 허물을 참회할 수 없는 것을 바라이라 한다."라고 했을 뿐이어서 본문과 꼭 일치하는 문장은 없다. 오히려 『사분율산번보궐행사초』 중권(T40, 46c10)에서 "처음에 '바라이'라고 한 것은 『마하승기율』에서 뜻을 극악極惡에 배당하고, 세 가지 뜻으로 이것을 풀이했다. 첫째는 퇴몰이다. 이 계를 범함으로 말미암아 도과道果를 분유할 수 없기 때문이다. 둘째는 불공주不共住이다. 도를 잃는 것에 그치는 것이 아니라 다시 두 가지의 작법을 행함에 있어서 승중僧衆에 있어서 참여자의 숫자에 들어가지 못한다. 셋째는 타락이다. 이 몸을 버리고 나면 아비지옥에 떨어지기 때문이다.(初言波羅夷者。僧祇。義當極惡。三意釋之。一者退沒。由犯此戒。道果無分故。二者不共住。非失道而已。更不入二種僧數。三者墮落。捨此身已。墮在阿鼻地獄故。)"라고 한 것이 본문과 일치한다. 단 '퇴몰'과 '타락'은 앞에서 서술한 『마하승기율』의 첫 번째 정의와 일치하고, '불공주'는 『마하승기율』의 두 번째 정의에서 '허물을 참회할 수 없는 것'이라고 한 것이 곧 승중과 함께하지 못하는 것을 의미하기 때문에 취지는 동일한 것으로 볼 수도 있다.

이 계 가운데 네 구절을 지어 간략히 지持·범犯을 간별한다. 첫째는 살인을 했어도 한결같이 복이고 죄는 아닌 것이다. 말하자면 달기보살이기 때문에, 근기를 관찰하여 죽이지 않으면 제도할 수 없는 근기라고 판단했기 때문에 죽이는 것은 한결같이 복이고 죄는 아니다. 경에서 "비록 5백 명의 바라문을 죽였어도 죄를 지은 것이 아니다."[215]라고 한 것과 같으니, 오직 복이고 죄는 아니다. 둘째는 혹은 살인을 했지만 죄도 아니고 복도 아닌 것이다. 말하자면 착오와 미혹에 의해 살해한 것 등은 오직 업도業道만 있을 뿐이기 때문이고, 계를 범한 죄는 없기 때문이다. 셋째는 오직 경죄일 뿐이고 중죄는 아닌 것이다. 말하자면 이 계에서 아울러 세운 것으로 하품의 중생을 살해한 것 등이다. 넷째는 오직 중죄일 뿐이고 경죄는 아닌 것이다. 말하자면 이 계에서 직접적으로 세운 중계이다. 네 구절 가운데 앞의 구절은 오직 복일 뿐이고 죄는 아니며, 다음의 구절은 죄도 아니고 복도 아니며, 뒤의 두 구절은 오직 죄일 뿐이고 복은 아니다.

此戒中。作四句。略簡持犯。一者有煞人而一向福非罪。謂達輪[1)]機菩薩故。能規[2)]機不煞者。不可度之機故。煞者。一向福非罪。如經云。雖煞五百波羅門而無罪。唯得攝等。[3)] 二者或有煞人而非罪非福。謂悞及迷煞等。唯有業道故。無犯戒罪故。三者有唯輕非重。謂此戒中兼立煞下品衆生等。四者唯重非輕。謂此戒正所立重戒。四句中。上句唯福非罪。次句非罪非福。後二句唯罪非福。

---

215 36권본『열반경』권11(T12, 434c8)에서 부처님께서 전생에 선예왕이었을 때 대승 경전을 비방하는 바라문을 죽였는데, 이러한 인연으로 이후부터 지옥에 떨어지는 일이 없었다고 설한 것을 말한다. 판본에 따라 '譽'는 '預'·'豫' 등으로도 쓴다. 단『열반경』에서는 5백 명의 바라문이라는 말은 없다.『금강선론金剛仙論』권2(T25, 809c4)에서 "어떤 경우에는 목숨을 끊어서 제도하는 경우가 있으니, 부처님께서 과거에 선예라는 국왕이었을 때 5백 명의 바라문을 살해한 것 등과 같다.(或有乃是斷命而得度者。如佛昔。作仙預國王。殺五百婆羅門等。)"라고 하여 '5백 명'을 명기하고 있다.

1) 역 '輪'은 연자이거나 '根'인 것 같다. 2) 역 '規'는 '觀'인 것 같다. 3) 역 '得攝等'은 '福非罪'인 것 같다.

## ⑵ 투도계: 도둑질을 하지 마라

### ① 사람을 들어 체를 나타냄

**경** 불자여,

若佛子。

**기** 두 번째는 투도계偷盜戒이다. 또한 불투도계不偷盜戒라고도 한다. 명칭을 얻은 이유는 앞의 것에 준하면 알 수 있을 것이다. 이 가운데 세 단락이 있다. 첫째는 사람을 들어 체를 나타냈고, 둘째는 일을 나열하고 수행隨行을 밝혔으며, 셋째는 그릇된 것을 들고 허물을 짓는 것이라고 제정했는데, 또한 이 단락은 그릇된 것을 들고 죄를 짓는 것이라고 제정한 것이라고도 한다. 명칭과 작은 단락은 앞의 계와 차이가 없다.

第二偷盜戒。亦名不偷盜戒。得名所以。准上可解。於中即有三段。一者擧人表體。二列事明理。[1] 三者擧非結過。亦此段。名擧非結罪。名小段者。與前戒無異。

1) 역 '理'는 '隨'인 것 같다.

### ② 일을 나열하고 수행을 밝힘

#### A. 그릇된 것을 열거함

A) 중죄에 해당하는 그릇된 것을 열거함

(A) 바로 그릇된 것을 열거함

Ⓐ 세 가지 주인이 있는 물건을 기준으로 죄의 경중과 대승과 소승의 동일성과 차이성을 밝힘

**경** 스스로 훔치거나, 다른 사람으로 하여금 훔치게 하거나, 방편으로 훔치거나, 주문을 외워 훔치거나 하며,

自盜。教人盜。方便盜。呪盜。

**기** 도둑질의 대상과 관련하여 우선 세 가지 주인이 있는 물건을 기준으로 죄의 경중과 대승과 소승의 동일성과 차이성을 밝힌다. "세 가지 주인이 있는 물건"이라는 것은, 첫째는 삼보三寶의 물건이고, 둘째는 사람의 물건이며, 셋째는 비인의 물건이다. 이 가운데 앞에서는 소승의 뜻을 밝히고, 뒤에서는 대승의 뜻을 밝힌다.

所盜。且約三主物。明罪輕重及大小同異。三主物者。一三寶物。二人物。三非人物。於中。先明小乘義。後辨大乘物。[1]

1) 역 '物'은 '義'인 것 같다.

### a. 소승의 뜻을 밝힘

#### a) 삼보의 물건

(첫 번째로) '삼보의 물건'이라고 한 것은 (다음과 같다.)

言三寶物者。

##### ⒜ 부처님의 물건을 도둑질하는 것

부처님의 물건을 도둑질하는 것이다. 바로 부처님 쪽에서 바라보면 도둑질한 죄는 없다. 부처님께서는 물건에 대해 아소심我所心(내 것이라고 여기는 마음)이 없고, (그것으로 인해) 마음을 해치는 일이 없기 때문에 단지 투란차를 범하니, 비인의 물건과 동일하게 포섭되기 때문이다. 『열반경』에서 "(어떤 장자長者가) 불사佛寺를 짓고 여러 가지 화만花鬘[216]을 만들어 (부처님께) 공양했는데, (어떤 비구가) 묻지도 않고 갑자기 취했으면, 알고 했든 모르고 했든 모두 투란차를 범한다."[217]라고 했다. 만약 수호하는 주인이 있는 것이면 삼보의 물건이라는 측면에서 모두 중죄를 짓는다. 수호하는 주인이 없는 것이면 본래 시주施主의 복을 끊었다는 측면에서 바라보아 죄를 짓는다. 그러므로 『비나야』에서 "불탑佛塔·성문탑聲聞塔 등에서 번幡·개蓋 등을 도둑질하면 모두 그것을 바친 시주의 복을 끊었다는 측면에서 바라보아 죄를 짓는다."[218]라고 했고, 그러므로 『십송률』에서 "탑사塔

216 화만花鬘 : 실로 꽃을 엮어서 만든 장식물. 목에 걸거나 몸을 장식하는 데 쓰인다.

217 『열반경』 권7(T12, 646c6).

218 『비나야』 권1(T24, 854b23)에서 "부처님의 탑사에 있는 물건을 취하면 기연불수를 이룬다. 성문의 탑에 있는 물건의 경우도 또한 이러하다. 단월이 탑사를 시여했으니,

寺와 정사精舍에 있는 공양구를 도둑질했을 경우, 수호하는 이가 있으면, 그 값어치에 따라서 위범을 이룬다."[219]라고 했다.

盜佛物者。正望佛邊。無盜罪。由佛於物。無我[1)]我所心。無物[2)]害心[3)]故。但犯蘭。以同非人物攝故。涅槃云。造立佛寺。用珠[4)]花髣[5)]供養。不同趣[6)]取。若知不知。皆犯蘭。若有守護主者。三寶物邊。皆結重罪。無護主。望斷本施主福邊。結罪。故鼻奈耶律[7)]云。若盜佛塔聲聞塔等幡蓋。時[8)]望斷本施主福邊。結罪。故十誦云。盜佛寶物[9)]精舍中供養具。若守護者。計[10)]價[11)]成犯。

1) 역『사분율산번보궐행사초』에 따르면 '我'는 연자이다. 2) 역『사분율산번보궐행사초』에 따르면 '物'은 '惱'이다. 3) 역『사분율산번보궐행사초』에 따르면 '心'은 연자이다. 4) 역『열반경』에 따르면 '用珠'는 '以諸'이다. 단『사분율산번보궐행사초』에서는 '用珠'라고 했고,『사기私記』에서는 이것을 따른 것으로 보인다. 역자는『열반경』을 따랐다. 5) 역『열반경』 및『사분율산번보궐행사초』에 따르면 '髣'은 '鬘'이다. 6) 역『열반경』 및『사분율산번보궐행사초』에 따르면 '同趣'는 '問輒'이다. 7) 역『사분율산번보궐행사초』에 따르면 '律'은 연자이다. 8) 역『사분율산번보궐행사초』에 따르면 '時'는 '皆'이다. 9) 역『십송률』에 따르면 '盜佛寶物'은 '若盜塔寺'이다.『사분율산번보궐행사초』에서는 '盜佛圖物'이라고 했고, 글자로 보아『사기』의 본문은 이것을 따랐을 것 같다. 역자는『십송률』을 따랐다. 10) 역『십송률』에 따르면 '計' 앞에 '隨'가 누락되었다.『사분율산번보궐행사초』에는 '隨'가 없다. 11) 역『십송률』 및『사분율산번보궐행사초』에 따르면 '價'는 '直'인데, 양자가 의미는 같다.

만약 부처님의 물건을 도둑질함에 있어서 반드시 도둑질하여 공양하려는 목적이 있었다면, 위범을 이루지 않는다.『살바다론』(『살바다비니비바사』)

(실제로는) 그 시주의 복을 끊는 것이기 때문에 기연불수를 이룬다.(若佛塔寺物取者。爲成棄捐不受。聲聞塔亦爾。謂檀越施與塔寺。斷彼施主福。爲成棄捐不受。)"라고 한 것을 취의 요약한 것이다. '기연불수棄捐不受'는 바라이의 다른 이름이다. '기연'은 승단에서 추방되는 것을 나타내고, '불수'는 승중과 함께하지 못하는 것을 나타낸다.

219 『십송률』 권52(T23, 380a6)에서 "또 묻는다. 탑사·정사 안에 있는 공양구를 도둑질하면 바라이죄를 얻는가? 답한다. 이 물건에 수호하는 주체가 있을 경우, 값어치에 따라서 죄를 범한다. 값어치가 5전이 되지 않으면 투란차이다.(又問。若盜塔寺精舍中供養具。得波羅夷不。答。是物。若有守護。隨計直犯。若不直五錢。偷蘭遮。)"라고 했다.

에서는 "불상을 도둑질한 것"이라 하고, 『십송률』에서는 "사리舍利를 도둑질한 것"이라 하고서, 아울러 "청정한 마음으로 공양하면서 스스로 생각하면서 말하기를, '그에게도 또한 스승이고, 나에게도 또한 스승이다'라고 하면서 이와 같은 뜻에서 한 것이라면 위범한 것이 아니다."[220]라고 했다. 『마득륵가』에서는 "부처님의 사리를 도둑질 했을 경우 5전錢[221]을 채우지 않았으면 투란차이고, 5전을 채웠으면 중죄를 범한다."[222]라고 했다.[223]

若盜佛後[1)]等。[2)] 必盜而供養。無犯。薩婆多云。[3)] 盜佛故。[4)] 十誦中。盜舍利。並淨心供養。自作作志[5)]言。彼亦是師。我亦是師。如是意者。非犯。摩得伽云。盜佛後[6)]舍利。不滿五錢故。蘭若。[7)] 滿五。犯重。

1) ㉺ '後'는 다시 교감해야 한다. 2) ㉾ 전후 문맥상 '後等'은 '物'인 것 같다. 3) ㉾ 『사분율산번보궐행사초』에 따르면 '云'은 '論'이다. 4) ㉾ 『살바다론薩婆多論』과 『사분율산번보궐행사초』에 따르면 '故'는 '像'이다. 5) ㉾ 『사분율산번보궐행사초』에 따

220 『살바다비니비바사薩婆多毘尼毘婆沙』 권2(T23, 517a9)에서 "불상을 도둑질했을 경우 공양을 위한 것이면 죄가 없다.(若盜佛像。爲供養故。無罪。)"라고 했고, 『십송률』 권52(T23, 380a2)에서 "또 묻는다. 불사리를 도둑질하면 어떤 죄를 얻는가? 답한다. 투란차이다. 존경심으로 생각하기를, '부처님은 또한 나의 스승이기도 하다'라고 하면서 청정한 마음으로 취했다면 죄가 없다.(又問。若盜佛舍利。得何罪。答曰。偸蘭遮。若尊敬心。作是念。佛亦我師。淸淨心取。無罪。)"라고 했다.

221 5전錢 : '전'은 Ⓢ māṣa의 의역어로 마쇄磨灑·마사가摩娑迦 등으로 음사한다. 고대 인도에서 통용되던 화폐의 단위로 동전銅錢·대동전大銅錢 등으로도 의역한다. 율전마다 일정하지 않지만 대략 80패치貝齒(Ⓢ kaparda)에 해당하는 금액으로 알려져 있다. 마쇄는 원래 숙두菽豆(콩)를 가리키는 말이었기 때문에 1마쇄는 숙두 크기의 금에 상당하는 값어치를 지닌 것으로 추정하기도 한다. 율전에서 5전 이상을 훔쳤을 경우 바라이죄라고 한 것은 당시의 국법에서 5전을 기준으로 사형에 처한 것에 의거한 것이다. 『사분율』 권1(T22, 573b1)을 참조할 것.

222 『살바다부비니마득륵가薩婆多部毘尼摩得勒伽』 권8(T23, 612b6)에서 "주인이 있는 불사리를 자신의 생활을 도모하기 위해 훔쳤을 경우, 5전을 채웠으면 바라이이고, 채우지 않았으면 투라차이다.(佛舍利。有主。若爲自活偸。滿。波羅夷。不滿。偸羅遮。)"라고 했다.

223 부처님의 물건을~라고 했다 : 이 부분은 『사분율산번보궐행사초』 중권(T40, 55b22)에서 설한 것과 일부 문장의 누락을 제외하고는 내용이 거의 동일하다. 이하 소승의 뜻은 모두 이 주석서와 내용이 같다.

르면 '作志'는 '念'이다. 6) ㉧『마득륵가摩得勒伽』에 따르면 '後'는 연자이다.『사분율산번보궐행사초』에 따르면 '後'는 '像'이고,『사기』는 이를 따른 것으로 보인다. 역자는『마득륵가』를 따랐다. 7) ㉧『사분율산번보궐행사초』에 따르면 '蘭若'는 '偸蘭'이다.

### ⓑ 법보를 도둑질하는 것

다음은 법보를 도둑질하는 것이다. 법은 비정非情이니 아소심이 없다. 율에서 중죄라고 제정한 것은 수호하는 주인을 바라보아 제정한 것이다. (『사분율』의) 본문에서 말하기를(文云),[224] "그때 어떤 비구가 다른 사람의 경권經卷(경전)을 훔쳤는데, 부처님께서 말씀하시기를, '종이와 먹을 계산하여 (5전 이상이면) 중죄를 짓는다'라고 했다. 부처님의 말씀은 값을 매길 수 없을 정도로 크다."[225]라고 했기 때문이다.『십송률』·『마득륵가』·『살바다비니비바사』 등도 모두 함께 수호하는 주인을 바라보고 죄를 제정했다.『오분율』에서는 "종이와 먹과 서사한 이의 공력을 계산하여 5전을 채웠으면 중죄를 범한다."[226]라고 했고,『마득륵가』에서는 "경물經物을 훔쳤

---

224 이 부분은『사분율산번보궐행사초』를 거의 그대로 옮겨 놓은 것이다. 보통 '文云'이라 하면 현재 주석의 대상이 되는 경·율·논을 가리킨다. 따라서 여기에서는『사분율』을 가리킨다.

225『사분율』 권55(T22, 976b17)에서 "그때 어떤 비구가 다른 사람의 경전을 도둑질하고 생각하기를, '부처님의 말씀은 값을 매길 수 없는데 종이와 먹의 값어치로 계산해야 할 것인가?'라고 하였다. 그가 의문을 일으키고 (부처님께 여쭈었더니) 부처님께서 말씀하셨다. '너는 어떤 마음으로 취했는가?' 답하였다. '도둑질하려는 마음으로 취했습니다.' 부처님께서 말씀하셨다. '5전을 취했고, 본래 있는 곳을 떠났으면 바라이이다.'(時有比丘。盜他經。作是念。佛語無價。應計紙墨直。彼疑。佛言。汝以何心取。答言。以盜心取。佛言。取五錢。離本處。波羅夷。)"라고 한 것을 취의 요약한 것이다.

226『오분율』 권28(T22, 183b12)에서 "비구가 다른 사람의 불경을 도둑질하고, '이는 부처님의 말씀이니 위범이 없는 것이다'라고 했다가, 나중에 의심이 생겨 부처님께 여쭈었더니, 부처님께서 말씀하시기를, '종이와 먹과 서사에 들인 공의 값어치를 계산하여 5전이 되면 위범이다'라고 했다.(比丘。盜他佛經。謂是佛語無犯。後疑問佛。佛言。計紙筆書功直。五錢。犯。)"라고 했다.

을 경우 5전을 채웠으면 중죄를 얻고, 5전을 채우지 않았으면 경죄를 범한다."[227]라고 했다.[228]

次盜法者。法是非情。無我所心。律中結重者。望守護主結也。文云。時有比丘。盜他經卷。以[1)]言。計紙墨結重。佛語無價故。十誦摩得伽薩婆多。至[2)]同望護主結罪。盜經五分[3)]六。[4)] 計紙墨[5)]盡[6)]功。滿五錢。犯重。摩得伽云。偷經物。滿五得重。不滿犯輕。

1) 역『사분율』과『사분율산번보궐행사초』에 따르면 '以'는 '佛'이다. 2) 역『사분율산번보궐행사초』에 따르면 '至'는 '並'이다. 3) 역『사분율산번보궐행사초』에 따르면 '盜經五分'은 '五分盜經'이다. 4) 역『사분율산번보궐행사초』에 따르면 '六'은 '者'이다. 5) 역『오분율』에 따르면 '墨'은 '筆'이다.『사기』는『사분율산번보궐행사초』를 따른 것 같다. 6) 역『오분율』과『사분율산번보궐행사초』에 따르면 '盡'은 '書'이다.

법원 율사가 말하기를, "이 논의 문장에서 '경을 훔치는 것은 부처님의 물건을 훔치는 것과 동일하여 훔치려는 마음으로 도둑질했으면 죄를 범한다'[229]라고 했다. 그러므로 초鈔를 찬술한 사람[230]은 오직 죄를 범하는 것을 설한 문장만 취하였고, 죄가 없는 것을 설한 문장은 취하지 않았다."[231]라고 했다.

227 『살바다부비니마득륵가』 권8(T23, 612b10)에서 "묻는다. '비구가 경물을 훔치면 어떤 죄를 얻는가?' 답한다. '5전을 채웠으면 바라이이고, 채우지 않았으면 투라차이다.'(問。若比丘。偷經物。得何罪。答。滿。波羅夷。不滿。偷羅遮。)"라고 했다.

228 법보를 도둑질하는~라고 했다 : 이 부분은『사분율산번보궐행사초』 중권(T40, 55c10)에서 설한 것과 문장과 내용이 일치한다.

229 『살바다비니비바사』 권2(T23, 517a9)에서 "불상을 도둑질했을 경우 공양하기 위해서 한 것이라면 죄가 없다. 돈을 얻기 위해서 훔치고 이것을 팔아서 돈을 얻었으면 투란차이다. 경을 도둑질했을 경우는 공양을 위한 것이든지 공양을 위한 것이 아니든지를 불문하고 훔친 돈을 계산하여 죄를 얻는다.(若盜佛像。爲供養故。無罪。若爲得錢。轉賣得錢。偷蘭遮盜經。不問供養不供養。計錢得罪。)"라고 했다.

230 『사분율산번보궐행사초』를 지은 도선을 가리키는 말인 것 같다.

231 도선이『사분율산번보궐행사초』 중권(T40, 55c19)에서 "묻는다. '논[『살바다비니비바사』(T23, 517a10)]에서 불상과 사리를 훔쳤을 경우 공양을 위해서 한 것이라면, 위범

法源律師云。此論文。盜經者。同於盜佛後。1) 以忌2)心盜者。犯罪。然錢3)主。唯取犯罪文。不取元4)犯文也。

1) 역 '後'는 '物'인 것 같다. 2) 역 '忌'는 '偷'인 것 같다. 3) 역 '錢'은 '鈔'인 것 같다. 4) 역 '元'은 '無'인 것 같다.

### (c) 승물을 도둑질하는 것

다음은 승물僧物을 도둑질하는 것이다. 수호하는 주인이 있으면 앞에서와 동일하게 중죄를 짓는다. 그런데 승물에는 네 종류가 있다. 첫째는 상주상주常住常住[232]이다. 중승이 사용하는 부엌, 사찰의 건물, 온갖 도구, 꽃과 열매, 나무와 숲, 전원, 노비, 축생 등이다. 체體는 시방승가十方僧伽[233]에 통하지만 나누어 사용할 수 없는 것이다. 총괄적으로 중승을 (하나의

이 없다고 했으면, 경을 훔친 것에 대해서도 동일하게 적용해야 할 것인데, [『살바다비니비바사』(T23, 517a11)에서는 공양을 위한 것이든 그렇지 않든지를 불문하고] 한결같이 중죄를 짓는다고 했는가?' 답한다. '부처님은 멀리서 마음으로 예경할 수 있지만 법은 글을 손에 쥐고 읽고 외워야 한다. 그러므로 『지지경』(T30, 925c19)에서 〈불현전공양(현재 눈앞에 있지 않은 여래와 탑 등을 마음으로 생각하면서 공양하는 것)은 대대공양大大供養이라 한다〉 등이라고 했다.'(問。如論中。盜像舍利。供養。無犯。盜經亦同。一向結重者。答。佛得遙心禮敬。法須執文讀誦。故地持云。不現前供養。名大大供養等。)"라고 하여 경을 훔치는 것은 불상을 훔치는 것과는 달리 청정한 마음으로 훔쳤을 때에는 위범이 성립되지 않는 경우를 상정하지 않는다고 한 것을 가리키는 것 같다. 또한 『지지경』의 인용문은 "부처님은 멀리서 마음으로 예경할 수 있다."라고 한 것의 증거로 제시한 것으로 보인다.

232 상주상주常住常住 : 체가 본처本處에 국한되어서 다른 계界에는 통하지 않기 때문에 '상주'라고 하고, 단지 수용만 할 수 있고 나누어 팔 수 없으며 영원히 남아 있는 것이기 때문에 거듭해서 '상주'라고 한다.

233 시방승가十方僧伽 : 사방승가四方僧伽라고도 한다. 과거·현재·미래에 걸쳐서 승가에 들어온 비구를 통틀어서 일컫는 말. 상대어는 현전승가現前僧伽로 지금 여기에 존재하고 있는 비구들로 구성된 승가를 가리킨다. 지역적인 경계인 계界에 의해 성립되고 최소 4인 이상으로 구성된다. 승가의 주처·토지·가구·수목 등의 재산은 시방승가의 소유물이기 때문에 현전승가의 결의에 의해서 처분할 수 없다. 현전승가의 비구들은 이것을 이용할 수 있을 뿐이며, 또한 그 재산을 보존하고 수리하고, 다음 세대에 전해 줄 의무가 있다.

주인으로) 바라보니, 논에서 중죄라고 판단한 것과 같다.

次盜僧物者。有護主者。同上結重。然僧物。有之[1)]四種。一者常住常住。謂衆僧厨庫。寺舍。衆具。花果。樹林。田園。僕。畜生口[2)]等。以體通十方。不可分用。總望衆僧。如段[3)]重。

1) ㉾『사분율산번보궐행사초』에 따르면 '之'는 연자이다. 2) ㉾『사분율산번보궐행사초』에 따르면 '口'는 연자이다. 3) ㉾ '段'은 다시 교감해야 한다. ㉾『사분율산번보궐행사초』에 따르면 '段'은 '論斷'이다.

둘째는 시방상주十方常住[234]이다. 승가僧家에서 스님에게 공양하는 상식常食 같은 것이다. 체는 시방에 통하지만 오직 본처本處에 국한된다. 만약 수호하는 주인이 있다면 주인을 바라보아 중죄를 맺는다. 모두 함께하는 것을 훔쳐서 덜어냈으면 경죄이다.[235]『마하승기율』에서 "승가의 장식長食[236]을 가지고 방으로 돌아가면 투란차이다."라고 했고, 『선견율비바사』에서 "승물僧物을 취하여 자기의 물건처럼 사용하면서 다른 사람에게 주면 투란차이다. 도둑질하려는 마음으로 취했으면 값의 많고 적음에 따라서 죄를 짓는다. 이를 다섯 번째의 큰 도적이라 한다."[237]라고 했으며, 『선견율비바사』에서 "종을 치지 않고 승식僧食을 먹으면 도둑질한 죄를 범한다."[238]라고 했다.

234 시방상주十方常住 : 체는 시방에 통하기 때문에, 곧 객비구客比丘가 올 경우 모두 수용할 수 있기 때문에 '시방'이라 하고, 오직 본처本處에 국한되기 때문에, 곧 이곳의 음식을 가지고 다른 곳으로 옮겨 갈 수는 없기 때문에 '상주'라고 한다.

235 이 경우는 시방승가를 대상으로 하여 죄가 성립되는 것이기 때문이다.

236 장식長食 : 여분의 음식을 가리킨다.

237 『선견율비바사』 권12(T24, 755b21).

238 『선견율비바사』 권10(T24, 741b15)에서 "절이 텅 비고 폐허가 되어 사람이 없는데 비구가 와서 나무에 열매가 있는 것을 보았을 경우는 건추揵鎚(작은 종)를 쳐야 한다. 건추가 없으면 (나무) 아래에서 세 번 손뼉을 쳐야 한다. 그렇게 한 뒤에 음식을 취하면 죄가 없고, 이와 같이 하지 않고 먹으면 도둑질한 죄를 범한다.(若寺舍空廢無人。

二者十方常住。如僧衆[1)]供僧常食。體通十方。唯局本衆。[2)] 若有護寺主者。[3)] 望主結重。同共盜損。應得輕罪。僧祇云。若持[4)]僧衆長食。遮[5)]房。得蘭。善見云。若取僧物。如己物。行用與之。[6)] 同[7)]蘭。若盜心取。隨宜[8)]多少。結罪。[9)] 是名第五大賊。善見云。不打鐘食僧食者。犯盜。

1) ㉧『사분율산번보궐행사초』에 따르면 '衆'은 '家'이다. 양자가 뜻은 같다. 이하 동일하다. 2) ㉧『사분율산번보궐행사초』에 따르면 '衆'은 '處'이다. 3) ㉧『사분율산번보궐행사초』에 따르면 '護寺主者'는 '守護'이다. 4) ㉧『사분율산번보궐행사초』에 따르면 '持'는 '將'이다. 5) ㉧『사분율산번보궐행사초』에 따르면 '遮'는 '還'이다. 6) ㉧『사분율산번보궐행사초』에 따르면 '之'는 '人'이다.『선견율비바사』에서도 역시 동일하다. 7) ㉧『사분율산번보궐행사초』에 따르면 '同'은 '得'이다.『선견율비바사』에서도 역시 동일하다. 8) ㉧『사분율산번보궐행사초』에 따르면 '宜'는 '直'이다. 9) ㉯ '罪'를 삽입하였다. ㉧『사분율산번보궐행사초』에 따르면 '罪'는 연자이지만,『선견율비바사』에 따르면 '罪'가 들어간다.

셋째는 현전현전現前現前[239]이다. 반드시 이 물건을 도둑질하면 본래의 주인을 바라보아 중죄를 짓는다. 여러 사람이 함께 사용하는 물건을 한 사람이 수호하는 경우라면 또한 수호하는 주인을 바라보아 중죄를 짓는다.

넷째, 시방현전十方現前[240]이다. 사망한 오중五衆[241]의 경물輕物[242]과 같은

比丘來去見樹有果。應打揵鎚。若無揵鎚。下至三拍手。然後。取食無罪。若不如是食。犯盜。)"라고 한 것을 가리키는 것 같다.

**239** 현전현전現前現前 : 각 비구에게 소속된 개인적인 물건, 곧 옷·약 등과 같은 것이다. 단월이 현전승을 지정하여 시주한 것이기 때문에 '현전'이라 하고, 당시에 시여한 것으로 남겨지는 것이 아니기 때문에 거듭해서 '현전'이라 했다.

**240** 시방현전十方現前 : 정情은 내외에 통하기 때문에 '시방'이라 하고, 오직 본처에 국한하여 현전승만 나눌 수 있기 때문에 '현전'이라 한다.

**241** 오중五衆 : 불교 교단의 구성원 중 출가 대중을 통틀어서 일컫는 말. 비구·비구니·식차마나式叉摩那(비구니계를 받기까지 2년 동안 四根本戒와 六法을 배우는 과정에 있는 출가한 여인)·사미·사미니 등을 가리킨다.

**242** 경물輕物 : 삼의三衣 등과 같이 개인이 소지할 수 있는 물건. 상대어는 중물重物로, 승단 전체의 소유물, 곧 방사房舍·전원田園 등을 가리킨다.『십송률』 권56(T23, 413c9)에서 "'경물'이라는 것은 나눌 수 있는 물건이기 때문에 경물이라 하고, '중물'이라는 것은 나눌 수 없는 물건이기 때문에 중물이라 한다.(輕物者。可分物。是故。名輕物。重物者。不可分物。是故。名重物。)"라고 했다.

것이다. 『선생경』[243]에서 "사망한 비구의 물건을 훔치면, 아직 갈마를 행하지 않았을 때는, 시방승十方僧을 좇아서 죄를 얻으니, 경죄이다.【사람을 헤아려서 다섯을 넘지 않으면 단지 투란차를 범한다.】 만약 이미 갈마를 행했다면, 현전승現前僧을 바라보아 죄를 얻으니 중죄이다.【사람의 숫자에 한정이 있으니, 다섯을 채우면 중죄이다.】"[244]라고 했다.[245]

또한 삼보에 속하는 물건을 서로 바꾸어 사용하는 것과 나머지 일[246]은

---

243 『선생경』: 담무참曇無讖이 한역한 『우바새계경優婆塞戒經』의 다른 이름. 장자長者의 아들인 선생善生이 질문하고, 부처님께서 답변하는 형식으로 이루어졌기 때문에 이렇게 부른다.

244 『우바새계경優婆塞戒經』 권6(T24, 1068c28)에서 "사망한 비구의 재물을 취하면 누구를 대상으로 하여 죄를 얻는가? 갈마를 했으면 갈마승을 대상으로 하여 얻는다. 아직 갈마를 하지 않았으면 시방승을 대상으로 하여 얻는다.(若取命過比丘財物。誰邊得罪。若羯磨已。從羯磨僧。得。若未羯磨。從十方僧。得。)"라고 했다. 세주는 『사분율산번보궐행사초』와 일치한다.

245 다음은 승물을 도둑질하는~라고 했다 : 이 부분은 약간의 누락된 문장이 있는 것을 제외하고는 『사분율산번보궐행사초』 중권(T40, 55c24)에서 설한 것과 문장과 내용이 일치한다.

246 『마하승기율』 권3(T22, 251c22)의 도계盜戒에서 "마마제(지사)의 소임을 맡은 비구가, 불보인 불탑에 속한 재물이 없어서 승보인 중승의 재물을 가져다가 불탑을 수리했으면, 바라이죄이다. 중승에게 재물이 없어서 불탑에 속한 재물로 중승에게 공양하면 바라이죄이다. 앞과 같은 상황이 생겨날 경우 법대로 해야 하니, 곧 임대한 사실을 기록하고 나서 사용해야 위범이 성립되지 않는다."라고 하여 삼보에 속한 물건을 서로 바꾸어 쓰는 것도 도둑질의 일종이라고 보았다. 『대보적경』 권113(T11, 643c2)에서는 "상주승의 재물과 초제승의 재물과 불보에 속한 물건은 분명히 구별해야 한다. 영사 비구가 마음대로 서로 바꾸어 써서는 안 된다. 만약 서로 바꾸어 쓰려면 소유하고 있는 주체의 허락을 받아야 한다. 예컨대 상주승의 재물이 많은데 초제승이 이것을 필요로 할 때 영사 비구는 승중에게 허락을 받아야 하고, 또한 승보의 재물로 불탑을 수리하려고 할 때 승중의 허락을 받아야 한다. 단 불보의 경우는 소유하는 주체가 현존하지 않기 때문에 허락을 받을 수 없으니, 그것으로 승중이 필요로 하는 것에 사용하는 것은 허락되지 않는다."라고 했다. 『마하승기율』에서 법대로 빌려 쓰는 형식을 취할 경우에는 불물도 승물로 전용할 수 있다고 한 것과는 차이가 있다. 또한 『마하승기율』 권3(T22, 252a26)에서 "비구는 승물이라는 것을 알았어도 이익이 되는 이와 손해를 끼치는 이 모두에게 주어야 한다. '손해를 끼치는 이'라는 것은 절에 들어와서 음식을 찾는 도둑이다. 마땅히 주어야 하는 것은 아니지만, 주지 않았을 경우 절을 태우는 것 등과 같은 일을 저지를 것을 우려하여 주어야 한다. '이익이 되는 이'라는 것은

『사분율산번보궐행사초』에서 자세하게 설한 것[247]과 같다.

三者現前現前。必盜此物。望本主結重。若多人共物。一人守護。亦望護主。結罪。[1)] 四者十方現前。如已[2)]五衆輕物也。善生經云。盜亡比丘物。若未羯摩。從十方僧。得罪。輕。計謂[3)]人。不滿五。但犯蘭。[4)] 若已羯摩者。望現前僧。得罪。重。謂人數有限。對[5)]可滿五。重。[6)] 亦三寶互用及餘諸事。如廣鈔說。

1) ㉾『사분율산번보궐행사초』에 따르면 '罪'는 '重'이다. 2) ㉾『사분율산번보궐행사초』에 따르면 '已'는 '亡'이다. 3) ㉾『사분율산번보궐행사초』에 따르면 '計謂'는 '謂計'이다. 4) ㉾『사분율산번보궐행사초』·『우바새계경優婆塞戒經』 등에 따르면 '計謂……犯蘭'은 세주로 처리해야 한다. 5) ㉾『사분율산번보궐행사초』에 따르면 '對'는 '則'이다. 6) ㉾『사분율산번보궐행사초』에 따르면 '重'은 '夷'이다. 양자가 뜻은 동일하다.『사분율산번보궐행사초』·『우바새계경』 등에 따르면 '謂人……五重'은 세주로 처리해야 한다.

### b) 사람의 물건을 도둑질하는 것

두 번째는 사람의 물건을 도둑질하는 것과 같은 것이니, 만약 5전 이상

중승의 방사를 관리하는 사람·화공·요리사 등이다. 이들은 마땅히 주어야 한다."라고 하여 예외적인 경우를 시설했다.『대보적경』에서 말한 '초제승'이라는 것은 사방승四方僧을 가리킨다.『일체경음의』 권64(T54, 734c7), 초제招提에 대한 부분에서 말하기를, "의역어는 사방이다. '초'의 의역어는 '사四'이고, '제'의 의역어는 '방方'이니, 사방승을 말한다. 어떤 사람이 '초제'라고 한 것은 잘못된 것이다. 바른 음사어는 자투제사柘鬪提奢(Ⓢ catur-diśa)로 의역어는 사방이다. 역자가 '투'를 버리고 '사'를 버리고, '자'는 다시 잘못하여 '초'라고 썼다. '자'와 '초'는 서로 유사하기 때문에 마침내 이러한 오류가 생겨났다."라고 했다. '상주승'은 영원히 상주하는 승가라는 뜻에서 현전승現前僧과 상대하는 의미로 쓰이는 경우가 많다. 이런 의미에서의 상주승은 사방승四方僧, 곧 초제승과 같은 뜻이다. 그런데 여기에서는 '절에서 상주하는 사람들의 승가 혹은 그러한 스님'이라는 뜻으로 사용되어 초제승과 상대어로 쓰였다.

247 이것은『사분율산번보궐행사초』 중권(T40, 56a28)에서 삼보에 속하는 물건을 서로 사용하는 것을 밝힌 것을 가리킨다.

을 훔쳤으면 중죄를 범하고, 5전을 채우지 않았으면 투란차를 범한다.[248]

二者若盜人物者。若盜五錢以上者。犯重。不滿五者。犯蘭。

c) 사람이 아닌 것의 물건을 도둑질하는 것

세 번째는 사람이 아닌 것의 물건을 도둑질하는 것인데, 세 가지가 있다. 첫째는 하늘이니, 투란차이다. 둘째는 귀신이니, 또한 투란차이다. 셋째는 축생의 물건을 도둑질하는 것이다. 사자가 먹다 남긴 것을 도둑질하면 죄가 없으니, (사자는 자신이 남겨 두었던 음식에) 미련을 갖지 않기 때문이다.[249] 나머지 축생의 물건을 (도둑질하면) 모두 돌길라이다.[250] 수호하는 주인이 있다면 모두 중죄를 범한다.

三者盜非人物。有三種。一天謂蘭。二鬼神亦犯蘭。三者盜畜生物者。若盜師子殘者。無罪。無顧思故。餘畜生物者。皆吉。若有護主者。皆犯重。

---

248 『십송률』 권1(T22, 7a12)에서 "사람의 소유인 물건을 주지 않았는데 취했을 경우 (물건의 값이) 5전 이상이면, 비구·비구니의 바라이죄이다.(若人物。不與取。五錢已上。比丘比丘尼。波羅夷。)"라고 했다.

249 『십송률』 권39(T23, 286a23)에서 "부처님께서 말씀하셨다. '지금부터 호랑이가 남긴 것을 취해서는 안 된다. 이를 위범하면 돌길라이다. 무엇 때문인가. 호랑이는 미련을 끊지 못하기 때문이다. 사자가 남긴 것을 취했으면 범하지 않는다. 사자는 미련을 끊어 버리기 때문이다.'(佛言。從今不得取虎殘。犯者。突吉羅。何以故。虎不斷望故。若取師子殘者。無犯。何以故。師子斷望故。)"라고 했다.

250 『오분율』 권1(T22, 7a14)에서 "비인非人의 물건을 주지 않았는데 취하면 비구·비구니는 투란차이고, 식차마나·사미·사미니는 돌길라이다. 축생의 물건을 주지 않았는데 취하면 모두 돌길라이다.(非人物。不與取。比丘比丘尼。偸羅遮。式叉摩那沙彌沙彌尼。突吉羅。畜生物。不與取。皆突吉羅。)"라고 했다.

### b. 대승의 뜻을 밝힘

뒤에 대승의 뜻을 밝힌 것은 (다음과 같다.) 앞에서 밝힌 여러 가지 물건은, 소승에서 중죄로 삼는 것은 동일하게 중죄를 얻고, 소승에서 중죄 이하의 죄로 삼는 것은 모두 경구죄를 얻으니, 계학戒學을 함께하기 때문이다.

後明大乘義者。前所明種種物。若小乘中爲重者。同得重。若小乘爲下罪者。皆得輕垢罪也。同戒學故。

### Ⓑ 바로 그릇된 것의 모양을 나열함

"스스로 훔치거나"라고 한 것 가운데 다섯 구절을 지어 분별한다. 첫째는 주인이 있는 것을 주인이 있는 것이라고 생각하는 것이다. 대승과 소승에서 모두 중죄이니, 마음과 대상이 서로 일치하기 때문이다. 둘째는 주인이 있는 물건을 주인이 없는 물건일 것이라고 의심하는 것이다. 소승의 경우, 『마하승기율』에서는 "중죄이다."라고 했고, 『사분율』에서는 "투란차이다."라고 했다. 대승에서는 중죄이다. 셋째는 주인이 있는 물건을 주인이 없는 물건이라고 생각하는 것이다. 소승에서는 전상轉想[251]이라면 투란차를 얻고, 대승에서는 (전상이라면) 경구죄를 얻는다. 본미本迷[252]라면 대승과 소승에서 동일하게 죄가 없다. 넷째는 주인이 없는 물건을 주인이 있는 것이라고 생각하는 것이다. 소승에서는 투란차이고, 대승에서는

251 전상轉想 : 주인이 있는 것을, 처음에는 주인이 있는 것이라고 생각했다가 나중에 변하여 주인이 없는 것이라고 생각한 것이다. 상대어는 본미本迷로 처음부터 주인이 있는 것을 주인이 없는 것이라고 생각한 것이다.

252 본미本迷 : 처음부터 주인이 있는 물건을 주인이 없는 물건이라고 생각한 것이다. 상대어는 전상이다.

경구죄이다. 다섯째, 주인이 없는 물건을 주인이 있을 것이라고 의심하는 것이다. 소승에서는 투란차를 얻고, 대승에서는 경구죄를 얻는다.

自盜中。作五句分別。一者有主有主想。大小同重。心境相當故。二者有主物無主物疑。小乘。僧祇重。四分蘭。大乘重。三者有主物無主物想。小乘。轉想者。得蘭。大乘。輕垢罪。若本迷[1]者。大小同無罪。四者無主物有主想者。小乘中蘭。大乘中得輕垢。五者無主物有主疑。小乘得蘭。大乘得輕。

1) ㉠ '迷'는 다시 교감해야 한다. ㉡ '本迷'는 '轉想'과 상대되는 말이니, 특별한 문제는 없는 것 같다.

"다른 사람으로 하여금 훔치게 하거나"라는 것은 다음과 같다. 소승의 경우, 다른 사람으로 하여금 너 자신을 위해 훔치라고 했으면, 투란차를 범하고, 만약 나를 위해 네가 훔치라고 했다면, 5전을 채웠으면 중죄를 범하고, 5전을 채우지 않았으면 투란차를 범한다. 대승의 경우 다른 사람으로 하여금 나를 위해서 훔치라고 한 것과 너 자신을 위해 훔치라고 한 것이 동일하게 중죄를 범한다.

教人盜者。小乘。教他爲汝盜者。犯蘭。若爲我汝盜者。滿五錢者。犯重。不滿五。犯蘭。大乘者。教他爲我及爲汝。皆同犯重。

"방편으로 훔치거나"라는 것은 공계空界[253] · 식계識界[254] 등을 훔치는 것

253 공계空界 : 만물을 생성하는 기본 원소인 육계六界(地 · 水 · 火 · 風 · 空 · 識 등의 계)의 하나. 허공虛空(無爲法의 하나로 물질이 존재하는 장소로서의 공간)과 구별되는 것으로 색법色法에 속한다. 모든 문의 창과 입과 코 등에 있는 구멍과 같이 눈으로 볼 수 있는 것이니, 눈으로 볼 수 있기 때문에 색이라는 명칭을 붙여 공계색空界色이라고도 한다.

254 식계識界 : 육계의 하나. 18계의 분류법에 따르면 육식六識(眼 · 耳 · 鼻 · 舌 · 身 · 意 등

이다. 집을 지을 때 다른 사람의 공계에 인접하게 지어서 다른 사람이 집을 짓는 것을 방해하기 때문에[255] '공계를 훔치는 것'이라고 했다. '식계를 훔치는 것'이라는 것은, 기예를 지닌 사람이 있는데, 합당한 값을 주어야 비로소 가르침을 주기 때문에 방편으로 거짓말을 하여 값을 치를 것이라고 말하고, 이미 배우고 나서는 값을 치르지 않는다면, 그 사람의 지혜를 도둑질하는 것이기 때문에 값을 계산하여 (상응하는) 죄를 범한다.[256] 대승과 소승에서 동일하게 제지하였다.

"주문을 외워 훔치거나"라는 것은 주문을 외워 다른 사람의 물건을 취하는 것 등을 말한다.[257]

---

의 식)을 가리킨다.

255 집을 지을~방해하기 때문에 : 현재의 문장은 문맥이 통하지 않기 때문에 『사분율산번보궐행사초』에서 "집을 지으면서 다른 사람의 공계에 인접하게 하여 다른 사람이 짓는 것을 방해하면 곧 공계를 훔치는 것이라고 한다.(若起閣。臨他空界。妨他起造。卽名盜空。)"라고 한 것에 의거하여 풀이했다.

256 공계·식계 등을~죄를 범한다 : 이 부분은 오자 혹은 탈자가 있는 것 같다. 내용의 명료한 이해를 위해서 다음 자료를 참조했다. 『율이십이명료론律二十二明了論』(T24, 671a25)에서 "어떤 사람이 지계·수계·화계·풍계·공계 등을 훔쳤으면 또한 바라이죄를 범한다. 이것은 모두 도계盜戒에 따라서 판결한다.(若人。偷地界水界火界風界空界等。亦犯波羅夷。此悉從盜戒判。)"라고 했다. 『율이십이명료론』은 상좌부上座部에서 갈라져 나온 부파인 독자부犢子部에서 다시 갈라져 나온 정량부正量部의 계론戒論이다. 『사분율산번보궐행사초』 중권(T40, 58c24)에서 "어떤 사람이 지·수·화·풍 등의 계를 훔쳤으면 또한 바라이를 범한다. 모두 도계를 좇아 판정한다.(若人。偷地水火風空等界。亦犯波羅夷。悉從盜戒判。)"라고 하여 본 논서를 인용하고, 같은 책 중권(T40, 59a4)에서 "집을 지으면서 다른 사람의 공계에 인접하게 하여 다른 사람이 집을 짓는 것을 방해하면, 곧 공계를 도둑질하는 것이라 한다. 논에서 '등'이라고 한 것은 식계를 아우르는 것이니, 지혜는 식識에 속한다. 어떤 사람이 기술적인 재능이 있으면 헛되이 다른 사람에게 넘겨주지 않는 것이니, 해당하는 값을 치러야 한다. 비구가 방편으로 그에게서 배우고 나서 값을 치르지 않으면 곧 식계를 도둑질하는 것이다.【지혜의 공용을 도둑질하는 것을 말한다.】[若起閣。臨他空界。妨他起造。卽名盜空。論云。等者。等於識界。智慧屬識。人有伎兩(㉦ 倆)。不空度他。須與價直。比丘方便。就彼學得。不與價直。卽是盜識。【謂盜智用。】]"라고 풀이했다.

257 『한불전』에 수록된 『사기』 원문에는 뒤에 배열되었는데, 역자가 문맥의 일관성을 위해 여기로 옮겼다.

方便盜者。盜空識等。爲敢爲行。買他惜地故。修他地種木及作屋故。令彼人地先用等。[1] 故言盜空。識。[2] 有伎藝人。與僧[3]方授教故。以方便妄言。與僧。而既學以後。不與價者。盜彼人智故。計價犯罪。大小同制。[4]

1) ㉾ '爲敢爲行。買他惜地故。修他地種木及作屋故。令彼人地先用等.'은 오자 혹은 탈자가 많은 것 같다. 현재의 문장으로는 문맥이 통하지 않는다. 2) ㉾ '識' 앞에 '盜'가 누락되었고, 뒤에는 '者'가 누락되었다. 3) ㉾ '僧'은 '價'인 것 같다. 이하 동일하다. 4) ㉾ 뒤에 나오는 '呪盜者。可呪取他物等.'은 '制' 뒤로 옮겨야 한다.

(B) 연을 갖추어 업을 이루는 것을 밝힘

**경** 도둑질의 업과 도둑질의 법과 도둑질의 인과 도둑질의 연을 지으며,

盜因。盜緣。盜法。盜業。

**기** 연을 갖추어 업을 이루는 것을 밝힌 것 가운데 여섯 가지 연을 갖추어야 정업正業을 이룬다. 첫째는 사람의 물건이니, 비인과 축생의 물건을 도둑질하면 경구죄를 범하기 때문이다. 둘째는 사람의 물건이라고 생각하는 것이니, 비인 등의 물건이라고 생각하고 도둑질했으면 경구죄이기 때문이다. 셋째는 도둑질하려는 마음을 일으키는 것이니 처음부터 끝까지 도둑질하려는 마음을 일으키지 않았다면 죄가 없다. 넷째는 중물重物(중죄에 해당하는 물건)이니, 5전을 채우지 않았으면 경구죄이기 때문이다. 다섯째는 방편을 일으키는 것이니, 방편을 일으키지 않았다면 경구죄이기 때문이다. 여섯째는 (도둑질하려는 물건이) 본래 있던 곳을 떠났어야 하니, 본래 있던 곳을 떠나지 않았다면, 방편에 수순하여 경구죄이기 때문이고, 이루어야 할 업을 이루지 않았기 때문이다.

이 가운데 처음의 두 가지는 연이고, 넷째인 중물重物과 여섯째인 본래 있던 곳을 떠나는 것은 법이며, 셋째인 도둑질하려는 마음을 일으키는 것

은 인이고, 다섯째인 방편을 일으키는 것은 업이다. 인이 없으면 전적으로 죄가 없고, 연은 낱낱이 서로 (없을 경우) 경구죄를 범한다.

明具緣成業中。滿六緣者。成正業。一者人物。謂盜非人畜生物。犯輕故。二者人物想者。爲非人等物想盜者。得輕故。三者發盜心。若始終中。不發盜心者。無罪也。四者重物。若不滿五。得輕故。五者起方便。不起方便者。是輕垢罪故。六離本處。若不離本處者。順方便。輕垢罪故。不成應成業故。於中。初二爲緣。第四重物。第六離本處爲法。第三發盜心爲因。第五起方便爲業。若闕因者。全無罪。緣一一互。犯輕垢罪。呪盜者。可呪取他物等。[1]

1) ㉾ '呪盜者。可呪取他物等.'은 앞의 '計價犯罪。大小同制.' 뒤에 들어가야 한다.

**문** 5전이라는 것은 이 나라에서의 가치에 견주어 보면 정확히 얼마인가?

**답** 고대에 통용되던 대동전大銅錢을 다섯 개 모은 것이다. 소전小錢이 16개이면 대전大錢에 비견된다. (대전) 5에다 (소전 16의) 6을 곱하면 30이 되고, (대전 5에다 소전의 10을 곱하면 50이 되며,) 합하여 80이 되니, 80소전은 5전에 비견된다. 이 나라에서의 가치에 견주어 보면 여덟 말(斗)의 쌀이다.

問。五錢者。此國價以准者必幾耶。答。以大[1]大銅錢爲五。若小錢十六者。准於大錢。五六爲三十故。合八十。八十小錢者。准五錢。此國以准者。八斗米也。

1) ㉾『사분율산번보궐행사초』에 따르면 '大'는 '古'이다.

그런데 중물을 도둑질하는 것은 네 구절을 짓는다. 첫째는 5전을 훔쳤기 때문에 중죄를 얻는 것이다. 말하자면 (훔친 물건의 가치가) 비싸지도 않고 싸지도 않은 때에 5전을 훔친 것이다.[258] 둘째는 5전을 훔쳤지만 경구죄이고, 중죄는 아닌 것이다. 말하자면 (훔친 물건의 가치가) 싼 때에 훔친 것이다. 셋째는 5전을 채우지 않은 것을 훔쳤지만 중죄이고 경구죄가 아닌 것이다. 말하자면 (훔친 물건의 가치가 상승하여) 비싸졌을 때에 5전을 채우지 않은 값에 해당하는 물건을 훔친 것이다. 넷째는 5전을 채우지 않은 것을 훔쳤기 때문에 경구죄를 범하고, 중죄가 아닌 것이다. 말하자면 바로 경물輕物(경죄에 해당하는 물건)을 훔친 것이다.

然盜重物。應作四句。一有盜五錢故得重。謂盜非貴非賤時五錢故。二者有盜五錢而輕非重。謂盜賤時。三者有盜五錢不足而重非輕。謂盜貴時錢。四者有盜五錢不足故犯輕非重。謂正盜輕物。

B) 경죄에 해당하는 그릇된 것을 밝힘

**경** 귀신의 물건과 주인이 있는 겁탈한 물건에 이르기까지의 모든 재물을

258 당시 시세로 5전에 상응하는 물건을 훔친 것을 말한다. 『선견율비바사』 권8(T24, 730c2)에서 "도둑질과 관련하여 쟁사가 일어나면 다섯 가지를 살펴야 한다. 첫째는 처處이니, 도둑질이 일어난 상황을 살피는 것이다. 예컨대 물건에 주인이 있는지의 여부, 주인이 버리려는 마음이 있었는지의 여부 등을 살펴서 판단하는 것이다. 둘째는 시時이니, 도둑질을 했을 당시 해당 지역에서 그 물건의 값어치를 살펴서 판단하는 것이다. 예컨대 먹고 버린 야자나무 껍질로 만든 쟁반을 훔쳤을 경우, 그 당시 그 지역에서의 야자나무의 값어치를 살펴서 죄의 경중을 정한다. 셋째는 신新(새것인지의 여부를 살피는 것)이고, 넷째는 고故(오래된 것인지의 여부를 살피는 것)이다. 새것은 귀한 것이고, 오래된 것은 천한 것이다. 예컨대 새 철발우는 완전하고 구멍난 곳도 없어서 귀하지만, 나중에 구멍이 뚫리고 깨지면 곧 천해지니, 새것과 오래된 것의 여부를 살펴서 죄의 경중을 정한다. 다섯째는 이미 사용한 것인지의 여부를 살피는 것이니, 아직 사용하지 않았으면 귀한 것이고, 이미 사용한 것이면 천한 것이다. 예컨대 도끼를 훔쳤을 경우 사용 여부에 따라 죄의 경중을 정하는 것이다."라고 했다. 이상은 『사분율행사초자지기四分律行事鈔資持記』 중권(T40, 283b12)에서 『선견율비바사』의 내용을 요약한 것을 참조하였다.

**바늘 한 개, 풀 한 포기에 이르기까지 고의로 도둑질해서는 안 된다.**

乃至鬼神。有主劫賊物。一切財物。一針一草。不得故盜。

**기** "이르기까지"라고 한 것은 초목草木을 훔치는 것 등의 경죄를 겸하여 널리 취했기 때문에 '이르기까지'라고 했다. 또한 널리 사람의 물건에서부터 귀신 등의 물건에 이르기까지 포함하는 것이기 때문에 '이르기까지'라고 했다.

"귀신"이라는 것은, 어떤 사람은 말하기를, "인도人道에 있는 것을 '귀'라 하고, 천도天道에 있는 것을 '신'이라 한다."라고 했고, 어떤 사람은 말하기를, "어긋나고 사악하여 안정되지 않은 것을 '귀'라 하고, 생각이나 의론할 수 없는 은둔술이 있는 것을 '신'이라 한다."라고 했다.

"주인이 있는 겁탈한 물건"이라는 것은, 그 사람이 이미 그 물건을 빼앗은 이후에 다시 빼앗는 것이니, 도적이 다시 도적에게서 빼앗는 것이기 때문에 값어치를 계산하여 빼앗은 사람은 중죄를 범한다. 대승과 소승에서 동일하게 제지했다.

"고의로 도둑질해서는 안 된다."라는 것은 착오에 의한 것과 간별하기 위해서이다. 자신의 물건을 취하는 것과 주인이 없는 물건을 취하는 것과 친구의 물건을 취하는 것 등은 죄가 없기 때문에 '고의로 도둑질하는 것'이라고 했다.

言乃至者。兼廣取盜草木等輕罪。故言乃至。亦廣從人物 至於鬼神等物。故言乃至。鬼神者。一云。人中名鬼。天中名神。一云。諂曲不安名鬼。有不思議隱術名神。有主劫賊物者。彼人既爲[1]其物。以後還奪者。賊復奪賊故。計錢能奪人。犯重。大小同制。不得故盜者。爲以簡悞。爲自物取。及爲無主物取。爲親友物取等。無罪。故言故盜。

1) 역 '爲'는 '劫'인 것 같다.

### B. 대치할 수 있는 바른 실천행을 밝힘

경 보살은 불성에 깃든 효순하는 마음과 자비로운 마음을 일으켜서 항상 모든 사람을 도와 복을 낳고 즐거움을 낳게 해야 하거늘,

而菩薩。應生佛性孝順心慈悲心。常助一切人。生福生樂。

기 "불성에 깃든 (효순하는 마음과 자비로운 마음을) 일으켜서"라고 한 것은 중생을 불성으로 삼기 때문이다. 경에서 "법계의 (중생이 염오하여) 오도五道를 유전하기 때문에 중생이라 한다."[259]라고 했기 때문이다.

所言應生佛性。以衆生爲佛性故。經云。法界。流轉五道故。名衆生故。[1)]

1) 원 '故'는 '身'인 것 같다. 역 『부증불감경不增不減經』과 여타 주석서의 인용문에 따르면 굳이 '身'으로 볼 이유는 없는 것 같다.

259 『화엄경탐현기華嚴經探玄記』 권6(T35, 227a29)에서 "『부증불감경不增不減經』에서 '중생계와 법계는 둘도 아니고 구별되는 것도 없다. 곧 이 법신이 미혹에 의해 오염되었기 때문에 오도를 유전하는 것을 중생이라 한다'라고 했다.(不增不減經云。衆生界法界。無二無別。卽此法身。以惑污故。流轉五道。名爲衆生。)"라고 했는데, 『부증불감경』에 꼭 일치하는 문장은 없다. 다만 내용이 일치하는 문장은 있으니, 『부증불감경』(T16, 467b16)에서 "중생계를 여의고 법신이 있지 않고, 법신을 여의고 중생계가 있지 않다. 중생계는 곧 법신이고 법신은 곧 중생계이다. 사리불아, 이 두 가지 법은 뜻은 동일하지만 이름만 다를 뿐이다.(不離衆生界有法身。不離法身有衆生界。衆生界卽法身。法身卽衆生界。舍利弗。此二法者。義一名異。)"라고 한 것이 그것이다.

### ③ 그릇된 것을 들고 허물을 짓는 것이라고 제정함

경 도리어 남의 재물을 훔친다면 이는 보살의 바라이죄이다.

而反更盜人財物。是菩薩波羅夷罪。

기 이 가운데 또한 네 구절을 지어 지持·범犯을 간별한다. 첫째는 비록 5전을 훔쳤으나 복이고, 죄는 아닌 것이다. 말하자면 달기보살이기 때문에, 물건을 훔침으로써 제도할 수 있는 근기라고 판단했기 때문에 물건을 훔치는 것이다. 둘째는 비록 훔쳤으나 죄도 아니고 복도 아닌 것이다. 말하자면 주인이 없는 물건을 취하는 것 등이다. 셋째는 오직 경구죄이고, 중죄는 아닌 것이다. 말하자면 이 계에서 겸하여 세운 것으로, 초목·귀신의 물건을 훔치는 것 등이니, 경구죄이다. 넷째는 오직 중죄이고 경구죄가 아닌 것이다. 말하자면 이 계에서 직접적으로 세운 중계이다.

이 네 구절 가운데 처음의 한 구절은 오직 복이고 죄가 아니며, 다음의 한 구절은 복도 아니고 죄도 아니며, 뒤의 두 구절은 한결같이 죄일 뿐이고 복은 아니다.

於中。亦作四句。蕑[1]持犯。一者雖盜五錢而福非罪。謂達輪[2]機菩薩故。以盜物可度機故。盜物也。二者雖盜而非罪非福。謂爲無主取等釋。[3] 三者唯輕非重。謂此戒兼所立。盜草木及神物等。輕垢罪。四者唯重非輕。謂此戒中。正所立重戒。此四句中。初一句唯福非罪。次一句非福非罪。後二句一向罪不福。

---

1) 역 '蕑'은 '簡'이다. 2) 역 '輪'은 연자이거나 '根'인 것 같다. 3) 역 '釋'은 연자이다.

### ⑶ 불음계: 음란한 행위를 하지 마라

#### ① 사람을 들어 체를 나타냄

**경** 불자여,

若佛子。

**기** 세 번째는 불음계不婬戒이다. 또한 음계婬戒라고도 한다. 대승과 소승의 오중五衆이 함께 배우는 것이다. 이 가운데 세 단락이 있다. 첫째는 사람을 들어 체를 나타냈고, 둘째는 그릇된 것을 나열하고 수행을 밝혔으며, 셋째는 그릇된 것을 들고 허물을 짓는 것이라고 제정했다.

第三不婬戒。亦名婬戒。大小五衆同學。於中。有三段。一擧人表體。二者擧[1]非明說。[2] 三者擧非結過。

1) ㉔ '擧'는 '列'인 것 같다. 2) ㉔ '說'은 '隨'인 것 같다.

#### ② 그릇된 것을 나열하고 수행을 밝힘

##### A. 바로 그릇된 것을 나열함

A) 중죄에 해당하는 그릇된 것을 나열함

(A) 바로 그릇된 것을 나열함

가운데 단락[260]에 두 가지가 있다. 첫 번째는 바로 그릇된 것을 나열했고, 두 번째로 "보살은" 이하에서는 수행隨行을 밝혔다. 그릇된 것을 나열한 것 가운데 또한 두 가지가 있다. 앞에서는 중죄에 해당하는 그릇된 것을 나열했고, 뒤에서는 경죄에 해당하는 그릇된 것을 나열했다. 앞에 또한 두 가지가 있다. 앞에서는 바로 그릇된 것을 나열했고, 뒤에서는 연을 갖추어 업을 이루는 것을 밝혔다.

仲段中。有二。先正列非。第二而菩薩應以下。明說。[1] 列非中。亦有二。先列重非。後列輕非。先中。亦有二。先正列非。後明具緣成業。

1) ㉮ '說'은 '隨'인 것 같다.

**경 스스로 음란한 행위를 하거나, 다른 사람으로 하여금 음란한 행위를 하도록 하거나 하면서 일체의 여인에 이르기까지 고의로 음란한 행위를 해서는 안 된다.**

自婬。教人婬。乃至一切女人。不得故婬。

기 처음에 "스스로 음란한 행위를 하거나"라고 한 것 가운데 다섯 구절을 짓는다. 첫째는 정도正道[261]를 정도라고 생각하는 것이니, 대승과 소승에서 동일하게 중죄이다. 둘째는 정도를 비도非道[262]일 것이라고 의심하는 것이니, 대승과 소승에서 동일하게 중죄이다. 셋째는 정도를 비도라고

260 세 단락으로 나눈 것 중 두 번째 단락이라는 말이다.

261 정도正道 : 원효의 주석에 따르면, 재가 보살의 경우, 소변도를 정도라고 하고, 출가 보살의 경우, 소변도·대변도·구도를 모두 정도라고 한다.

262 비도非道 : 뒤에 나오는 원효의 주석에서 "비도에 두 가지가 있다. 첫째는 소도小道(小便道)를 정도라고 하고, 구도口道와 대변도大便道의 두 길을 비도라 한다. 둘째는 (앞의) 삼도三道를 정도라고 하고, 나머지 신체의 부분을 비도라 한다."라고 했다.

생각하는 것이니, 대승과 소승에서 동일하게 중죄이다.

初自婬中。作五句。一者正道正道想。大小同重。二者正道非道疑。大小同重。三者正道非道想。大小同重。

**문** 무슨 까닭으로 다른 계에서는 세 번째 구절을 경죄라고 했는데,[263] 이 계에서는 통틀어서 중죄라고 했는가?

**답** 업도의 문에 나아가면, 살계보다는 죄가 가볍다. 그러나 음란한 행위라는 것은 온갖 죄가 발생하는 근본이 되는 것이기 때문에, 지극히 무거운 허물이기 때문에 급急[264]하게 제지했다.

何故。他戒者。第三句爲輕罪。而此戒通爲重者。若就業道門者。輕於煞戒。然而婬者。衆罪起之根本故。極重過故。急制。

(앞에서 서술한) 세 구절은 정도 가운데 음란한 행위를 하는 것이니, 모두 중죄이다.

三句。正道中。行婬者。皆爲重。

넷째는 비도를 정도라고 생각하는 것이다. 소승에서는 제3취이고, 대승에서는 경구죄이다. 다섯째는 비도를 정도일 것이라고 의심하는 것이

---

263 제1 불살계에서 사람을 사람이 아니라고 생각하는 것, 제2 도계에서 주인이 있는 물건을 주인이 없는 물건이라고 생각하는 것 등의 경우는 중죄가 아니라고 한 것을 가리킨다.

264 급急 : 급절急切한 것. 곧 계율을 정할 때 상황에 따라 어길 수 있는 경우를 배제하는 것. 차遮·폐廢 등과 같은 말이다. 상대어는 완緩으로 완만한 것을 말하며, 상황에 따라 어길 수 있는 경우를 설정하는 것으로, 개開와 같은 말이다.

다. 소승에서는 제3취이고, 대승에서는 경구죄를 범한다.

四者非道道想。小乘第三聚。大乘輕垢。五者非道道疑。小乘者第三聚。大乘犯輕也。

"다른 사람으로 하여금 음란한 행위를 하도록 하거나"라는 것은 (다음과 같다.) 소승에서는, 자신의 이익을 추구하는 것을 우선으로 삼기 때문에, 다른 사람으로 하여금 음란한 행위를 하게 하는 것은 자신의 행위에는 오염의 뜻이 없기 때문에 제3취를 범한다. 그 자신이 다른 사람과 서로 통정했으면 제2편이다. 대승에서는, 다른 사람을 이롭게 하는 행위를 우선으로 삼기 때문에 다른 사람으로 하여금 음란한 행위를 하게 한 것이, 비록 자신의 행위에는 오염이 없지만, 다른 사람을 오염시킨 뜻이 매우 무겁기 때문에 (자신이 음란한 행위를 한 것과) 동일하게 중죄를 범한다. 하물며 남녀를 중매하는 것에 있어서랴.

敎人婬者。若小乘者。自利爲先故。敎人婬者。自行無染義故。犯第三聚。若此人彼人相通者。第二篇。大乘以利他行爲先故。敎人中。[1] 雖自行無染。而染他人義極重故。同犯重。何況媒稼[2]也。

1) ㉮ '中' 앞에 '婬'이 누락된 것 같다. 2) ㉯ '稼'는 '嫁'와 통하는 것으로 볼 수 있을 것 같다. ㉮ 율전에 '媒稼'라는 용례는 없다. 따라서 '稼'는 '嫁'의 오자인 것 같다.

"일체의 여인에 이르기까지"라고 한 것은 비록 모두 정경正境[265]이지만, 인도人道의 여인에서부터 축생 등에 이르기까지 모두 포괄하기 때문에 '이르기까지'라고 했다. 출가 보살을 기준으로 삼았기 때문에 '일체'라고

265 정경正境 : 음란한 행위에 의한 위범이 성립되는 대상이라는 뜻이다.

한 것이니, 출가 보살은 바른 것과 삿된 것의 두 가지 음행을 모두 끊어야 하기 때문에, 여인이면 바로 중죄의 대상에 해당되지 않는 경우가 없기 때문에 '일체'라고 한 것이다. 여인 가운데 세 가지 기관(道)이 있다. 말하자면 대변을 보는 기관과 소변을 보는 기관과 입이다. 남자 가운데 두 가지 기관이 있다. 말하자면 대변을 보는 기관과 입이다. 이것은 중죄에 해당하는 대상이다.[266]

言乃至一切女人者。雖皆正境。而從人女。至畜生等。故言乃至。約出家菩薩。故言一切。謂出家菩薩。正邪二種婬皆斷故。女而無非正重境。故言一切也。女人中三道。謂大小道及口也。天[1]中二道。謂大行[2]道及口。六[3]重境也。

1) ⓨ『사분율』에 따르면 '天'은 '男'인 것 같다. 2) ⓨ『사분율』에 따르면 '行'은 '便'인 것 같다. 3) ⓨ 전후 문맥상 '六'은 '是'인 것 같다.

"고의로 음란한 행위를 해서는 안 된다."라는 것은, 원수에 의해 핍박받아서 중죄의 대상이 되는 것과 교합하기는 했지만, 처음부터 끝까지(三時) 즐거움을 느끼지 않았거나, 잠잘 때 다른 사람이 범했거나 하여 처음부터 끝까지 죄가 없는 것을 헤아려 간별하기 위해서 '고의로 음란한 행위를

266 『사분율』 권1(T22, 571c17)에서 "사람 가운데 부인의 세 곳을 범하면 바라이이니, 대변을 보는 기관, 소변을 보는 기관, 입이다. 비인 가운데 부인과 축생 가운데 부인과 사람 가운데 동녀와 비인 가운데 동녀와 축생 가운데 동녀와 사람 가운데 이형二形(남성과 여성의 두 가지를 모두 지닌 것)과 비인 가운데 이형과 축생 가운데 이형의 세 곳의 경우도 또한 이와 같다. 사람 가운데 황문의 두 곳에 부정한 행위를 하면 바라이이니, 대변을 보는 기관과 입이다. 비인 가운데 황문과 축생 가운데 황문도 또한 이와 같다. 사람 가운데 남자와 비인 가운데 남자와 축생 가운데 남성의 두 곳의 경우도 또한 이와 같다.(犯人婦三處。波羅夷。大便道小便道及口。非人婦。畜生婦。人童女。非人童女。畜生童女。人二形。非人二形。畜生二形。三處。亦如是。人黃門。二處。行不淨行。波羅夷。大便道及口。非人黃門。畜生黃門。亦如是。人男。非人男。畜生男。二處。亦如是。)"라고 한 것을 참조할 것.

해서는 안 된다'라고 했다.[267]

所言不得故婬者。爲料簡怨家所逼。與境合。而三時不受及。[1)] 睡眠時中。他人所犯。而始終中無罪。故言不得故婬。

1) ㉧ '及'은 '樂'인 것 같다. ㉦『사분율』에 따르면 '樂'이 맞는 것 같다.

### (B) 연을 갖추어 업을 이루는 것을 밝힘

**경** 음란한 업과 음란한 법과 음란한 인과 음란한 연을 지으며,

婬因。婬緣。婬法。婬業。

**기** '연을 갖추는 것'이라고 한 것은 (다음과 같다.) 네 가지 연을 갖추면 정업正業(바라이에 해당하는 업)을 이룬다. 첫째는 정도이니, 비도에 행했으면 경죄이기 때문이다. 둘째는 염오된 마음이 있는 것이니, 원수의 핍박에 의해서 행했다면 비록 대상에 교합했다고 해도, 처음부터 끝까지 염오된 마음이 없어서 전적으로 죄가 없기 때문이다. 셋째는 방편을 일으켜

267 『사분율』 권1(T22, 572b3)에서 "(바라이죄를) 범하지 않는 것은, (첫째) 잠이 들어서 지각 능력이 없는 상태인 경우와 (둘째 깨어 있었더라도) 쾌락을 느끼지 않은 경우 등과 같이 일체의 음란한 행위를 하려는 뜻이 있지 않은 경우에는 범하지 않는 것이다.(不犯者。若睡眠。無所覺知。不受樂。一切無有婬意。不犯。)"라고 했고, 『사분율산번보궐행사초』 중권(T40, 55a19)에서 "셋째, 범하지 않는 것을 밝히는 가운데 잠이 들어서 지각 능력이 없는 상태인 경우【원수가 와서 자기의 신체의 일부를 핍박하는 경우를 열어 놓은 것이다.】와 쾌락을 느끼지 않는 경우【원수인 집안에서 장차 타경他境(다른 사람을 대상으로 하는 것)에 짓게 하는 경우를 열어 놓은 것이다.】와 일체의 음행을 하려는 뜻이 있지 않은 경우【애착에 의한 염오심이 없기 때문이다.】는 아울러 범하지 않는 것이다.(三明不犯中。若睡眠無所覺知。【謂開怨來。偪己身分。】 不受樂。【謂開怨家。將造他境。】 一切無有淫意。【無愛染污心故。】 並不犯。)"라고 했다.

야 한다.[268] 넷째는 대상에 교합해야 하니, 대상에 교합하지 않았으면 경죄이기 때문이다.

이 가운데 첫째는 연이고, 다음은 인이며, 셋째는 업이고, 넷째는 법이다. 연이 없으면 경죄이고 중죄는 아니며, 인이 없으면 전적으로 죄가 없다.

言具緣者。四緣者。成正業。一者正道。若行於非道。是輕罪故。二者有染心。怨家所逼。雖合境。而於三時。無染心。全無罪故。三者起方便。四者令[1)]境。不合於境。是輕罪故。於中。初以爲緣。次爲目。[2)] 第三爲業。第四爲法。若闕緣者。輕非重。若闕因者。全無罪。

1) ㉰ '令'은 '合'인 것 같다. 2) ㉰ '目'은 '因'인 것 같다.

또한 업도를 기준으로 삼아 경중을 간별하면 (다음과 같다.) 사람 가운데 여인을 범하면 (업도가) 무겁고, 축생 등에 속한 것 가운데 여성을 범하면 업도가 가볍다. 또한 인도를 기준으로 삼아 논하면, 출가자를 범하면 업도가 무겁고, 재가자를 범하면 업도가 가볍다. (출가자를 기준으로 삼아 논하면) 지계자持戒者와 파계자破戒者의 경우도 또한 이러하다.[269]

268 음란한 행위를 하기 위한 어떤 방법을 취하는 것을 말한다.

269 『사분율산번보궐행사초』 중권(T40, 92c18)에서 "음계 가운데 자체에 경중이 있다. 축생과 사람의 경우가 그러하고, (다시) 사람 가운데 재가자와 출가자의 경우가 그러하며, (다시) 재가자 가운데 지계자와 파계자의 경우가 그러하고, (다시) 출가 오중 가운데 지계자와 파계자의 경우가 그러하며, 내지 (다시 지계자 가운데 성인의 계위에 오르지 않은 이와) 성인의 경우가 그러하다. 모두 중죄라는 것은 동일하지만 과보는 다르다.(淫中自有輕重。畜生及人。人中有在家出家。在家中持戒破戒。出家五衆持戒破戒。乃至聖人。重同報異。)"라고 했고, 『사분율초비四分律鈔批』 권11(X42, 936a11)에서 "'음계 가운데 자체에 경중이 있다'라는 것은 다음을 말한다. (범한 대상에 따른 죄에 있어서) 축생일 경우는 무겁고 사람일 경우는 가벼우니, 욕구하는 마음이 심하기 때문이다. (그런데 이것이) 과보에 나아가면 사람일 경우는 무겁고 축생일 경우는 가벼운 것이 되는 것을 방해하지는 않는다. (왜냐하면) 사람의 과보가 수승하니 염오

亦約正[1]道。蕑[2]輕重者。犯人女重。犯畜生等女者。而業道輕。亦約人道論者。犯出家者。爲重。犯在家者。爲輕重。[3] 持戒破戒。亦爾。

1) 역 '正'은 '業'인 것 같다. 2) 역 '蕑'은 '簡'인 것 같다. 3) 원 '重'은 연자인 것 같다.

B) 경죄에 해당하는 그릇된 것을 밝힘

**경 축생에 속하는 것 가운데 여성과 모든 하늘과 귀신에 속하는 것 가운데 여성에 이르기까지의 대상에 대해, 그리고 비도에 음란한 행위를 해서야 되겠는가.**

乃至畜生女。諸天鬼神女。及非道行婬。

기 이하에서 "축생에 속하는 것 가운데 여성과 모든 하늘과 귀신에 속하는 것 가운데 여성에 이르기까지의 대상에 대해, 그리고 비도에 음란한 행위를 해서야 되겠는가."라고 한 것은, 재가 보살을 기준으로 삼았기 때문에 이렇게 설했다. 말하자면 재가 보살이면 바른 음행은 끊지 않는다. 비록 그렇지만 비도에 행하는 것은 삿된 음행과 동일한 것이기 때문이다.

下言乃至畜生女及非道行婬者。約在家菩薩故。作是說。謂若在家菩薩者。不斷正婬。雖然非道行者。同邪婬故。

하고 욕보인 죄가 무겁기 때문이다. 여기에서 '경중'이라고 한 것은 바라이와 투란차에 나아간 것이 아니다. 여기에서는 미래의 과보를 바라보고 업도의 경중을 밝힌 것이다.……'모두 중죄라는 것은 동일하지만 과보는 다르다'라는 것은 모두 동일하게 바라이를 얻고, 미래의 과보는 곧 거듭되기 때문에 '과보는 다르다'라고 했으니, 축생에게 음행을 하면 죄가 가볍고, 내지 성인에게 음행을 하면 가장 무거운 것 등을 말한다.(婬中自有輕重者。立謂。畜重人輕。以欲心甚故。不妨約報人重畜輕。以人報勝污辱罪重故也。此言輕重。非約夷蘭。此望來報業道輕重。……重同報異者。謂強同得夷。來報則重。故云報異。謂婬畜罪輕。乃至聖人最重等也。)"라고 한 것을 참조하여 풀었다.

그런데 삿된 음행에는 두 가지가 있다. 첫째는 자신에게 소속된 것(自分)에 음행을 했기 때문에 삿된 음행인 것이다. 둘째는 자신에게 소속되지 않은 것에 음행을 했기 때문에 삿된 음행인 것이다.

然而邪婬。有二種。一者非道[1)]故。邪婬。二者非分故。邪婬。

1) ㉠ 뒤의 글을 참조하면 '非道'는 '自分'인 것 같다.

앞(첫째) 가운데 또한 네 가지가 있다. (이 경우는) 말하자면 비록 자신에게 소속된 것을 범했더라도 이치에 어긋나게 음행을 한 것이니, 이치에 상응하지 않기 때문이다. 첫째는 비처非處(그릇된 장소)이기 때문이다. 탑사塔寺의 삼보三寶가 있는 곳이나 부모의 옆이나 햇빛과 달빛이 밝게 빛나는 곳이거나 사승師僧의 옆 등을 말한다. 둘째는 비시非時(그릇된 시기)이기 때문이다. 매달 육재일六齋日[270]이나, 매해 삼장재월三長齋月[271]이나, 태아가 있을 때거나, 아기를 낳고 한 달이 지나기 전일 때거나, 매달 월경을 할 때 등을 말한다. 셋째는 법에 의해 수호해야 하는 것이기 때문이다. 일일계一日戒[272]를 받았을 때 범하는 것을 말한다. 넷째는 비도이기 때문이다.

270 육재일六齋日 : 매달 재가 신자들이 만 하루 동안 팔재계八齋戒를 수지하는 의식을 행하는 여섯 날을 일컫는 말. 한 달을 둘로 나누어 백월白月(달이 차올라 보름달이 될 때까지에 해당하는 기간, 1일~15일)과 흑월黑月(달이 기울어서 완전히 깜깜해질 때까지에 해당하는 기간, 16일~30일)의 8일, 14일, 15일을 가리킨다. 흑월의 재일이라는 것은 오늘날로 말하면 23일, 29일, 30일에 해당한다.

271 삼장재월三長齋月 : 매해 재가 신자들이 1일부터 15일까지 긴 기간 동안 팔재계를 수지하는 세 달을 일컫는 말. 정월·5월·9월 등의 세 달이다.

272 일일계一日戒 : 재가 신자가 매달 육재일에 만 하루 동안 수지해야 하는 계. 곧 팔재계八齋戒를 가리킨다. 여덟 가지 조목은 다음과 같다. 첫째는 살생하지 않는 것이고, 둘째는 주지 않은 것을 취하지 않는 것이며, 셋째는 청정하지 않은 행위(不梵行: 음행)를 하지 않는 것이고, 넷째는 거짓말을 하지 않는 것이며, 다섯째는 술을 마시지 않는 것이고, 여섯째는 향을 바르거나 꽃다발로 장식하고 춤을 추고 노래하는 것을 보고 듣는 것을 하지 않는 것이며, 일곱째는 높고 넓으며 화려하게 치장한 평상이나 자리를 만들어 잠자거나 앉거나 하지 않는 것이고, 여덟째는 비시非時에 음식을 먹는

정상적인 음행 기관인 소변을 보는 기관을 제외하고 대변을 보는 기관 등을 범하는 것을 말한다. 『우바새계경』에서 "아직 결혼하지 않은 사람과 그 여종을 대상으로 비도에 음행을 하기 때문에 삿된 음행을 범한다."[273]라고 했다. 이 네 가지는 비록 모두 범해도 중죄는 아니니, 자신에게 소속된 것을 범한 것이고, 다른 사람에게 소속된 것을 범한 것이 아니기 때문에 경구죄이다.

先中。亦有曰。[1] 謂雖犯自分。而以非理行婬者。不應理故。二[2]者非處故。謂若塔寺有三寶處。若父母側中。若日月光中。師僧側中等類。二者非時故。謂月六齋。年三中。[3] 有胎時。兒生以後一月以還。月血出時等。三者法護故。謂犯受一日戒時。四者非道故。謂除常小道。犯於四[4]大行[5]道等。優婆塞戒經云。未雖出夫家。[6] 其婢中。非道中。行婬故。犯邪婬等。此四。雖皆犯。非輕。[7] 而犯自分。非他分故。輕垢罪重。[8]

1) ㉾ '曰'은 '四'이다. 2) ㉾ '二'는 '一'이다. 3) ㉾ '中'은 '月'인 것 같다. 4) ㉾ '四'는 연자인 것 같다. 5) ㉾ '行'은 '便'인 것 같다. 6) ㉾ '雖出夫家'는 '配嫁'인 것 같다. 7) ㉾ '輕'은 '重'인 것 같다. 8) ㉾ '重'은 연자인 것 같다.

뒤(둘째) 가운데 또한 세 가지가 있다. 첫째는 법에 의해 수호해야 하는 것이기 때문이다. 말하자면 출가 오중出家五衆이 출가계出家戒를 받았을 때 범하는 것이다. 둘째는 사람이 수호하는 것이기 때문이다. 말하자면 어머

일을 하지 않는 것이다.

273 『우바새계경』에서 꼭 일치하는 문장은 찾을 수 없다. 다만 『우바새계경』 권6(T24, 1069a4)에서 "비시에, 비처에, 비녀와 처녀와 다른 사람의 부인을 자신에게 속하게 하면, 이것을 삿된 음행이라 한다.(若於非時。非處。非女。處女。他婦。若屬自身。是名邪婬。)"라고 했는데, 본문의 '비처'를 '비도'라고 본다면 유사한 것일 수도 있다. 이 밖에 『우바새오계상경優婆塞五戒相經』(T24, 943a9)에서 "우바새가 여종과 아직 결혼하지 않은 여인에 대해서 비도에 음행을 하면 가회죄可悔罪를 범한다. (따라서 비록 계체는 잃지 않지만) 다음 생에 과보를 받는 것과 관련해서는 죄가 중하다.(若優婆塞。婢使。未配嫁。於中非道。行婬者。犯可悔罪。後生受報。罪重。)"라고 한 것과도 내용이 일치한다.

니·남편 등이 수호하는 대상이기 때문이다. 셋째는 동류同類가 아니기 때문이다. 말하자면 비인·축생 등을 범하기 때문이다. 『방등다라니경』에서 "금수禽獸를 범하는 것은 삿된 음행이다."[274]라고 했기 때문이다. 이 세 가지는 정도·비도를 불문하고 모두 중계를 범하니, 자신에게 소속된 것이 아니기 때문이다.

後中。亦有三。一者法護故。謂犯於出家五衆及受出家戒等。1) 二者人護故。謂母夫與2)所護故。三非類故。謂犯非人畜生等故。故方等陀羅尼經云。犯禽獸者是邪婬故。此三莫問正道非道。皆犯重戒。是非分故。

1) ㉮ '等'은 '時'인 것 같다. 2) ㉮ '與'는 '等'인 것 같다.

**문** 무슨 까닭으로 재가 보살은 바른 음행을 끊지 않는 것인가?

**답** 『우바새계경』에서 "재물을 얻으면 네 등분하여 한 부분은 부모와 아내와 자식에게 주고, 두 부분은 판매하며, 한 부분은 축적해 둔다."[275]라고 했기 때문에 자신의 아내를 가질 수 있음을 알 수 있다. 또한 『인왕경』에서 "전륜성왕은 백 명 아들이 있고, (5백 명의 아들이 있으며,) 천 명의 아들이 있다."[276]라고 했기 때문이다. "전륜성왕"이라는 것은 지전地前에

274 『대방등다라니경』 권1(T21, 645c10)에서 "보살이 음욕에 법도가 없어서 금수를 가리지 않으면 이것을 제2 중계를 범한 것이라고 한다.(若有菩薩。婬欲無度。不擇禽獸者。是名犯第二重戒。)"라고 하였다.

275 『우바새계경』 권3(T24, 1048c22)에서 "재물을 얻으면 네 등분하여 한 부분은 부모·자신·아내와 자식·권속에게 공양하고, 두 부분은 법대로 판매하고, 한 부분은 남겨서 쌓아 두었다가 상황에 따라서 사용한다.(若得財物。應作四分。一分。應供養父母己身妻子眷屬。二分。應作如法販博。留餘一分。藏積擬用。)"라고 했다.

276 『인왕경』에는 일치하는 문장이 없다. 『보살영락본업경』 상권(T24, 1016a22)에서 "동보영락동륜왕은 백 명의 복자를 권속으로 하고, 한 부처님의 국토에 태어나서 부처님의 학행을 받아 두 개의 천하를 교화한다. 은보영락은륜왕은 5백 명의 복자를 권속으로 하고, 두 부처님의 국토에 태어나 부처님의 교행을 받고 세 개의 천하를 교화한다. 금강보영락금륜왕은 천 명의 복자를 권속으로 하고, 시방의 부처님의 국토에 들어가 일

서부터 제10지에 이르기까지의 보살이다. 그러므로 재가 보살은 바른 음행을 끊지 않음을 알 수 있다.

問。何故。在家菩薩。不斷正婬。答。優婆塞戒經云。若得物者。四分。以一分與父母妻子。以一[1]分販賣。以二[2]分畜積。故知。有自妻。亦仁王經云。輪王有百子及千子故。輪王者。從地前。至於第十地[3]菩薩。故知。在家僧[4]菩薩者。不斷正婬。

1) ㊀『우바새계경』에 따르면 '一'은 '二'이다. 2) ㊀『우바새계경』에 따르면 '二'는 '一'이다. 3) ㊀ '地'는 '迴向'인 것 같다. 4) ㊀ '僧'은 연자이다.

비도에 두 가지가 있다. 첫째는 소도小道(小便道)를 정도로 삼고, 구도口道와 대변도大便道의 두 길을 비도로 삼는 것이다. 둘째는 (앞의) 삼도三道를 정도로 삼고, 나머지 신체의 부분을 비도로 삼는 것이다. (재가 보살의 겨우) 음계를 범하는 것은 정도가 아니기 때문이다. 출가 보살과 비구 등을 기준으로 삼으면, 모두 삼도三道의 정도이기 때문에 중죄를 범하고, 나머지 신체의 부분이면 경죄를 범한다. 재가 보살이면, '비도(정도가 아닌 것)에 행했기 때문에 삿된 것'이라고 한 것은, 나머지 신체의 부분을 비도라고 하는 것이 아니고, 구도·대변도의 두 가지 기관이 모두 비도이기 때문에 삿된 음행이라고 하는 것이다.

---

체의 중생을 교화하고 네 개의 천하에 머문다.(銅寶瓔珞銅輪王。百福子爲眷屬。生一佛土。受佛學行。敎二天下。銀寶瓔珞銀輪王。五百福子爲眷屬。生二佛國中。受佛敎行。化三天下。金剛寶瓔珞金輪王。千福子爲眷屬。入十方佛國中。化一切衆生。處四天下。)"라고 한 것이 내용상 일치한다. 단『인왕경』상권(T8, 827b16)에서 "습종성의 동륜은 두 개의 천하를 다스리고, 은륜은 세 개의 천하를 다스리며, 성종성이며 도종성으로 견고한 덕을 갖춘 전륜성왕은 칠보의 금광을 두르고 네 개의 천하를 다스린다.(習種銅輪二天下。銀輪三天性種性。道種堅德轉輪王。七寶金光四天下。)"라고 하여 전륜성왕을 언급한 사례는 있지만, 아들의 숫자는 언급하지 않았다.

非道二種。第一以小道爲正道。口大行[1]二道爲非道。二者以三道爲正道。以餘身分爲非道。犯婬。不正道故也。若約出家菩薩及比丘等中。皆以三道正道故。犯重。餘身分者。犯輕。若在家菩薩。所言行於非道故爲邪者。非謂以餘身分爲非道。口大行二道。皆爲非道。故言邪婬也。

1) ㉽ '行'은 '便'인 것 같다. 이하 동일하다.

### B. 수행을 밝힘: 대치할 수 있는 바른 실천행을 밝힘

**경** 보살은 효순하는 마음을 내어 일체의 중생을 구제하고 청정한 법을 사람들에게 주어야 하거늘,

而菩薩。應生孝順心。救度一切衆生。淨法與人。

### ③ 그릇된 것을 들고 허물을 짓는 것이라고 제정함

**경** 도리어 모든 사람에 대해 음란한 마음을 일으키고, 축생에서부터 모녀와 자매, 육친六親에 이르기까지 가리지 않고 음란한 행위를 하면서 자비심이 없다면, 이는 보살의 바라이죄이다.

而反更起一切人婬。不擇畜生乃至母女姊妹六親行婬。無慈悲心者。是菩薩波羅夷罪。

**기** "육친"이라는 것은 (첫 번째인) 고조高祖 등에서부터 네 번째인 부父가 있고, 또한 (다섯째인 그) 아들과 (여섯째인 그) 아들이 있기 때문에 '육'이라 한다. 어머니의 계통도 또한 이러하다.[277] 또한 네 번째인 부모 이후 갈라져 나온 이라면 모두 육친이라 한다.[278]

六親者。高祖等。第四父。亦子子故。爲六。母中亦爾。若第四父母以後技[1]出者。皆爲六親也。

1) ㉯ '技'는 '枝'인 것 같다.

이 가운데 네 구절을 지어서 지持·범犯을 간별한다. 첫째는 비록 음계를 범했지만 한결같이 복이고 죄는 아닌 것이다. 말하자면 문수文殊 등과 같은 경우이다. 달기보살이기 때문에 음란한 남자의 몸을 응현應現하여 제도할 수 있는 것이다. 곧 음란한 남자와 음란한 여인의 몸을 나타내어 중생으로 하여금 생사의 세계를 건너게 하기 때문이다. 『문수사리순행경』[279]에서 자세히 설한 것과 같다. '대보살大菩薩(달기보살)'이라는 것은 일정한 모습(然)이 없기 때문이고, 또한 일정한 모습(然)을 나타내지 않는 것도 아니기 때문이다. 『정명경』「불도품佛道品」에서 "보살이 도가 아닌 것을 행하면 이 보살은 불도佛道에 통달한 것이다."[280]라고 했기 때문이다.

277 고조·증조·조·부·자·손孫을 육친으로 보았는데, 이 해석은 매우 독특한 것 같다. 실제 여러 주석서나 사전에서 그 출처를 찾을 수 없었다.

278 『사분율행사초자지기四分律行事鈔資持記』 상권(T40, 214a6)에서 "육친은 아버지·어머니·손윗형제·손아래 형제·아내·자식을 말한다.(六親。謂父母兄弟妻子。)"라고 했고, 『천태보살계소天台菩薩戒疏』 상권(T40, 588c4)에서 "말하자면 육친이라는 것은 여섯 사람의 친족이다. 첫째는 아버지의 친족이고, 둘째는 어머니의 친족이며, 셋째는 자신의 친족이고, 넷째는 아내의 친족이며, 다섯째는 아들딸의 친족이며, 여섯째는 형제의 친족이다."라고 했으며, 의적의 『보살계본소』 하권(T40, 677c4)에서 "아버지·어머니·큰아버지·작은아버지·손윗형제·손아래 형제를 육친이라 한다.(父母伯叔兄弟爲六親)"라고 했고, 법장의 『화엄경탐현기』 권6(T35, 234a3)에서 "육친이라는 것은 아버지·어머니·손윗형제·손아래 형제·아내·자식을 '육'이라 한다.(六親者。謂父母兄弟妻子爲六。)"라고 했다.

279 『문수사리순행경文殊師利巡行經』(T14, 510a9)은, 문수가 5백 명의 성문 비구의 수행처를 순행하면서 진여·여래 등이 모두 실체가 없다는 것을 설하여 깨우침을 얻도록 한 것이어서 본문의 내용과 직접적인 연관성은 보이지 않는다. 혹은 보살은 일체개공의 이치를 깨달았기 때문에 일체의 대상에 자유자재하게 응하니, 그러한 형태로 응하는 것은 공한 것이므로 죄가 되지 않음을 보이는 것이라고 하여 연관 지을 수도 있다.

280 『유마힐경維摩詰經』 중권(T14, 549a1)에서 "보살이 도가 아닌 것을 행하면 이것이 바

둘째는 또한 음계를 범했지만 죄도 아니고 복도 아닌 것이다. 말하자면 광심狂心·난심亂心·산심散心 등에 의해서 행한 것이거나, 잠이 들었을 때 다른 사람이 침범한 것이거나, 원가怨家의 핍박에 의해 강요된 것이어서 처음부터 끝까지 즐거움을 느끼지 않은 것 등이다. 또한 주문에 의해 조종당하여 음행을 하는 것이니, 아난阿難이 음계를 범한 것[281] 등과 같은 부류이다.

셋째는 한결같이 경죄이고 중죄는 아닌 것이다. 말하자면 출가 보살이 경죄에 해당하는 신체의 부분에 범하는 것 등과 재가 보살이 비록 자신의 것이기 때문이라고 하더라도 이치에 맞지 않게 행하기 때문에 경죄를 범하는 것 등이다.

넷째는 오직 중죄이고 경죄는 아닌 것이다. 말하자면 이 계에서 직접적으로 세운 중계이다.

此中作四句。簡持犯。一者有雖犯婬而一向福非罪。謂如文殊等。達機菩薩故。應現婬男身。得度者。卽現婬男婬女身。能令之度故。如文殊師利巡行經中廣說。大菩薩者。無然故。亦無不然故。淨名經。佛道品中云。若菩薩。行非道。是菩薩。通達佛道故。二者亦有犯婬而非罪福。謂狂心亂心傷[1)]心等。及不去[2)]時。他人所犯。怨家所逼。而三時不受樂等。亦任母亂。[3)] 阿難犯婬等類。三一向輕罪故[4)]非重。謂出家菩薩。犯輕身分等。在家菩薩。雖自分故。而非理故。犯輕罪等。四者唯重非輕。謂此戒正所立重戒也。

1) ㉻ '傷'은 '散'인 것 같다. 2) ㉻ '不去'는 '睡眠'인 것 같다. 3) ㉻ '任母亂'은 '有呪婬'인 것 같다. 4) ㉻ '故'는 연자이다.

---

로 불도佛道를 통달하는 것이다.(若菩薩。行於非道。是爲通達佛道。)"라고 했다. '정명'은 대승을 대표하는 거사의 이름으로 Ⓢ Vimalakīrti의 의역어이고, 음사어는 유마힐이다. 따라서 『유마힐경』을 『정명경』이라고도 한다.

281 『마등녀경』(T14, 895a6)에서 아난이 마등녀摩登女의 주술에 걸려서 음행을 한 것을 가리킨다.

⑷ 망어계: 거짓말을 하지 마라

## ① 사람을 들어 체를 나타냄

**경** 불자여,

若佛子。

**기** 네 번째는 망어계妄語戒이다. 또한 불망어계不妄語戒라고도 한다. 대승과 소승에서 동일하게 제지하였다. 칠중七衆[282]이 함께 배운다. 세 단락으로 나뉘는 것은 앞의 계와 동일하다. 과인법過人法[283]을 (얻지 못했는데 얻었다고) 말하여 대망어大妄語[284]를 지으면 바로 중죄를 범한다. 소망어小妄語를 범하면 경죄이다. 그러므로 이 계 가운데 겸하여 세운 것이다.

第四妄語戒。亦名不妄語戒。大小同制。七衆共學。三段同前戒。若說過人法。作大妄語者。正犯重。若小妄語者。輕罪。故此戒中兼所立。

---

282 칠중七衆 : 불교 교단의 구성원을 통틀어서 일컫는 말. 출가자는 비구·비구니·식차마나·사미·사미니이고, 재가자는 우바새·우바이이다.

283 과인법過人法 : 상인법上人法이라고도 한다. 무루無漏의 성도聖道이니 보통 사람을 넘어서는 법이기 때문이다.

284 대망어大妄語 : 명예와 이익을 탐하여 상인법을 얻지 못했으면서 얻었다고 말하는 것. 대망어를 행하면 바라이죄를 얻는다. 『범망경심지품보살계의소발은梵網經心地品菩薩戒義疏發隱』 권3(X38, 172a2)에서 "보지 않은 것을 보았다고 말하는 것 등을 소망어라고 하고, 성과聖果를 증득했다고 거짓말하는 것을 대망어라고 한다.(不見言見等。小妄語也。妄言證聖。名大妄語。)"라고 했다. 소망어小妄語는 세속인이 일반적으로 행하는 거짓말을 가리킨다. 비구가 다른 사람을 속여서 거짓말을 하면 바일제이다. 중망어中妄語는 비구가 청정한 비구를 바라이죄를 지었다고 비방하는 것이니, 승잔죄이다. 중망어는 일반적인 거짓말보다 죄가 무겁다.

### ② 그릇된 것을 나열하고 수행을 밝힘

#### A. 바로 그릇된 것을 나열함

A) 중죄에 해당하는 그릇된 것을 나열함

(A) 바로 그릇된 것을 나열함

**경** 스스로 거짓말을 하거나, 다른 사람으로 하여금 거짓말을 하게 하거나, 방편으로 거짓말을 하거나 하면서

自妄語。教人妄語。方便妄語。

**기** "스스로 거짓말을 하거나"라는 것은 다섯 구절을 지어야 한다. 첫째는 대망어를 대망어라고 생각하는 것이다. 대승과 소승에서 동일하게 중죄이니, 마음과 대상이 서로 일치하기 때문이다. 둘째는 대망어를 소망어일 것이라고 의심하는 것이다. 소승의 경우, 『마하승기율』에서는 "중죄를 범한다."라고 했고, 『사분율』에서는 "투란차를 범한다."라고 했다. 대승에서는 또한 중죄이다. 셋째는 대망어를 소망어라고 생각하는 것이다. 소승에서는 제3취이고, 대승에서는 경죄이다. 넷째는 소망어를 대망어라고 생각하는 것이다. 소승에서는 제3취이고, 대승에서는 경죄이다. 다섯째는 소망어를 대망어라고 의심하는 것이다. 소승에서는 제3취이고, 대승에서는 경죄이다.

自妄語者。應作五句。一者大妄語妄[1]語想。大小同重。心境相當故。二者大妄語小妄語[2]疑。小無。[3] 僧祇犯重。心[4]分者[5]蘭。大乘亦重。三者大妄語小妄語想。小乘第三聚。大乘輕罪。四者小妄語大妄語想。小乘第三聚。大乘輕罪。五者小妄語爲大妄語疑。小乘第三聚。大乘輕罪。

1) 엽 '妄' 앞에 '大'가 누락되었다. 2) 원 '語' 자를 보충해서 집어넣었다. 3) 엽 '無'는 '乘'인 것 같다. 4) 엽 '心'은 '四'인 것 같다. 5) 엽 '者'는 '犯'인 것 같다.

"다른 사람으로 하여금 거짓말을 하게 하거나"라는 것은 (다음과 같다.) 소승에서는, 자신의 이익을 기대하여 나를 위해 그대가 거짓말을 하라고 했으면, 한결같이 중죄이고, 자신의 이익을 기대하지 않고 그대를 위해 거짓말을 하라고 했을 경우, 대비구로 하여금 거짓말을 하게 했다면 중죄를 얻고, 그 이하의 사미 등으로 하여금 거짓말을 하게 했다면 제3취이다. 대승에서는, 그대를 위해서라고 했거나, 나를 위해서라고 했거나 모두 한결같이 중죄이다.

敎人妄語。小乘。望自利故。若爲吾汝妄語者。一向重。若不望自利。而爲汝妄語者。敎大比丘 妄語者。得重。下沙彌等。令敎妄語者。第三聚。若大乘者。爲汝及爲吾。皆一向重。

"방편으로 거짓말을 하거나 하면서"라는 것은, 비록 입으로 대망어를 설하지 않았지만, 여러 가지 일을 나타내어 나머지 사람들로 하여금 성법聖法(과인법)을 얻은 것으로 알게 하고, 뜻을 (성인의) 명리名利를 얻는 것에 두기 때문에 '방편으로 거짓말을 하거나 하면서'라고 했다. 율에서 "용이 오고 하늘이 와서 나를 공양했다."[285]라고 한 것 등과 같다. 연기緣起는 율에서 자세히 설한 것과 같다. 이러한 비구는 대망어를 할 때 바로 망어의

285 『사분율』 권28(T22, 758a22)에서 "(진실로 그러한 것이 아니면서 '아라한과를 얻었다'라고 하고,) '하늘이 오고 용이 오고 귀신이 와서 나를 공양했다'라고 하면, 이는 비구니도 아니고 석종녀도 아니다.(天來龍來鬼神來。供養我。此非比丘尼非釋種女。)"라고 했다.

중죄를 범하고, 이후 (이것으로 인해) 물건을 얻었을 때 바로 방편으로 도둑질한 것에 해당하는 중죄를 범한다.

方便妄語者。雖不口說大妄語。而現種種事。餘人令解。是得聖法。故言[1]存於得名利也。言方便妄語也。如律中說。龍來天來。供養我等也。緣起。如律中廣說。此比丘者。大妄語時。卽犯妄語重。以後得物時。卽犯方便盜重也。

1) ㉮ '故言'은 '意'인 것 같다.

(B) 연을 갖추어 업을 이루는 것을 밝힘

**경** 거짓말의 업과 거짓말의 법과 거짓말의 인과 거짓말의 연을 지으면서

妄語因。妄語緣。妄語法。妄語業。

**기** 연을 갖추는 것 가운데 일곱 가지 연을 채워야 중죄를 이룬다. 첫째는 사람을 마주해야 하니, 사람이 아닌 것 등을 마주하는 것은 경죄이기 때문이다. 둘째는 사람이라고 생각하는 것이니, 사람이 아니라고 생각했다면 경죄이기 때문이다. 셋째는 스스로 아직 (성법을) 증득하지 못했음을 아는 것이니, 이미 증득했다고 생각했다면 또한 경구죄이기 때문이다. 넷째는 속이려는 마음을 일으키는 것이니, 처음부터 끝까지 미혹한 마음에 의해서 그렇게 했을 경우는 전적으로 죄가 없기 때문이다. 다섯째는 과인법을 얻었다고 말하는 것이다. 여섯째는 언장言章(말로 나타낸 문장)이 분명한 것이다. 일곱째는 앞에 있는 사람이 알아듣는 것이다.

이 가운데 처음의 두 가지(첫째와 둘째)와 일곱째의 한 가지는 연이고, 셋째는 법이며, 넷째는 인이고, 다섯째와 여섯째는 업이다. 인이 없으면 전적으로 죄가 없고, 연이 없으면 범함이 없으니, 오직 경죄일 뿐이다.

具緣中。滿七緣。成重。一對成[1]人。對成非人等者。輕罪故。二者人想。作非人想者。輕罪故。三者自知未得。若既得想者。亦輕垢故。四者起顚[2]誑心。若始終迷心。全無罪故。五者說得得[3]人法。六者言業[4]了了。七者前人已[5]解。於中。初二第七一爲緣。第三爲法。第四因。第五第六爲業。若闕因。全無罪。闕緣亦有。[6] 無[7]有輕罪也。

1) 역 '成'은 연자인 것 같다. 이하 동일하다. 2) 역 '顚'은 '欺'인 것 같다. 3) 역 '得'은 '過'인 것 같다. 4) 역 '業'은 '詞'인 것 같다. 5) 역 '已'는 '知'인 것 같다. 6) 역 '亦有'는 '無犯'인 것 같다. 7) 역 '無'는 '唯'인 것 같다.

### B) 경죄에 해당하는 그릇된 것을 밝힘

**경** **보지 않은 것을 보았다고 말하고, 본 것을 보지 않았다고 말하며, 몸과 마음으로 거짓말을 하는 것에 이르기까지 이런 모든 행위를 해서야 되겠는가.**

乃至不見言見。見言不見。身心妄語。

**기** "이르기까지"라는 것은 대망어에서부터 소망어에 이르기까지를 (포괄하기) 때문에 '이르기까지'라고 했다.

"보지 않은 것을 보았다고 말하고"라는 것은 (눈으로) 보는 것과 (귀로) 듣는 것과 (코 · 혀 · 촉각 기관으로서의 몸 등으로) 지각하는 것과 (의근으로) 아는 것 가운데 단지 보는 것만 취한 것이다. 여덟 가지의 소망어[286]를

286 여덟 가지의 소망어 : 거짓말 혹은 성어聖語가 아닌 것의 여덟 가지 조건으로 경론에 자주 거론되는 것. 안식眼識의 작용인 견見, 이식耳識의 작용인 문聞, 비식鼻識 · 설식舌識 · 신식身識의 작용인 각覺, 의식意識의 작용인 지知 각각에 두 구절이 성립하여 모두 여덟 구절이 된다. 곧 ① 본 것을 보지 않았다고 하고, ② 보지 않은 것을 보았다고 하는 것, ③ 들은 것을 듣지 않았다고 하고, ④ 듣지 않은 것을 들었다고 하는 것, ⑤ 지각한 것을 지각하지 않았다고 하고, ⑥ 지각하지 않은 것을 지각했다고 하는 것, ⑦ 아는 것을 알지 못한다고 하고, ⑧ 알지 못하는 것을 알았다고 하는 것을 말한다.

행하면 경죄를 범한다. 또한 기어綺語[287] · 양설兩舌[288] · 추어麤語[289] 등도 모두 경죄를 얻는다. 또한 몸과 입이 서로 짓는 것[290]도 죄를 얻는다. 예를 들면 단월檀越(시주)이 절을 짓고, "아라한이면 절에 들어오고 아라한이 아니면 들어오지 마라."라고 했는데, 그때 아라한과를 얻지 못했으면서도 절에 들어오는 것[291]과, 또한 묻기를, "그대는 성법을 얻었는가?"라고 했는데, 그때 머리를 끄덕이는 몸의 형상을 나타내는 것과 같은 일을 하기 때문이니,[292] 대망어의 중죄를 범한다.

乃至者。大妄語至小妄語。故言乃至。不見言見者。見聞覺知者中。且[1)]取見者。八種小妄者。[2)] 犯輕罪。亦綺語兩舌麤語。皆得輕罪也。又身口互造。

---

『사리불아비담론舍利弗阿毘曇論』 권7(T28, 583c20)을 참조할 것.

287 양설兩舌 : 사람들로 하여금 서로 다투어서 사이가 멀어지게 하는 말이다.

288 기어綺語 : 착하지 않은 마음을 근간으로 한 무의미하고 쓸데없는 말을 가리킨다.

289 추어麤語 : 거친 말. 상대어는 연어軟語로 부드러운 말을 가리킨다.

290 현상적으로는 신업만 지었지만 결과적으로는 구업을 짓는 것을 가리킨다. 바로 뒤의 사례를 참조할 것.

291 『선견율비바사善見律毘婆沙』 권12(T24, 758a17)에서 "백의白衣(재가 신자)가 절을 짓고, '비구로서 나의 절에 들어온다면 아라한이어야 한다'라고 했는데, 악비구惡比丘가 이 절에 들어오면 바라이죄를 범한다.(若有白衣作寺。若比丘。入我寺者。是阿羅漢。若有惡比丘。入此寺者。犯波羅夷罪。)"라고 했다.

292 『사분율초간정기四分律鈔簡正記』 권10(X43, 275a2)에서 "본문에서 '몸의 형상을 나타낸다'라고 한 것은, 중승이 아울러 앉아 있는데 어떤 사람이 말하기를, '대중 가운데 누가 사과四果를 증득한 사람인가? 이와 같은 사람은 곧 일어나시오'라고 했는데, 그 비구가 스스로 범부의 지위에 있음을 알면서도 대중을 기만하여 바로 일어나서 자신이 사과를 얻은 사람이라는 뜻을 나타냈는데, 앞에 있는 사람이 이를 믿으면 곧 중죄이고, 이를 의심하면 곧 투란차이다.(如文現身相者。謂衆僧並坐。有人唱云。衆中。誰是四果人。若是卽起。彼比丘。自知是凡。欺誑衆人。便卽起立。意表我是四果也。前人信。卽重。疑。卽蘭。)"라고 하고, 『범망경합주梵網經合註』 권4(X38, 655b23)에서 "어떤 사람이 '그대는 과를 얻고 도를 얻었는가?'라고 물었을 때 머리를 끄덕여서 스스로 긍정하면 중죄를 범하고, 침묵하여 과와 도를 얻지 않았음을 말하지 않으면 경죄를 맺는다.(若人問汝得果得道否。若點首自肯者。結重。默然不言非者。結輕。)"라고 한 것을 참조하여 풀이하였다.

得罪也。如檀越造寺言。阿難[3)]漢者入我寺。若不者莫入。時中。不得阿羅漢。而入去耶。[4)] 又問。汝得聖法耶。時中。現[5)]首身相故。犯大妄語重也。

1) ㉠ '且'는 '但'인 것 같다. 2) ㉠ '者' 앞에 '語'가 누락되었다. 3) '難'은 '羅'인 것 같다. 4) ㉠『선견율비바사善見律毘婆沙』에 따르면 '去耶'는 '寺者'인 것 같다. 5) ㉠『범망경합주梵網經合註』에 따르면 '現' 뒤에 '點'이 들어가야 할 것 같다.

### B. 대치할 수 있는 바른 실천행을 밝힘

**경** 보살은 항상 바른 말과 바른 견해를 내고, 또한 모든 중생으로 하여금 바른 말과 바른 견해를 내도록 해야 하거늘,

而菩薩。常生正語正見。亦生一切衆生正語正見。

**기** 본문에서 "바른 말"이라고 한 것은 여덟 가지의 바른 언어[293]를 취하는 것이다. "바른 견해"라는 것은 통달하는 것이니, 무탐無貪 등의 세 가지 선근善根[294]을 취한다.

文言正語者。取八種正言也。正見者。通者。取無貪等三善根也。

293 여덟 가지의 바른 언어 : 팔성어八聖語라고 한다. 앞의 주석에서 여덟 가지 비성어를 설명한 것과 반대되는 것. 예컨대 본 것을 보았다고 말하고, 보지 않은 것을 보지 않았다고 말하는 것 등을 말한다.『사리불아비담론舍利弗阿毘曇論』 권7(T28, 583c22),『비바사론鞞婆沙論』 권8(T28, 471b) 등을 참조할 것.

294 세 가지 선근善根 : 무탐·무진無瞋·무치無癡이다. 상대어는 삼독三毒으로 탐·진·치이다.

### ③ 그릇된 것을 들고 허물을 짓는 것이라고 제정함

**경** 도리어 모든 중생으로 하여금 삿된 말과 삿된 견해와 삿된 업을 일으키도록 한다면, 이는 보살의 바라이죄이다.

而反更起一切衆生。邪語邪見邪業者。是菩薩波羅夷罪。

**기** 또한 네 구절을 짓는다. 첫째는 오직 복이고 죄는 아닌 것이다. 말하자면 달기보살이 거짓말로 중생을 제도하는 것 등이다. 둘째는 죄도 아니고 복도 아닌 것이다. 말하자면 광심과 난심 가운데 거짓말을 하는 것 등이다. 셋째는 오직 경죄이고 중죄는 아닌 것이다. 말하자면 이 계에서 겸하여 세운 소망어 등이다. 넷째는 오직 중죄이고 경죄는 아닌 것이다. 말하자면 이 계에서 직접적으로 세운 대망어이다.

亦作四句。一者唯福非罪。謂達機菩薩。以妄語。度衆生等。二者非罪非福。謂狂亂心中說等。三者唯輕非重。謂此戒兼立小妄語等。四者唯重非輕。謂此戒中所正立大妄語也。

이 앞의 네 가지 계는, 대승과 소승에서 동일하게 배우고, 칠중에 대해서 함께 제지한다.

以此上四戒者。大小同學。七衆共制。

### ⑸ 고주계: 술을 팔지 마라

#### ① 사람을 들어 체를 나타냄

**경** 불자여,

若佛子。

**기** 다섯 번째는 고주계酤酒戒이다. 또한 불고주계不酤酒戒라고도 한다. 대승과 소승에서 동일하게 제지한다. 소승의 경우, 상위의 두 대중[295]은 모두 일체의 판매 행위를 하면 제3편을 범하고, 하위의 세 대중[296]은 제5편을 범한다. 대승의 경우, 술을 팔면 칠중이 모두 중죄를 범하고, 살생의 도구를 판매하면 경구죄를 범한다.[297] 법대로 물건을 판매하는 것이라면, 재가 보살은 제지하지 않으니, 아직 생활을 위한 직업을 여의지 않았기 때문이다. 『우바새계경』에서 "얻은 물건을 (넷으로 나눈 가운데) 한 부분은 판매한다."[298]라고 했기 때문이다. 술의 분량이라는 것은, 소승의 경우 『사분율』에서는 사람을 취하게 하는 것을 한도로 삼았고, 『십송률』에서는 술을 팔기만 하면 취하든 취하지 않든 모두 위범의 한도로 삼았다. 『대지도론』에서 "술에 세 가지가 있다. 곡주穀酒와 과주果酒와 약초주藥草酒이다. 과주는 포도·아리타수阿梨咤樹의 열매 등으로 만든 것이다. 약초주는

---

295 상위의 두 대중 : 출가 오중 가운데 비구·비구니를 가리킨다.

296 하위의 세 대중 : 출가 오중 가운데 식차마나·사미·사미니를 가리킨다.

297 『범망경』 48경계 중 제12 판매계와 관련된 것으로 볼 수 있다.

298 『우바새계경』 권3(T24, 1048c22)에서 "재물을 얻으면 네 등분하여 한 부분은 부모·자신·아내와 자식·권속에게 공양하고, 두 부분은 법대로 판매하고, 한 부분은 남겨서 쌓아 두었다가 상황에 따라서 사용한다.(若得財物。應作四分。一分應供養父母己身妻子眷屬。二分應作如法販博。留餘一分藏積擬用。)"라고 했다.

여러 가지 약초를 사용해서 만든 것 등이다."[299]라고 했다. 이것이 진짜 술이라고 하는 것이다.

第五酤酒戒。亦名不酤酒戒。大小同制。小乘。上二衆。同一切販賣。犯第三篇。下三衆者。犯第五篇。大乘中。酤酒。七衆。同犯重。若尸遺等[1]煞生具等。[2] 犯輕垢。若如法物販賣者。在家菩薩。不制。未離生活業故。優婆塞戒經云。所得物。一分販賣故。酒量者。小乘。若四分者。能醉人。以爲限。若十誦者。若作爲酒者。醉不醉。皆爲犯限。地持[3]論。者[4]有三種。謂穀酒。欙[5]酒。草[6]酒。草[7]酒者。蒱桃作而醉人[8]等。欙酒[9]者。獨活等[10]草以作等。此名爲眞酒者。

1) ㉰ '尸遺等'은 '販賣'인 것 같다. 2) ㉰ '等'은 '者'인 것 같다. 3) ㉰『지지론地持論』(『菩薩地持經』)에는 본 내용이 나오지 않는다. 따라서 '地持'는 '依智'인 것 같다. 법장法藏의『범망경보살계본소梵網經菩薩戒本疏』권3(T40, 626b9)에서 "『대지도론』권15에 따르면 술에 세 가지가 있다. 첫째 곡주이고, 둘째 과주이며, 셋째 약초목 등으로 만든 술이다.(依智論十五。酒有三種。一穀酒。二菓酒。三欙草木等酒。)"라고 한 것을 참조했다. 4) ㉰『대지도론』에 따르면 '者'는 '酒'인 것 같다. 5) ㉰『대지도론』에 따르면 '欙'은 '果' 혹은 '菓'인 것 같다. 두 글자가 뜻은 같다.『대지도론』에서는 '果'라고 했지만, 여타 경론 및 주석서에서 '菓'와 통용된다. 6) ㉰『대지도론』에 따르면 '草' 앞에 '欙'이 누락되었다. 7) ㉰『대지도론』에 따르면 '草'는 '果'이다. 여타 주석서에 따르면 '菓'일 수도 있다. 8) ㉰『대지도론』에 따르면 '作而醉人'은 '阿梨咤樹果'인 것 같다. 9) ㉰『대지도론』에 따르면 '酒' 앞에 '草'가 누락되었다. 10) ㉰『대지도론』에 따르면 '獨活等'은 '種種欙'인 것 같다.

299 오자와 탈자가 많기 때문에『대지도론』권13(T25, 158a27)에서 "술에 세 가지가 있다. 첫째는 곡주이고, 둘째는 과주이며, 셋째는 약초주이다. '과주'라는 것은 포도와 아리타수의 열매 등과 같은 여러 가지 열매로 만든 것을 과주라 한다. '약초주'라는 것은 여러 가지 약초를 쌀누룩과 섞고 사탕수수즙에 재워 두면 변하여 술이 된다.[酒有三種。一者穀酒。二者果酒。三者欙草酒。果酒者。蒱桃(蒲萄)。阿梨咤樹果。如是等種種。名爲果酒。欙草酒者。種種欙草。合和米麴。甘蔗汁中。能變成酒。]"라고 한 것을 참조하여 풀었다.

### ② 그릇된 것을 나열하고 수행을 밝힘

#### A. 바로 그릇된 것을 나열함

**경** 스스로 술을 팔거나, 다른 사람으로 하여금 술을 팔게 하거나 하며, 술을 파는 업과 술을 파는 법과 술을 파는 인과 술을 파는 연을 지어서야 되겠느냐. 일체의 술을 팔아서는 안 되니, 술은 죄를 일으키는 인연이 된다.

自酤酒。教人酤酒。酤酒因。酤酒緣。酤酒法。酤酒業。一切酒。不得酤。是酒起罪因緣。

**기** 온갖 죄가 일어나는 연이라는 것은 뒤의 음주계飮酒戒[300]에서 설할 것이다. "일체의 술"이라고 한 것은 술과 유사한 것까지 취한 것이다. 말하자면 첨주甜酒(술을 빚을 때 처음 화학적 변화를 일으켜서 생겨난 것)와 초주酢酒(맛이 변하여 생겨난 것)와 조주糟酒(술지게미) 등의 부류이다. 율에서 "첨주·초주·조주·국주麴酒"[301]라고 했다. '국주'는 누룩의 가루에 술이 스며들어 사람을 취하게 할 수 있는 상태가 된 것을 말한다.[302]

---

300 음주계飮酒戒 : 48경계 중 두 번째에 해당하는 계를 가리킨다. 『사기』의 하권이 남아 있지 않기 때문에 그 내용은 알 수 없다.

301 『십송률』 권17(T23, 121b22)에서 "비구가 초주를 마시면 목구멍을 넘어갈 때마다 바일제이다. 첨주를 마시면 목구멍을 넘어갈 때마다 바일제이다. 사람을 취하게 할 수 있을 정도의 누룩을 먹으면 목구멍을 넘어갈 때마다 바일제이다. 술지게미를 먹으면 목구멍을 넘어갈 때마다 바일제이다.(若比丘。飮酢酒。隨咽咽。波逸提。若飮甜酒。隨咽咽。波逸提。若噉麴能醉者。隨咽咽。波逸提。若噉酒糟。隨咽咽。波逸提。)"라고 했다. '수인인隨咽咽'에 대한 풀이는 『범망경심지품보살계의소발은』 권4(X38, 180b2)에서 "'목구멍을 넘어갈 때마다'라는 것은 한 번 목구멍을 넘어가면 한 번의 경구죄를 짓는 것이다.(咽咽者。一咽一輕垢也。)"라고 한 것을 참조하여 풀었다.

302 "일체의 술"로 확장한 것은 앞의 계와의 일관성을 고려할 때, "경죄에 해당하는 그릇된 것"을 제시한 부분으로 독립시켜야 하지만, 뒤의 주석에서 뒤의 문장을 앞으로 끌

衆罪起之緣者。以後飮酒戒說也。所言一切酒者。取似酒。謂甘[1]酒酢糟酒等類。仲[2]云。甘酢糟麵。[3] 麴酒。謂麵粉以酒漬。干能醉人也。

1) ㉮『십송률』에 따르면 '甘'은 '甜'이다. 이하 동일하다. 2) ㉮ '仲'은 '律'인 것 같다.
3) ㉮『십송률』에 따르면 '麵'은 '麴'이다.

"스스로 술을 팔거나"라고 한 것 가운데 다섯 구절을 짓는다. 첫째는 진짜 술을 진짜 술이라고 생각하는 것이니, 중죄를 범한다. 둘째는 진짜 술을 진짜 술인지 의심하는 것이니, 또한 중죄이다. 셋째는 진짜 술을 진짜 술이 아니라고 생각하는 것이다. 만약 전상轉想이면 경죄를 범한다. 술이 아닌 것에 대해 본미本迷를 일으켰으면 전적으로 죄가 없고, 술과 유사한 대상에 대해 본미를 일으켰으면 경구죄를 범한다. 넷째는 술이 아닌 것을 진짜 술이라고 생각하는 것이니, 경죄이다. 다섯째는 진짜 술이 아닌 것을 진짜 술일 것이라고 의심하는 것이니, 경죄이다.

"다른 사람으로 하여금 (술을 팔게 하거나 하면)"이라는 것은, 대승에서는 나를 위해서라고 하건 그대를 위해서라고 하건 모두 중죄이다. 소승에서는 두 가지 경우 모두 판매계販賣戒를 범한다.[303]

自酤酒中。作五句。一者眞酒眞酒想。犯重。二者眞酒眞酒疑。亦重。三者眞酒非眞酒想。若轉想想。[1] 犯輕。若起於非酒境本迷。全無罪。若起於似酒境迷者。犯輕垢罪。四非酒眞酒想。輕。五非眞酒眞酒疑。輕。敎人。大乘中。爲吾爲汝。皆重。小乘。二皆販賣戒。

1) ㉮ '想'은 연자인 것 같다.

어왔기 때문에 분과하지 않았다. 뒤의 주석을 보면 원효는 이 부분을 경죄를 겸해서 설한 것으로 파악된다.

303 『사분율』 권8(T22, 620b23)에서 30니살기바일제 중 제20으로 판매계를 설한 것을 가리킨다.

연을 갖추는 것은 일곱 가지 연(을 채우면) 중죄를 이룬다. 첫째는 (술을) 주는 대상이 되는 사람이니, 사람이 아닌 것에게 주면 경죄이기 때문이다. 둘째는 사람이라는 생각이니, 사람이 아니라고 생각하면 경죄이기 때문이다. 셋째는 진짜 술이니, 술과 유사한 것이면 경죄이기 때문이다. 넷째는 술을 팔려는 생각을 일으키는 것이니, 팔려는 뜻을 일으키지 않았으면 죄가 없기 때문이다. 다섯째는 그 사람에게 주는 것이다. 여섯째는 값을 취하는 것이다. 일곱째는 그 사람이 마시는 것이다.

이 가운데 처음의 두 가지와 일곱째 한 가지는 연이고, 넷째 한 가지는 인이며, 셋째 한 가지는 법이고, 다섯째와 여섯째는 업이다.

具緣者。七緣成重。一所與人。與非人者。輕故。二人想。爲非人想。輕故。三者眞酒。似酒者。輕故。四者發酤酒想。不發酤意者 無罪故。五者與彼人。六者取價。七彼人飮。於中。初二第七一爲緣。第四一爲因。第三一爲法。第五六爲業。

### B. 대치할 수 있는 바른 실천행을 밝힘

**경** 보살은 모든 중생으로 하여금 이치를 밝게 알고 일을 두루 아는 지혜를 내도록 해야 하거늘,

而菩薩。應生一切衆生明達之慧。

**기** "이치를 밝게 알고 일을 두루 아는(明達)"이라는 것은, 이치를 비추는 것을 '명明'이라 하고, 일을 아는 것을 '달達'이라 한다. 또한 통문通門에 의거하여 말하면, 어떤 사람은 말하기를, "삼달三達[304]을 '달達'이라고 한다."라고 했다.

明達者。照理爲明。知事者爲達。亦通門言。一云。以三達爲達。

### ③ 그릇된 것을 들고 허물을 짓는 것이라고 제정함

**경** 도리어 다시 중생으로 하여금 전도된 마음을 내게 한다면, 이는 보살의 바라이죄이다.

而反更生一切衆生。顚倒之心者。是菩薩波羅夷罪。

**기** 또한 네 구절이 있다. 첫째는 오직 복이고 죄는 아닌 것이니, 달기 보살이 행한 경우이다. 둘째는 죄도 아니고 복도 아닌 것이다. 말하자면 약으로 사용하기 위해 술을 만들고, 다른 사람에게 주어 값을 취했다면, 값을 취했기 때문에 복은 아니지만, 약을 위해서 만든 술이기 때문에 죄도 아니다. 셋째는 오직 경죄이고 중죄는 아닌 것이니, 이 계에서 ("일체의 술"이라고 하여) 술과 유사한 것을 겸하여 세운 것이다. 넷째는 오직 중죄이고 경죄가 아닌 것이니, 이 계에서 직접적으로 세운 진짜 술을 파는 것 등이다.

亦有四句。一唯福非罪。達機菩薩。二非罪非福。謂爲藥作酒。與他人取價。取價故非福。藥酒故非罪。三者唯輕非重。此我[1)]中兼立似酒等。四者唯婬[2)]非輕。此戒中正所立酤眞酒等。

---

304 삼달三達 : 삼명三明이라고도 한다. 세 가지 일에 있어서 통달하여 걸림이 없는 밝은 지혜. 무학위無學位에 도달하여 어리석음을 모두 제거함으로써 얻는 경지이다. 그 세 가지는, 첫째는 숙명지증명宿命智證明으로 과거의 생사인과를 아는 지혜이고, 둘째는 생사지증명生死智證明으로 미래의 선악생사의 인연을 아는 지혜이며, 셋째는 누진지증명漏盡智證明으로 이치를 증득하고 속박에서 벗어나 일체의 번뇌를 제거하는 지혜이다.

1) ㉮ '我'는 '戒'인 것 같다. 2) ㉮ '婬'은 '重'인 것 같다.

## ⑹ 의심설동법인과계: 의도적인 마음으로 같은 법을 배우는 사람의 허물을 말하지 마라

### ① 사람을 들어 체를 나타냄

**경** 불자여,

若佛子。

**기** 여섯 번째는 의심설동법인과계意心說同法人過戒이다. 대승과 소승에 있어서 같지 않다. 소승에서는, 자신의 이익을 추구함을 우선으로 삼기 때문에 근거[305] 없이 중죄를 지었다고 비방하면, 제2편[306]을 범한다.[307] 실제 있지 않은 일을 들어서 다른 사람을 비방하면 마음의 허물이 무겁기

---

305 근거 :『사분율』 권4(T22, 588b282)에서 "'근거'라는 것은 세 가지 근거가 있다. 실제로 본 것에 근거한 것이고, 실제로 들은 것에 근거한 것이며, (보거나 듣기는 했지만 정확하지는 않고 정황상) 의심스러운 것에 근거한 것이다.(根者。有三根。見根。聞根。疑根。)"라고 했다.

306 제2편 : 승잔죄(승가바시사)를 말한다. 이 죄를 지었을 경우, 승가에서 재판을 행하여 승잔죄임이 확정되면, 일주일간 참회하고 근신하는 벌이 부여된다. 이 기간에 비구로서의 여러 가지 자격은 정지된다. 일주일간 여법하게 근신하고 참회하면 승가는 출죄갈마出罪羯磨를 행하여 그 비구의 근신을 해제하고 정지했던 자격을 회복시켜 준다. 죄를 부여하는 것도, 벗어나게 하는 것도 모두 승가의 권한에 의해 행해지기 때문에 승잔僧殘이라 한다.

307 『사분율』 권4(T22, 589c17)에서 "어떤 비구가 바라이죄를 범하지 않았는데, (그가) 바라이죄를 범하는 것을 보았다고 말하여 (실제와) 다른 부분인 근거가 없는 법으로 비방하면 승가바시사이다.(若比丘。不犯彼羅夷。言見犯波羅夷。以異分無根法謗。僧伽婆尸沙。)"라고 하였다. 이는 본 율장에서 설한 13승가바시사(승잔) 중 여덟 번째에 해당한다.

때문이다. 근거가 있는 것으로 다른 사람을 비방하면, 실제 있는 일을 들어서 비방한 것이기 때문에, 마음의 허물이 가볍기 때문에 제3편을 범한다. 대승에서는, 다른 사람을 이롭게 함을 우선으로 삼기 때문에 실제 있는 일을 들어서 다른 사람을 비방하면, 다른 사람을 파괴하는 일이 성립되기 때문에, 다른 사람을 훼손하는 뜻에서 허물이 무겁기 때문에 근거가 있는 것으로 중죄를 지었으면, 이 중계를 (범한 것이다.) 만약 근거가 없는 것을 들었다면, 비록 다른 사람을 비방했더라도 다른 사람을 파괴하는 일은 성립되지 않기 때문에, 다른 사람을 훼손하는 뜻에서 허물이 가볍기 때문에 제13 경구죄[308]이다. 소승의 경우 근거 없이 중죄를 지었다고 비방하면 제2편을 범하고, 근거가 있는 것을 들어 중죄를 지었다고 비방하는 것과 근거가 없는 것을 들어 제2편(승가바시사)을 지었다고 비방하는 것은 제3편을 범한다.[309]

第六意心說同法人過戒。大小不同。若小乘者。以自利爲先故。以無根重罪誹謗者。爲[1)]第二篇。擧虛事謗他。心過重故。若以有根過[2)]傍他者。擧意[3)]事謗故。心過輕故。犯第三篇。若大乘者。以利他爲先故。若擧實事謗他者。破他事得成故。損他義過重故。以有根重。爲此重戒。若擧無根者。雖傍他

308 『범망경』 하권(T24, 1006a2)에서 48경계 중 열세 번째를 설하여 "불자여, 악한 마음 때문에 근거도 없이 다른 어진 사람과 착한 사람과 법사와 은사 스님과 국왕과 귀한 사람을 비방하여 칠역죄와 10중계를 범했다고 말해서야 되겠느냐. 부모와 형제 등의 육친에 대해 효순하는 마음과 자비로운 마음을 내어야 하거늘, 도리어 역해逆害를 가하여 불여의처不如意處(여의치 않은 상황 혹은 악도)에 떨어지게 한다면, 이는 경구죄를 범하는 것이다.(若佛子。以惡心故。無事。謗他良人善人法師師僧國王貴人。言犯七逆十重。於父母兄弟六親中。應生孝順心慈悲心。而反更加於逆害。墮不如意處者。犯輕垢罪。)"라고 한 것을 말한다.

309 근거 없이 승가바시사를 범했다고 비방하는 것은, 『사분율』 권18(T22, 689a21)에서 "비구가 분노 때문에 근거 없이 승가바시사를 범했다고 비방하면 바일제이다.(若比丘。瞋恚故。以無根。僧伽婆尸沙謗者。波逸提。)"라고 한 것을 참조할 것. 이는 본 율장에서 설한 90바일제 중 제80에 해당한다.

而破他事不成故。損他義過輕故 爲第十三輕垢罪。若小乘者。以無根重罪謗者。犯第二篇。擧有根重及無根第二篇[4]謗者。犯第三篇。

1) ㉮ '爲'는 '犯'인 것 같다. 2) ㉮ '過'는 '誹'인 것 같다. 3) ㉮ '意'는 '實'인 것 같다.
4) ㉯ '第二篇'은 다시 교감해야 한다. ㉮ 그대로 두어도 뜻은 통하는 것 같다.

이 가운데 단락은 세 가지가 있다. 첫째는 사람을 들어 체를 나타냈고, 둘째는 그릇된 것을 나열하고 수행을 밝혔으며, 셋째는 그릇된 것을 들고 허물을 짓는 것이라고 제정했다.

於中。段有三。第一擧人表體。二者列事[1]明理。[2] 三擧非結過。

1) ㉮ '事'는 '非'인 것 같다. 2) ㉮ '理'는 '隨'인 것 같다.

### ② 그릇된 것을 나열하고 수행을 밝힘

**경** 스스로 출가 보살과 재가 보살, 비구와 비구니의 죄과를 말하거나, 다른 사람으로 하여금 죄과를 말하도록 하거나 하며,

自說出家在家菩薩。比丘比丘尼罪過。教人。說罪過。

**기** 가운데 단락에 두 가지가 있다. 앞에서는 바로 그릇된 것을 나열했고, 뒤에서는 대치를 위한 바른 행위를 보였다.

仲中有二。先正列非。後示對治正行。

## A. 바로 그릇된 것을 나열함

### A) 바로 그릇된 것을 나열함

앞 가운데 또한 두 가지가 있다. 앞에서는 바로 그릇된 것을 나열했고, 뒤에서는 간략히 연을 갖추어 업을 이루는 것을 밝혔다.

先中亦有二。先正列非。後明略具緣成業。

비방의 대상이 되는 사람을 간별하면, 보살계를 받은 사중四衆으로 중죄의 허물을 지은 사람이다. 곧 출가자인 비구와 비구니, 재가자인 우바새와 우바이를, 근거가 있는 것으로 10중죄와 칠역죄 등을 지었다고 비방하면, 바로 이 중계를 범한다. 경죄를 들어 비방하면 경죄를 범한다. 성문을 비방할 경우, 상위의 두 대중을 근거가 있는 것으로 초편初篇(바라이)[310]의 허물을 지었다고 비방하면, 모두 이 중계를 범한다. 상위의 두 대중을, 경죄를 들어서 비방하고, 혹은 하위의 (세) 대중을 근거가 있는 것으로 중죄를 지었다고 비방하는 것과 경죄를 지었다고 비방하는 것은 모두 겸하여 세운 경구죄를 범한다.

若簡所謗人者。受菩薩戒四衆重過。謂以出家比丘及比丘尼。在家二衆。有根十重七逆等謗。正犯此重戒。若擧輕罪謗者。犯輕罪。若謗聲聞者。擧上二衆。有根初篇過謗者。同犯此重戒。擧上二衆輕罪。或及下衆有根重及輕罪謗者。皆犯兼立輕垢罪也。

---

310 초편初篇 : 비구계를 범했을 때의 죄를 다섯 가지로 분류한 것(五篇) 중 첫 번째. 곧 바라이이다.

"스스로 (출가 보살이나 재가 보살, 비구와 비구니의 죄과를) 말하거나" 가운데 다섯 구절이 있다.

첫째는 추죄麤罪[311]를 추죄라고 생각하는 것이니, 중죄를 범한다. 둘째는 추죄를 추죄인지 의심하는 것이니, 중죄를 범한다. 셋째, 추죄를 추죄가 아니라고 생각하는 것이니, 전상轉想[312]을 기준으로 삼으면 경구죄를 범하고, 본미本迷를 (기준으로 삼으면,) 죄의 대상이 아닌 것에 미혹했다면 전적으로 죄가 없고, 사소한 죄의 대상에 미혹했다면 경죄를 범한다.[313] 넷째는 추죄가 아닌 것을 추죄라고 생각하는 것이니, 경죄를 범한다. 다섯째는 추죄가 아닌 것을 추죄일 것이라고 의심하는 것이니, 경죄를 범한다.

"다른 사람으로 하여금 (죄)과를 말하도록 하거나 하며"라고 한 것 가운데, 다른 사람으로 하여금 나를 위해서 다른 사람을 비방하라고 하는 것과 그대를 위해서 다른 사람을 비방하라고 하는 것은 모두 중죄를 범한다.

自說中。有五句。一麤罪麤罪想。犯重。二麤罪麤罪疑。犯重。三者麤罪非麤罪想。若約轉想者。犯輕垢罪。若本迷者。超1)於非境。全無罪。若超2)於小罪境迷者。犯輕罪。四者非麤罪爲3)麤罪想。犯輕。五者於4)罪爲5)麤罪疑。犯輕罪。教人說過中。教他爲我謗他。及爲汝謗他。皆犯重罪。

---

311 추죄麤罪 : 『오분율』 권6(T22, 41a18)에서 구족계(비구계)를 받지 않은 사람에게 대중의 추죄를 말하는 것은 바일제라고 하면서, "추죄라는 것은 바라이 또는 승가바시사이다.(麁罪者。若波羅夷。若僧伽婆尸沙。)"라고 했고, 『마하승기율』 권14(T22, 338a11)에서도 역시 동일한 곳에서, "추죄라는 것은 4사이고 13사이다.(麁罪者。四事。十三事。)"라고 했는데, '4사'는 사바라이이고, '13사'는 13승가바시사이다. 이 밖에 『사분율』 권17(T22, 679a6)에서도 동일한 곳에서, "추죄라는 것은 사바라이이고 승가바시사이다.(麁罪者。四波羅夷。僧伽婆尸沙。)"라고 했다.

312 전상轉想 : 처음에 추죄에 대해 추죄라고 생각했다가 나중에 추죄가 아니라고 생각한 것.

313 추죄가 아니라고 생각했을 경우에도, 전적으로 어떤 죄에도 해당하지 않는 것과 추죄 이외의 죄에 해당하는 것의 두 가지 생각이 성립될 수 있기 때문에 이렇게 두 가지 경우를 설정했다.

1) (역) '超'는 '迷'인 것 같다. 2) (역) '超'는 연자인 것 같다. 3) (원) '爲'는 '非'인 것 같다. (역) 앞의 계에서 시설한 다섯 구절을 참조할 때 '爲'는 연자이다. 이하 동일하다. 4) (역) 앞의 계에서 시설한 다섯 구절을 참조할 때 '於'는 '非麤'인 것 같다. 5) (역) 앞의 계에서 시설한 다섯 구절을 참조할 때 '爲'는 연자이다.

### B) 연을 갖추어 업을 이루는 것을 밝힘

**경** 죄과를 말하는 업과 죄과를 말하는 법과 죄과를 말하는 인과 죄과를 말하는 연을 지어서야 되겠느냐.

罪過因。罪過緣。罪過法。罪過業。

**기** 여덟 가지 연을 채우면 중죄를 이룬다. 첫째는 계를 함께하고, 실천행을 함께하며, 법을 함께하는 상위의 두 대중을 비방하는 것이다. 여기에서 외도와 법을 함께하는 하위의 세 대중을 비방하면 경죄를 범하기 때문이다. 둘째는 계를 함께하고 법을 함께하는 사람이라고 생각하는 것이다. 셋째는 분노에 물든 마음이 있는 것이니, 위범하려는 마음 등이 없이 말했다면 경죄이기 때문이다. 넷째는 죄를 말하려는 마음이 있는 것이다. 다섯째는 칠역·10중계 등의 무거운 허물을 짓는 것이니, 경죄를 비방하면 경죄이기 때문이다. 여섯째는 사람을 향해 말하는 것이니, 사람이 아닌 것을 향해 말했으면 경죄이기 때문이다. 일곱째는 언사가 분명한 것이다. 여덟째는 앞에 있는 사람이 알아듣는 것이다.

처음의 두 가지와 넷째와 여섯째의 네 가지는 아울러 연이고, 셋째 한 가지는 인이며, 다섯째는 법이고, 뒤의 두 가지는 업이다.

滿八緣成重。一同戒七衆[1]同法上二衆謗。此以外道及同法下三衆等[2]者。犯輕罪故。二者同戒同法者想。三有嗔垢心。若無犯心等說者。犯輕罪故。

四者意是有想。[3] 五七逆十重重過。若輕罪謗者。犯輕罪故。六者向人說若向非人說。是輕罪故。七言詞了了。八者所[4]人已[5]解也。初二及第四第六。並四爲緣。第三一爲因。第五爲法。後二爲業。

1) 역 '七衆'은 '同行'인 것 같다. 2) 역 '等'은 '謗'인 것 같다. 3) 역 '意是有想'은 '有說罪心'인 것 같다. 『보살계의소』 하권(T40, 573b12)에서 '三有說罪心'이라고 한 것을 참조했다. 4) 역 '所'는 '前'인 것 같다. 5) 역 '已'는 '知'인 것 같다.

## B. 대치할 수 있는 바른 실천행을 보임

**경** **보살은, 외도의 악인과 이승의 악인이 불법에 비추어 볼 때 법이 아닌 것과 율이 아닌 것을 말하는 것을 들어도 항상 자비로운 마음을 내어 이러한 악한 사람들을 교화하여 대승에 대한 착한 믿음을 내도록 해야 하거늘,**

而菩薩。聞外道惡人及二乘惡人。說佛法中。非法非律。常生悲心。敎化是惡人輩。令生大乘善信。

**기** "외도의 악인"이라는 것은 사공정四空定[314]을 열반으로 삼기 때문에 뛰어나지 않은 것을 뛰어난 것이라고 하고, 또한 우계牛戒[315] 등의 그릇된 도를 수지하기 때문이다. 이러한 견해로 말미암아 자신과 타인에게 악견을 증장시키기 때문에, 악취惡趣에 떨어지게 하기 때문에 '악인'이라 한다. "이승의 악인"이라는 것은 여래께서 비무문非無門에 의지하여 유有라고 설했는데, 망집妄執으로 말미암아 악유惡有[316]를 계탁하여 대승의 성전을 비

314 사공정四空定 : 사무색정四無色定이라고도 한다. 공무변처정空無邊處定·식무변처정識無邊處定·무소유처정無所有處定·비상비비상처정非想非非想處定을 가리킨다.

315 우계牛戒 : 소처럼 행동하는 것. 이러한 행위가 하늘에 태어나는 업인業因이라고 주장하는 것은 계금취견戒禁取見 중 하나이다.

316 악유惡有 : 공과 교섭하는 길이 막힌 유有를 가리키는 말. 인연에 의해 존재하는 것을

방하고, 이러한 견해로 말미암아 자신과 타인을 악취에 떨어지게 하기 때문에 '악인'이라 한다. 소승을 진실된 것이라고 집착하지만, 실제로 대승을 비방하지 않으면 '악인'이라 하지 않는다.

"법이 아닌 것"이라는 것은, 외도의 경우는 뛰어나지 않은 것을 뛰어난 것이라고 하는 것이고, 이승의 경우는 구경究竟(궁극적인 것)의 가르침이 아닌 것을 구경이라고 집착하는 것이니, 대승의 수다라修多羅(경전)에서 변견邊見을 여읠 것을 설한 것에 어긋나기 때문이다. "율이 아닌 것"이라는 것은 발기자跋闍子[317]가 제안했던 열 가지의 율에 어긋나는 일 등을 말한다.

外道惡人。謂以四空定爲涅槃故。非勝爲勝。亦持牛戒等非道故。由此見。於自他。增長惡見故。墮惡趣故。言惡人也。二乘惡人者。如來依非無門。爲有說言。由妄執故。計爲惡有。傍[1)]大乘聖典。由此見故。自及他人。令墮惡趣故。爲惡人。若非執小爲實謗大乘者。不名惡人。非法者。若外道。以非勝爲勝。若二乘者。以非究竟敎。執爲究竟。違於大乘修多羅。離邊現[2)]故。非仲[3)]者。跋闍子。十種非仲事等。

1) ㉮ '傍'은 '謗'인 것 같다. 2) ㉮ '現'은 '見'인 것 같다. 3) ㉯ '仲'은 '律'인 것 같다. 이하 동일하다.

---

유라고 말할 때 이는 인연에 의한 것이므로 자성적 실체가 없는 것인데, 그렇다고 해도 없는 것은 아니기 때문에 유라고 한 것인데, 이러한 이치를 이해하지 못하고 자성적 실체로서의 유를 설정한 것을 악유라고 한다.

317 발기자跋闍子 : Ⓢ Vṛjiputra의 음사어. 부처님께서 열반에 드신 지 100년 후에 생존한 발기족 출신의 비구. 혹은 발기족 출신의 비구 전체를 가리키는 말로 보는 경우도 있다. 이 비구는 계율과 관련하여 열 가지 일을 적법한 것이라고 주장하고 실행했는데, 야사耶舍라는 비구가 이것에 대해 이의를 제기함으로써 교단의 전체회의가 열렸고, 이 회의에서 열 가지 일을 비법非法이라고 판정했다.

### ③ 그릇된 것을 들고 허물을 짓는 것이라고 제정함

**경** 보살이 도리어 다시 스스로 불법에 있어서 죄과가 되는 것을 말한다면, 보살의 바라이죄이다.

而菩薩。反更自說佛法中罪過者。是菩薩波羅夷罪。

**기** 또한 네 구절이 있다. 첫째는 오직 복이고 죄는 아닌 것이니, 달기 보살이 행한 것이다. 둘째는 복도 아니고 죄도 아닌 것이니, 광심狂心 등에 의해 설한 것이다. 셋째는 오직 경죄이고 중죄는 아닌 것이니, 말하자면 이 계에서 겸하여 세운 것으로, 근거가 있는 것을 들어 경죄 등을 지었다고 비방하는 것이다. 넷째는 오직 중죄이고 경죄는 아닌 것이니, 직접적으로 이 계에서 세운 중계이다.

亦有四句。一唯福非罪。達[1]機菩薩。二者非福非罪。狂心等說也。三者唯輕非量。[2] 謂此戒兼所立。擧有招[3]輕罪等謗。四唯重非輕。正此戒所立重戒等也。

1) '達'는 '達'인 것 같다. 2) '量'은 '重'인 것 같다. 3) ㊄ '招'는 '根'인 것 같다.

## (7) 자찬훼타계: 자신을 찬탄하고 다른 사람을 비방하는 일을 하지 마라

### ① 사람을 들어 체를 나타냄

**경** 불자여,

若佛子。

**ㄱ** 일곱 번째는 자찬훼타계自讚毁他戒이다. 또한 위리찬훼계爲利讚毁戒(이양을 위하여 찬탄하고 비방하지 마라)라고도 한다. 이 계는 칠중에 대해 동일하게 제지하고, 대승과 소승에서 함께 배운다. 단락은 앞의 계와 동일하다.

第七自讚毁他戒。亦名爲利讚毁戒。此戒七衆同制。大小共學。段同前戒。

이 가운데 다섯 구절로 뜻을 나타낸다. 첫째는 이익을 기대하지 않고 오직 자신을 찬탄했을 뿐이고, 다른 사람을 비방하지는 않은 것이니, 오직 경죄를 범한다. 둘째는 이익을 기대하지 않고 오직 다른 사람을 비방했을 뿐이고, 자신을 찬탄하지는 않은 것이니, 경죄를 범한다. 셋째는 5전 이하의 이익을 기대하고 자신을 찬탄하고 다른 사람을 비방하는 것이니, 경죄를 범한다. 넷째는 5전 이상의 이익을 기대하고 자신을 찬탄하고 다른 사람을 비방하는 것이니, 바로 이 계를 범한다. 다섯째는 5전 이상의 이익을 기대하는 뜻을 일으키고, 중죄에 해당하는 허물을 들어 자신을 찬탄하고 다른 사람을 비방하는 것이니, 이 계와 앞의 계[318]의 두 가지 중계를 범한다.

於中。五句現意。一者不望利。唯自讚非毁他。唯犯輕。二不望利。唯毁他非自讚。犯輕。三望五錢以下利。自讚毁他。犯輕。四者 望五錢以上利。自讚毁他。正犯此戒。五者發望五錢以上利意。擧重意[1)]過。自讚毁他。犯此戒及前戒二重。

1) ㉾ '意'는 '罪'인 것 같다.

318 앞의 계 : 제6 의심설동법인과계를 가리킨다.

문 이익을 기대하지 않고, 자신을 찬탄하는 것과 다른 사람을 비방하는 것의 두 가지를 모두 지었다면, 어떠한가?

답 단지 경구죄를 범할 뿐이다.

문 비록 5전 이상의 이익을 기대했다고 해도, 자신을 찬탄한 것과 다른 사람을 비방하는 것을 서로 결여했다면, 어떠한가?

답 중죄이다.

問。不望利。而具作自讚毁他二種。何耶。答。但犯輕垢罪。亦問。雖望五錢以上利。而自讚毁他。互闕。何耶。答。應重。

문 무슨 까닭으로 5전 이상의 이익을 기대해야 비로소 이 계를 범한다는 것을 알 수 있는가?

답 『지지론』에서 "이익을 기대하는 뜻을 일으키고, 자신을 찬탄하고 다른 사람을 비방하면, 중다범衆多犯(輕罪)을 범한다."[319]라고 했다. 그러므로 5전 이하는 경죄를 범하고, 5전 이상이라야 비로소 중죄를 범한다는 것을 알 수 있다.

問。何以得知。望五錢以上利。方犯此戒也。答。持地[1)]論云。望利意。自讚毁他。犯衆多犯。故知。五以下者。犯輕罪。五錢以上。方犯重。

1) ㉮ '持地'는 '地持'인 것 같다.

319 『보살지지경』 권5(T30, 915c15)에서 "보살이 탐욕심과 분노심으로 스스로 자신의 덕을 찬탄하고 다른 사람을 비방하면 이것은 중다범을 범한 것이라 한다.(若菩薩。以貪恚心。自歎己德。毁呰他人。是名爲犯衆多犯。)"라고 했다. 같은 경 권5(T30, 913b2)에서 "보살이 이익을 탐하기 때문에 스스로 자신의 덕을 찬탄하고 다른 사람을 비방하면 이것을 제1 바라이처법이라 한다.(菩薩。爲貪利故。自歎己德。毁呰他人。是名第一波羅夷處法。)"라고 한 것을 함께 참조해야 의미가 선명해질 것 같다.

**문** 만약 5전 이상을 기대하는 뜻을 갖고, 자신을 찬탄하고 다른 사람을 비방하면, 그 돈을 얻든 얻지 못하든 이 중계를 범하는 것인가?

**답** 윤 법사潤法師는 말하기를, "5전을 얻어야 비로소 이 중계를 범한다."라고 했다. 돈을 얻으면 중죄이니, 이 계와 도계盜戒의 두 가지 중계를 범한다.

若有望五錢以上意。自讚毁他者。錢得不得。此重戒耶。潤法師之。[1] 得五錢。方犯此重戒。若得錢者重。犯此及盜戒二重。

1) ㉮ '之'는 '云'인 것 같다.

## ② 그릇된 것을 나열하고 수행을 밝힘

### A. 그릇된 것을 나열함

#### A) 바로 그릇된 것을 나열함

**경** **스스로를 찬탄하고 다른 사람을 비방하거나, 또한 다른 사람으로 하여금 스스로를 찬탄하고 다른 사람을 비방하게 하거나 하며,**

自讚毁他。亦教人自讚毁他。

**기** "스스로를 찬탄하고 다른 사람을 비방하거나"라는 것은 (다음과 같다.) 『사분율』 가운데 여섯 가지가 있으니, "첫째는 비천한 집안 출신이라고 하는 것이고, 둘째는 행업行業도 또한 비천하다고 하는 것이며,[320] 셋째

320 『사분율』에 따르면 출가 이전의 직업의 비천함을 비방하는 것으로, 돼지·염소 등을

는 기술의 공교함도 또한 비천하다고 하는 것이고,[321] 넷째는 너는 허물을 범했다고 하는 것이며, 다섯째는 너는 번뇌가 많다고 하는 것이고, 여섯째는 (너는) 맹인이라고 하거나 대머리라고 하거나 애꾸눈이라고 하는 것이다."[322]라고 했다.

스스로를 찬탄하는 가운데 이 여섯 가지를 들어서 스스로를 찬탄하면서 "나는 그 사람보다 뛰어나다."라고 하는 것이니, 알 수 있을 것이다.

自讚毁他。四分律中。有六種。一者卑姓家生。二者行業亦卑。三者伎術工功[1)]亦卑。四者汝是犯過。五汝多結使。六者若盲若禿瞎人也。自讚中。[2)]及[3)]此六讚自言。我勝於彼者。可解。

1) ㉮『사분율』에 따르면 '功'은 '巧'이다. 2) ㉮ '中'은 '者'인 것 같다. 3) ㉮ '及'은 '擧'인 것 같다.

이 여섯 가지 가운데 소승에서는 (여섯 가지의 경우) 모두 제3편이고, 대승에서는 이 여섯 가지 가운데 탐욕 때문에 스스로를 찬탄하고 다른 사람을 비방하면 모두 바로 이 중계를 범한다.

이 가운데 분별하면, "넷째로 허물을 드는 것"[323]은 중죄로서 근거가 있

파는 것, 소를 잡는 것 등과 같은 직업을 말한다.

321 『사분율』에 따르면 비천한 기술과 공교를 가진 것이니, 대장장이·목수·옹기장이 등을 가리킨다.

322 『사분율』 권11(T22, 635b10)에서 "비구가 여러 가지로 비방하여 말하면 바일제이다. '비구'의 뜻은 앞에서 설한 것과 같다. '여러 가지로 사람을 비방하는 것'은 비천한 성姓의 가문에 태어났고, 행업도 또한 비천하며, 기술의 공교함도 또한 비천하다고 말하는 것이고, 혹은 너는 허물을 범한 사람이라고 하거나, 혹은 너는 많은 번뇌가 있는 사람이라고 하거나, 너는 맹인이라고 하거나, 너는 대머리이고 애꾸눈이라고 하는 것이다.(若比丘。種類毁呰語者。波逸提。比丘義。如上說。種類毁呰人者。卑姓家生。行業亦卑。伎術工巧亦卑。或言汝是犯過人。或言汝多結使人。或言汝盲人。或言汝禿瞎人。)"라고 한 것을 참조할 것.

323 여섯 가지 가운데 네 번째에 "너는 허물을 범했다."라고 말하는 것을 가리킨다.

는 것을 들었다면 앞의 계와 이 계의 두 가지 중계를 범한다. 이익을 기대하지 않았다면, "넷째로 허물을 드는 것"의 경우, 근거가 있고 중죄라면 앞의 계를 범한 것이고, 이 계를 범하는 것은 아니다. 근거 없는 것으로 중죄의 허물을 드는 것과 근거가 있는 것으로 경죄의 허물을 드는 것과 나머지 다섯 가지는 모두 경구죄이고 중죄가 아니다.

또한 선법善法을 설하면서 대면하여 꾸짖는 것이니, "너는 아련야阿練若[324]에 있구나."라고 하거나, "너는 좌선을 하는구나."라고 하는 것 등이다.[325] 소승에서는 돌길라이고, 대승에서는 이익을 기대하지 않았으면 경구죄를 범한다.

"다른 사람으로 하여금 스스로를 찬탄하고 다른 사람을 비방하게 하거나 하며"라는 것은 동일하게 중죄를 범한다.

此六種中。若小乘。皆第三篇。大乘。此六中。若貪故。自讚毀他。皆正犯此重戒。於中分別。第四擧過者。若擧重有根者。犯前戒及此戒二重。若不望

---

324 아련야阿練若 : Ⓢ araṇya의 음사어. 아란야阿蘭若라고도 하고, 줄여서 연야練若라고도 한다. 의역어는 산림山林·황야荒野·적정처寂靜處 등이다. 마을에서 멀리 떨어져 수행하기에 적합한 조용한 장소를 가리킨다.

325 『사분율』 권11(T22, 635c28)에서 "선법을 설하면서 대면하여 꾸짖거나, 비유로써 꾸짖거나, 자신에 견주어서 꾸짖는 것이 있다. 선법을 설하는 것은, '아란야에 있구나'라고 하거나, '걸식하는구나'라고 하거나, '기운 납의를 입는구나'라고 하거나, 내지 '좌선하는 사람이구나'라고 하는 것이다. 선법을 설하면서 대면하여 꾸짖는 것은 '너는 아란야에 있구나'라고 하거나, 내지 '좌선하는 사람이구나'라고 하는 것이다. 비유로써 꾸짖는 것은 '너는 아란야에 있는 것과 같구나'라고 하거나, 내지 '좌선하는 사람 같구나'라고 하는 것이다. 자신을 견주어서 꾸짖는다는 것은 '나는 아란야에 있지 않다'라고 하거나, 내지 '나는 좌선하는 사람이 아니다'라고 하는 것이다. 만약 비구가 선법을 설하면서 대면하여 남을 꾸짖고 비유에 의해 꾸짖고 자신을 견주어서 꾸짖었을 경우 말을 했고, 그 내용이 분명히 드러났으면 돌길라이다.(若以說善法。而面罵。若喻罵。自比罵。說善法者。阿蘭若。乞食。補納衣。乃至坐禪人。說善法面罵者。汝是阿蘭若。乃至坐禪人。喻罵者。汝似阿練若。乃至坐禪人。自比罵者。我非是阿練若。乃至我非坐禪人。若比丘。說善法。面罵人。喻罵。自比罵。說而了了者。突吉羅。)"라고 했다.

利者。第四擧過者。有根重者。犯前戒。不犯此戒也。若擧無根重過。有根輕過。及餘五種者。皆輕垢罪。非重。亦有以善法。唯酉[1]罵。汝練若。乃至坐禪等。小乘。吉。大乘。不望利。犯輕垢。敎人讚毁。同犯重。

1) 역『사분율』에 따르면 '唯酉'는 '而面'이다.

B) 연을 갖추어 업을 이루는 것을 밝힘

**경 다른 사람을 비방하는 업과 다른 사람을 비방하는 법과 다른 사람을 비방하는 인과 다른 사람을 비방하는 연을 지어서야 되겠느냐.**

毁他因。毁他緣。毁他法。毁他業。

기 여섯 가지 연을 모두 채우면 중죄를 이룬다. 첫째는 계를 함께하고, 실천행을 함께하며, 법을 함께하는 상위의 두 대중이 있는 것이다. 둘째는 계를 함께하고, 법을 함께하는 사람이라고 생각하는 것이다. 셋째는 이양을 탐하는 것이다. 넷째는 찬탄과 비방을 스스로 말하는 것이다. 다섯째는 언사가 분명한 것이다. 여섯째는 앞에 있는 사람이 들어서 아는 것이다.

이 가운데 처음의 두 가지는 연이고, 셋째는 인이며, 넷째는 법이고, 뒤의 두 가지는 업이다.

具滿六緣者。成重。一是同前七衆[1]同法上二衆。二同喻[2]同法人想。三共淨[3]利。四喻酉[4]自說。五言詞了了。六前人聞知。於中。初二爲緣。第三爲因。第四爲法。後二爲業。

1) 역 '前七衆'은 '戒同行'인 것 같다. 2) 역 '喻'는 '戒'인 것 같다. 3) 역 '共淨'은 '爲貪'인 것 같다. 4) 역 '喻酉'는 '讚毁'인 것 같다.

다섯 구절을 지어야 한다. 첫째는 자애로운 마음으로 말미암아 그 사람으로 하여금 신심과 보리심을 내도록 하기 위하여 스스로를 찬탄하고 다른 사람을 비방하는 것이니, 전적으로 죄가 없다. 둘째는 태어날 때부터 어리석고 입이 거친 사람이기 때문에 무기심無記心으로 스스로를 찬탄하고 다른 사람을 비방하는 것이니, 경죄를 범한다. 이를 염오되지 않은 것에 의한 위범이라고 한다. 셋째는 그 사람에게 원한이 있기 때문에 자신을 찬탄하고 다른 사람을 비방하는 것이니, 또한 경구죄를 범한다. 이를 염오에 의한 위범이라 한다. 넷째는 5전 이상의 이익을 탐하기 때문에 자신을 찬탄하고 다른 사람을 비방하는 것이니, 중죄를 범한다. 다섯째는 광심狂心·난심亂心·산심散心 등으로 말미암아 자신을 찬탄하고 다른 사람을 비방하는 것이니, 전적으로 죄가 없다.

應作五句。一由慈心故。爲彼人。令生信心及菩提心故。自讚毁他者。全無罪。二稟[1)]生愚癡口麤人故。無記心中。自讚毁他者。犯輕罪。此名不染汙犯。三由等之增恒隱故。[2)] 恨彼人故。自讚毁他者。亦犯輕垢罪。此名染汙[3)]犯。四者貪五錢以上利益故。讚毁者。犯重。五者由狂亂散心等故。自讚毁他者。全無罪。

1) ㉮ '稟'은 '稟'인 것 같다. 2) ㉮ '由等之增恒隱故'는 문맥이 맞지 않다. 오자가 있는 것 같다. 3) ㉮ '汙'은 '汙'인 것 같다.

### B. 대치할 수 있는 바른 실천행을 밝힘

**경** 보살은 모든 중생을 대신하여 헐뜯음과 욕됨을 받아 나쁜 일은 자신에게 돌리고, 좋은 일은 다른 사람에게 주어야 하거늘,

而菩薩。應代一切衆生。受加毁辱。惡事自向己。好事與他人。

기 본문에서 "나쁜 일은 자신에게 돌리고, 좋은 일은 다른 사람에게 주어야 하거늘"이라고 한 것은, 다섯 구절에서 앞의 구절은 논하지 않고 오직 뒤의 네 구절을 논했기 때문에 이 설을 지은 것이다.[326]

文云。惡事自向已[1)]好事與他者。五句。不論上句。唯論下四句故。作是說也。

1) 역 '已'는 '己'인 것 같다.

### ③ 그릇된 것을 들고 허물을 짓는 것이라고 제정함

**경 스스로 자기의 덕을 드러내고, 다른 사람의 좋은 일을 숨기며, 다른 사람으로 하여금 헐뜯음을 당하도록 한다면, 이는 보살의 바라이죄이다.**

若自揚已德。隱他人好事。令他人受毀者。是菩薩波羅夷罪。

기 또한 네 구절이 있다. 첫째는 한결같이 복이고 죄는 아닌 것이다. 말하자면 달기보살이 자신을 찬탄하고 다른 사람을 비방함으로써 중생을 제도하는 것이다. 앞의 다섯 구절의 첫 번째 구절에서 좋은 마음으로 말미암아 자신을 찬탄하고 다른 사람을 비방하는 것 등을 말한다. 둘째는 복도 아니고 죄도 아닌 것이니, 말하자면 난심亂心에 의해 행한 것 등의 부류이다. 셋째는 오직 경죄일 뿐이고 중죄는 아닌 것이니, 말하자면 5전 이하의 이양을 기대하고, 자신을 찬탄하고 다른 사람을 비방하는 것 등의 부류이다. 넷째는 오직 중죄일 뿐이고 경죄는 아닌 것이니, 이 계에서 직

326 바로 앞의 다섯 구절 가운데 첫 번째는 중생에게 신심과 보리심을 내도록 하기 위해 자찬훼타하는 경우를 열어 놓은 것이기 때문에 이 논의에서 제외됨을 밝힌 것이다.

접적으로 세운 것이다. 5전 이상의 이익을 기대하고, 자신을 찬탄하고 다른 사람을 비방하는 것 등이다.

亦有四句。一者一向福非罪。謂達機菩薩。及邪學菩薩而。[1] 前五句上。初句。由善心故。讚毁小。[2] 二非福非罪。謂亂心等類。三唯輕非重。謂望五錢以下利養。讚毁等類。四唯重非輕。此戒正立。望五錢以上利。讚毁等也。

1) ㉻ '及邪學菩薩而'는 오자가 있는 것 같다. 문맥상 '以讚毁度衆生'으로 문장을 만들고, 이것에 의해 풀이했다. 2) ㉻ '小'는 '等'인 것 같다.

### ⑻ 간석가훼계: 인색하고 비방을 더하는 일을 하지 마라

#### ① 사람을 들어 체를 나타냄

**경** 불자여,

若佛子。

**기** 여덟 번째는 간석가훼계慳惜加毁戒이다. 이 계는 칠중에 대해 동일하게 제지한다. 대승과 소승에서 함께 배우지 않는 것이다. 단락은 앞에서 나눈 것과 같다.

第八慳惜加毁戒。此戒七衆同制。大小不同學。段同於前。

### ② 그릇된 것을 나열하고 수행을 밝힘

#### A. 그릇된 것을 나열함

A) 바로 그릇된 것을 나열함

**경** 스스로 인색하거나 다른 사람으로 하여금 인색하게 하거나 하며,

自慳。教人慳。

**기** "스스로 인색하거나"라고 한 것 가운데 다섯 구절이 있다. 첫째는 빈곤한 사람을 빈곤한 사람이라고 생각하는 것이니, 중죄를 범한다. 둘째는 빈곤한 사람을 부유한 사람일 것이라고 의심하는 것이니, 중죄를 범한다. 셋째는 빈곤한 사람을 부유한 사람이라고 생각하는 것이다. 전상轉想을 기준으로 삼으면, 앞에서 일으킨 마음[327]을 기준으로 하면 경구죄이다. 본미本迷를 기준으로 삼으면, 처음부터 끝까지 오직 부유한 사람이라고 잘못 안 것이니, 전적으로 죄가 없다. 넷째는 부유한 사람을 빈곤한 사람이라고 생각하는 것이니, 경죄이다. 다섯째는 부유한 사람을 빈곤한 사람일 것이라고 의심하는 것이니, 또한 경구죄를 범한다.

"다른 사람으로 하여금 인색하게 하거나 하며"라고 한 것 가운데 나를 위해 인색하라고 한 것과 그대를 위해 인색하라고 한 것은 모두 중죄를 범한다.

327 생각이 바뀌어 부유한 사람이라 생각하기 이전의 마음. 곧 빈곤한 사람을 빈곤하다고 생각했던 것.

自慳中。有五句。一貧人人[1]人想。犯重。二者貧人富人疑。犯重。三者貧人富人想者。若約轉想者。約前心。爲輕垢罪。若本迷者。始終中。唯富人迷者。全無罪。四富人而貧人想。輕。五 富人而貧人疑。亦犯輕垢。教人中。爲我慳及爲汝慳。皆犯重。

1) 역 '人'은 '貧'인 것 같다.

B) 연을 갖추어 업을 이루는 것을 밝힘

**경 인색함의 업과 인색함의 법과 인색함의 인과 인색함의 연을 지어서야 되겠느냐.**

慳因。慳緣。慳法。慳業。

기 연을 갖추어 업을 이루는 것에서 여섯 가지 연을 갖추면 중죄를 이룬다. 첫째는 빈곤에 의해 고통받는 중생이 있는 것이다. 둘째는 빈곤에 의해 고통받고 있다고 생각하는 것이다. 셋째는 자신이 재물과 법을 소유하고 있는 것이다. 넷째는 인색한 마음이 있는 것이다. 이 마음이 없으면 전적으로 죄가 없기 때문이다. 다섯째는 돈 한 푼이나 (법) 한 구절에 이르기까지 재물과 법을 주지 않는 것이다. 여섯째는 꾸짖으며 모욕을 주는 것이다. 이 가운데 처음의 두 가지는 연이고, 셋째의 한 가지는 법이며, 넷째의 한 가지는 인이고, 다섯째와 여섯째의 두 가지는 업이다.

具緣。具六緣成重。一是貧苦衆生。二貧苦想。三自有財珍。[1] 四者慳惜心。若無此心。全無罪故。五不與財法。乃至一錢一句。六毁[2]辱。於中。初二爲緣。第三一爲法。第四一爲因。第五第六二爲業。

1) 역 '珍'은 '法'인 것 같다. 2) 역 '毁'는 '罵'인 것 같다.

#### B. 그릇된 것을 대치할 수 있는 바른 실천행을 밝힘

**경** 보살은 모든 가난한 사람들이 와서 구걸하는 것을 보면, 자신의 앞에 선 사람이 필요로 하는 모든 것을 공급해 주어야 하거늘,

而菩薩。見一切貧窮人來乞者。隨前人所須一切給與。

### ③ 그릇된 것을 들고 허물을 짓는 것이라고 제정함

**경** 보살이 악한 마음과 분노하는 마음으로 돈 한 푼이나 바늘 한 개나 풀 한 포기에 이르기까지도 베풀지 않고, 법을 구하는 이가 있는데, 한 구절, 한 게송, 한 미진微塵만큼의 법도 설해 주지 않으며, 도리어 다시 꾸짖고 모욕을 준다면, 이는 보살의 바라이죄이다.

而菩薩。以惡心瞋心。乃至不施一錢一針一草。有求法者。不爲說一句一偈一微塵許法。而反更罵辱者。是菩薩波羅夷罪。

**기** "한 미진만큼의 법"이라는 것은 가장 짧은 한 구절을 가리킨다. 색色(물질) 가운데 가장 작은 것을 미진이라고 한다. 색 가운데 가장 작은 것으로 법 가운데 가장 짧은 것을 비유했다.

또한 네 구절이 있다. 첫째는 주는 것에 인색해도 오직 복일 뿐이고 죄는 아닌 것이니, 달기보살이 행한 경우이다. 둘째는 죄도 아니고 복도 아닌 것이다. 본미 가운데 한결같이 부유한 사람이라고 생각한 것이다. 주지 않았기 때문에 복이 아니고, 부유한 사람이라고 생각했기 때문에 죄도 아니다. 셋째는 오직 경죄일 뿐이고 중죄는 아닌 것이다. 앞의 다섯 구절의 세 번째 구절에서 (전상에 있어서) 이전의 마음(이라고 했으니, 세 번

째 구절은) 빈곤한 사람을 부유한 사람이라고 생각한 것이다. 또한 부유한 사람이라는 대상에 나아가서 빈곤한 사람이라고 생각하는 것과 그러한 사람일 것이라고 의심하는 것[328] 등이다. 넷째는 오직 중죄일 뿐이고 경죄는 아닌 것이니, 직접적으로 이 계에서 세운 중계이다.

一微塵法者。最小一句。色中。最小微塵。以色中最小。以譬於法中最小也。亦有四句。一慳與。唯福非罪。達機菩薩。二非罪非福。本迷中。一向爲富人也。謂不與故非福。爲富人故非罪。三者唯輕非重。謂前五句。第三句中。前心中。作爲貧人。而釋[1)]富人想等。亦趣於富境。而爲貧人想及疑等。四者 唯重非輕。正此戒中所立重也。

1) ㊄ '釋'은 '後'인 것 같다.

### ⑼ 진타결한계: 분노하는 마음으로 때리고 원망하는 마음을 맺는 일을 하지 마라

#### ① 사람을 들어 체를 나타냄

**경** 불자여,

若佛子。

**기** 아홉 번째는 진타결한계瞋打結恨戒이다. 또한 진불수회계瞋不受悔戒라고도 한다. 칠중에 대해 동일하게 제지한다. 대승과 소승에서 함께 배우지 않는 것이다. 단락은 앞의 계와 같다.

328 전자는 다섯 구절 중 네 번째이고, 후자는 다섯 번째이다.

第九瞋打結恨戒。亦名瞋不受悔戒。七衆同制。大小不同。段同於前戒。

### ② 그릇된 것을 들고 수행을 밝힘

#### A. 그릇된 것을 나열함

A) 바로 그릇된 것을 나열함

경 스스로 분노하거나 다른 사람으로 하여금 분노하게 하거나 하며,

自瞋。教人瞋。

기 처음에 "스스로 분노하거나"라고 한 것 가운데 다섯 구절을 짓는다. 첫째는 스스로 분노의 대상이 되는 일이 있고, (이것이) 이치에 맞는 것인데, (이것에 대해) 이치에 맞는 것이라고 생각하면서도 분노하는 것이니, 중죄를 범한다. 둘째는 이치에 맞지 않는 것인데, 이치에 맞을 것이라고 의심하는 것이니, 또한 중죄를 범한다. 셋째는 이치에 맞지 않는 것인데, 이치에 맞는 것이라고 생각하는 것이다. 전상[329]이면 경죄를 범하고, 본미[330]라고 해도 또한 경죄를 범한다. 넷째는 이치에 맞는 것인데, 이치에 맞지 않는 것이라고 생각하는 것이고, 다섯째는 이치에 맞는 것인데, 이치에 맞지 않을 것이라고 의심하는 것이니, 모두 경구죄를 범한다. 그 이유는 무엇인가. 이치에 맞는 것에 대해 보살이 분노를 일으키는 것은 대비에 어긋나기 때문이다.

---

329 전상 : 이치에 맞지 않은 것을 이치에 맞지 않은 것이라고 생각했다가 생각이 바뀌어 이치에 맞는 것이라고 생각한 것.

330 본미 : 처음부터 끝까지 이치에 맞지 않은 것을 이치에 맞는 것이라고 생각한 것.

"다른 사람으로 하여금 분노하게 하거나 하며"라고 한 것 가운데 나를 위해 분노하라고 하는 것과 그대를 위해 분노하라고 하는 것은 모두 동일하게 중죄를 범한다.

初自瞋中。應作五句。一者以自所瞋事。非[1]理想。犯重。二非理理疑。亦犯重。三者非理理想。若轉想。犯輕罪。若本迷。亦犯輕。四理非理想。五理非理疑。共犯輕垢罪。所以者何。理邪。[2] 菩薩起瞋者。違於大悲故也。教人瞋中。爲吾瞋及爲汝瞋。皆同犯重也。

1) ㉮ '非'는 '理'인 것 같다. 2) ㉮ '邪'는 '者'인 것 같다.

B) 연을 갖추어 업을 이루는 것을 밝힘

**경** 분노의 업과 분노의 법과 분노의 인과 분노의 연을 지어서야 되겠느냐.

瞋因。瞋緣。瞋法。瞋業。

**기** 일곱 가지 연을 채우면 중죄를 이룬다. 첫째는 사람이 있어야 하니, 사람이 아닌 것에 분노하면 경죄이기 때문이다. 둘째는 사람이라고 생각하는 것이다. 셋째는 분노하는 마음을 일으키는 것이다. 넷째는 추어麤語를 내뱉는 것이다. 다섯째는 손과 지팡이로 때리는 것이다. 여섯째는 참회하면서 사과하는 것을 받아들이지 않는 것이다. 일곱째는 원한을 맺어 풀지 않는 것이다.

이 가운데 처음의 두 가지는 연이고, 셋째의 한 가지는 인이며, 넷째와 다섯째의 두 가지는 법이고, 뒤의 두 가지는 업이다.

滿七緣成重。是[1]人。若瞋非人。是輕故。二人想。三起瞋恚。四出麤語。五手杖打拍。六不受懺謝。七結恨不捨。於中。初二爲緣。第三一爲因。第四第五二爲法。後二爲業。

1) 역 '是'는 '一'인 것 같다.

**문** 어째서 원한을 맺어 풀지 않아야 비로소 중죄라는 것을 아는가?

**답** 『지지론』에서 "악구惡口를 내고 나무와 돌과 지팡이를 잡고 때리는 것 등을 하면, 중다범衆多犯(輕罪)을 범한다."[331]라고 했다. 그러므로 원한을 맺어 풀지 않은 것이 아니라면, 오직 경구죄일 뿐이고 중죄는 아니라는 것을 알 수 있다.

何知。結恨不捨。方成重者。持地[1)]論云。出惡口。執木石杖打拍等。而犯衆多犯。故知。若不結恨不捨者。唯輕垢罪。非重。

1) 역 '持地'는 '地持'이다.

## B. 대치할 수 있는 바른 실천행을 밝힘

**경** 보살은 모든 중생의 마음속에 깃들어 있는 선근과 다툼이 없는 일을 낳게 하고 항상 자비로운 마음을 내어야 하거늘,

而菩薩。應生一切衆生中。善根無諍之事。常生悲心。

331 『보살지지경』 권5(T30, 913b7)에서 "보살이 추악한 말을 하고 때리고서 상대방이 참회하는데도 받아들이지 않고, 원한을 맺어 풀지 않으면, 제3 바라이죄를 범한다.

### ③ 그릇된 것을 들고 허물을 짓는 것이라고 제정함

**경** 도리어 다시 모든 중생에서 중생이 아닌 것에 이르기까지 추악한 말로 모욕을 주고, 게다가 손으로 때리고 칼과 지팡이를 휘두르면서 분노하는 마음을 여전히 그치지 않고, 앞에 있는 사람이 참회를 받아들여 줄 것을 요청하면서 좋은 말로 참회하고 사죄하여도 여전히 분노하면서 그 마음을 풀지 않으면, 이는 보살의 바라이죄이다.

而反更於一切衆生中。乃至於非衆生中。以惡口罵辱。加以手打。及以刀杖。意猶不息。前人求悔。善言懺謝。猶瞋不解者。是菩薩波羅夷罪。

**기** 여기에서 신업身業 가운데 지팡이를 잡는 행위를 하고, 또한 구업口業 가운데 악구를 내는 행위를 하기 때문에 비로소 중죄를 이룬다. 만약 오직 악구만 내고 분노하면서 원한을 맺고 풀지 않았지만, 신업 가운데 지팡이를 잡고 때리는 것 등을 하지 않았으면, 오직 경죄일 뿐이고 중죄는 아니다. 혹은 분노의 대상이 되는 사람이 이치에 맞지 않은 일을 지었기 때문에 두 가지 업을 모두 일으키고, 원한을 맺고 풀지 않는다면, 오직 경죄를 범할 뿐이고 중죄는 아니다. 분노하는 사람은 이치에 맞지 않고, 분노의 대상이 되는 사람은 이치가 곧고 바르면, 중죄에 해당하는 업을 짓는다.

於中。身業中執杖。亦口業中出惡口。故方成重。若唯出惡口。嗔結恨不捨。向[1]身業中。不執杖打等者。唯輕非重。或所向人。作非理事故。具發二業。及結恨不捨者。唯犯輕非重。若能瞋人非理。而所嗔人理方正。結重業。

1) 역 '向'은 '而'인 것 같다.

또한 네 구절을 짓는다. 첫째는 오직 복일 뿐이고 죄는 아닌 것이니, 달기보살이 그렇게 했을 경우이다. 둘째는 복도 아니고 죄도 아닌 것이니, 말하자면 광심 등의 부류에 의해 행한 것이다. 셋째는 오직 경죄일 뿐이고 중죄는 아닌 것이다. 말하자면 이 계에서 겸하여 세운 것이니, 중생이 아닌 것에 대해 온갖 종류의 분노를 일으키는 것이다. 넷째는 오직 중죄일 뿐이고 경죄는 아닌 것이니, 직접적으로 이 계 가운데 세운 중계이다.

亦作四句。一者唯福非罪。達機菩薩。二非福非罪。謂狂心等類。三唯輕非重。謂此戒中兼立。諸瞋於非衆生等。四唯重非輕。正此戒中立重戒也。

### ⑽ 방삼보계: 삼보를 비방하지 마라

#### ① 사람을 들어 체를 나타냄

**경** 불자여,

若佛子。

**기** 열 번째는 방삼보계謗三寶戒이다. 칠중에 대해 동일하게 제지한다. 대승과 소승에서 함께 배우지 않는 것이다. 단락은 앞의 계와 같다.

第十謗三寶戒。七衆同制。大小不同。段前同[1]戒也。

1) ㉮ '前同'은 '同前'이다.

## ② 그릇된 것을 나열하고 수행을 밝힘

### A. 그릇된 것을 나열함

#### A) 바로 그릇된 것을 나열함

**경** 스스로 삼보를 비방하거나 다른 사람으로 하여금 삼보를 비방하게 하거나 하며,

自謗三寶。教人謗三寶。

**기** "삼보를 비방하는 것"은 일을 들어서 그 상相을 나타냈기 때문이니, 간략히 네 가지가 있다. 첫째는 일천제一闡提인 사람이 불신不信의 장애로 말미암아 삼보를 비방하는 것이다. 그 상은 알 수 있을 것이다. 둘째는 외도의 마음으로 그릇된 도를 도道라고 하고, 그릇된 법을 법이라고 하며, 불법을 비방하기 때문이다. 셋째는 이승인이 구경이 아닌 것을 구경이라고 하면서 대승의 성전을 비방하는 것이다. 그 상을 나타내면, 그들이 의지하는 가르침인 구분경九分經[332]에서는 불성 등을 설하지 않았기 때문에, 부처님께서 설한 뜻을 알지 못하기 때문에 불성의 가르침을 밝히지 않았다고 집착하면서 대승의 불성을 밝힌 성전을 비방하기 때문이다. 나머지 뜻은 알 수 있을 것이다.

---

332 구분경九分經 : 초기 불교에서 전승된 가르침의 형태를, 형식과 내용에 따라 아홉 가지로 분류한 것. 아홉 가지의 구체적 내용은 출처에 따라 다른데, 소승 율장에 대한 주석서에 따르면 수다라修多羅 · 기야祇夜 · 가타伽陀 · 화가라나和伽羅那(受記 · 授記) · 우다나優陀那(感興偈) · 이제목타가伊帝目陀伽(如是語) · 자타가闍陀伽(本生) · 비불략毘佛略(方廣) · 아부타달마阿浮陀達磨(未曾有法)이다. 소승 경전을 통틀어서 일컫는 말로 쓰인다.

謗三寶故。[1] 擧事現其故。[2] 略有四種。一者一闡提人。由不信障故。誹謗三寶。其故可解。二者外道心。非道爲道。非法爲法故。謗佛法故。三者二乘人。以非究竟爲究竟。謗大乘聖典。現其相者。其敎。九敎[3]經中。不說佛性等故。不解佛。謂[4]說法[5]故。執不明佛性敎。謗大乘明佛性聖典故。除[6]義可解。

1) ㉰ '故'는 '者'인 것 같다. 2) ㉰ '故'는 '相'인 것 같다. 이하 동일하다. 3) ㉰ '敎'는 '部'인 것 같다. 4) ㉰ '謂'는 '所'인 것 같다. 5) ㉰ '法'은 '義'인 것 같다. 6) ㉯ '除'는 '餘'인 것 같다.

넷째는 대승에 의지하여 공空에 집착하는 이와 유有에 집착하는 이가 있는 것이다. 우선 일을 들어 그 상을 나타내면 (다음과 같다.) 지금 사견을 계탁하는 사람을 말한 것이다. 부처님께서 비무문非無門에 의거하여 임시로 유有라고 설했는데, 말한 것과 똑같이 그 뜻을 취하기 때문에 집착하여 실유實有라고 하고, 또한 비유非有에 의거하기 때문에 임시로 무無라고 설했는데, 또한 여래께서 진성眞性이라 한 것은 속제의 무無라고 하는 것이다.

四者大乘。有空有二執。謂且擧事現其相者。今說計師[1]人。佛依非無門。而假說諸[2]有故。如言取其義故。執計爲實有。亦依非有故。假說爲無。亦如來若眞性者。俗諦之無。

1) ㉰ '師'는 '邪'인 것 같다. 2) ㉰ '諸'는 '爲'인 것 같다.

부처님의 뜻을 논하면, 속유俗有를 설한 것은, 무상無相을 얻지 않기 때문에 유라고 한 것이고, 유상有相을 얻기 때문에 유라고 한 것은 아니다. 그러므로 실제實際(實相)를 움직이지 않고 제법諸法(假名)을 건립한다. 또한 여래께서 제법이 공함을 설한 것이 뜻하는 것은, 유상有相을 얻지 않기 때문에 공이라고 한 것이고, 공상空相을 얻기 때문에 공이라고 한 것은 아니다. 그러므로 가명을 무너뜨리지 않고 실상을 건립한다. 그 사람은 아직 이와 같이 유와 무를 여읜 중도를 알지 못하기 때문에, 진제에 들어갈 때는 곧 인과법因果法을 물리치고 뽑아 버리기 때문에, 가명을 무너뜨리고서야 바야흐로 실상을 설하기 때문에 곧 손감집損減執[333]을 이룬다. 또한 속제를 낼 때에는 실유實有라고 집착하기 때문에, 곧 실제를 움직이고서야 바야흐로 제법을 건립하기 때문에 곧 증익집增益執[334]을 이룬다.

若論佛意。如說俗有。以不得無相故。說爲有。而非得有相故。說爲有。是故。不動實際。建立諸法。亦如來說諸法空意者。不得有相。故說爲空。而非得空相。故說名爲空。是故。不壞假名而說實相。彼人。未解如是離有無中道故。入眞時。卽排拔因果故。壞假名。方說實相故。卽成損識[1)]執。亦出於俗時。執爲實有故。卽動實際。方建立諸法故。卽成增益執。

1) ㉮ '識'은 '減'인 것 같다.

그런데 이와 같은 상사법相似法에 집착하여 부처님의 광대한 법문을 비방하여 말하기를, "이것이 옳고 저것은 틀리다."라고 하면서 두루 계탁하며 집착한다. 여래의 변견을 여의는 가르침을 바라보면, 이러한 견해는 부처님과 어긋남이 하늘과 땅의 차이와 같다. 그런데 집착하여 말하기를, "나의 뜻은 여래의 뜻에 합치한다."라고 하기 때문에, 곧 불보를 비방하는 것이다. 또한 여러 가지 견해를 계탁하여 무無에 일치하지 않기 때문에 유有라고 하고, 이러한 유를 실체가 있는 것이라고 계탁한다. 유와 무

333 손감집損減執 : 있는 것을 없다고 부정하는 것. 예를 들면 식識과 같은 가유假有를 전혀 존재하지 않는다고 부정하는 것을 말한다.
334 증익집增益執 : 존재하지 않는 것을 존재한다고 여기는 것. 예를 들면 허공의 꽃과 같은 것을 실재라고 하는 것을 말한다.

는 일여一如가 아님이 없기 때문에 언어를 여의고 사려가 끊어진 것인데, 두루 계탁하여 비방하면서 말하기를, "진실은 내가 설한 것과 같기 때문이다."라고 하면, 곧 법보를 비방하는 것이다. 또한 설하는 사람을 비방하여 말하기를, "내가 설한 것이 진실이고, 저 사람이 설한 것은 삿된 것이기 때문이다."라고 하면, 곧 승보를 비방하는 것이다. 한마디 말로 결론을 지으면, 곧 통틀어서 삼보를 비방하는 것이기 때문에 중계를 범한다.

然而。執如是相似計。[1] 謗佛廣大法門言。此是彼非。以其遍計所執。望如來離邊定[2]者。此空[3]與佛違。猶如天與地。然而執言。吾意。合於如來意故。卽謗佛寶。亦諸計非當於無故。說爲有。而此有計計。[4] 而[5]無非一如故。離言絶慮。[6] 遍計而謗言實。如我所說故。卽謗法寶。亦謗能說人言。我所說是實。彼人所說邪故。卽謗僧行故。[7] 一詞卽通謗三寶故。犯重戒也。

1) ㊄ '計'는 '法'인 것 같다. 2) ㊄ '定'은 '見'인 것 같다. 3) ㊄ '空'은 '見'인 것 같다. 4) ㊀ '計'는 다시 교감해야 한다. ㊄ '計'는 '實'인 것 같다. 5) ㊄ '而'는 '有無'인 것 같다. 6) ㊀ '慮'를 보충해서 넣었다. 7) ㊄ '行故'는 '寶'인 것 같다.

중죄를 범하는 것인 줄 아는 이유는, 『지지론』에서 "보살장을 비방하고 상사법相似法을 건립하면, 스스로 삿된 깨달음을 일으킨 것이거나 다른 사람으로부터 삿된 가르침을 받아들인 것이거나 정법을 비방하고 상사법을 건립하고 설했기 때문에 중죄를 범한다."[335]라고 했기 때문에 중죄를 이루는 것을 알 수 있다.

"다른 사람으로 하여금 삼보를 비방하게 하거나 하며"라고 한 것도 동

335 『보살지지경』 권5(T30, 913b9)에서 "보살이 보살장을 비방하고 상사법相似法(정법과 유사하지만 정법은 아닌 법)을 설하고, 열심히 상사법을 건립하되, 혹은 마음으로 스스로 삿된 깨달음을 일으키거나 혹은 다른 사람으로부터 삿된 가르침을 받아들이거나 하면 이것을 제4 바라이처법이라 한다.(菩薩。謗菩薩藏。說相似法。熾然。建立於相似法。若心自解。或從他受。是名第四波羅夷處法。)"라고 했다.

일하게 중죄를 범한다.

所以得知犯重者。持地[1]論云。謗菩薩藏。立相似法。自解若僧地解。[2] 謗正法。而建立意[3]相似法。故犯重。故知。成重也。教人謗三寶。同犯重。

1) ㉮ '持地'는 '地持'이다. 2) ㉮『보살지지경』에 따르면 '僧地解'는 '從他受'이다. 3) ㉮『보살지지경』에 따르면 '意'는 '說'이다.

네 가지 연을 채우면 중죄에 해당하는 업을 이룬다. 첫째는 삿된 견해가 있는 것이다. 둘째는 삼보를 비방하려는 뜻을 일으키는 것이다. 셋째는 사람을 마주하여 비방하는 것이니, 사람이 아닌 것 등을 마주하고 비방하면 경구죄를 범하기 때문이다. 넷째는 앞에 있는 사람이 이해하는 것이니, 앞에서 설한 것과 같다.

그런데 법사가 말하기를, "삿된 법을 설하고 삿된 법을 건립해야 비로소 중죄를 이룬다. (정법을) 비방하고 삿된 법을 설하였지만 삿된 법을 건립하지 않았으면, 경구죄를 범하기 때문이다."라고 했다.

정법을 비방하는 것은,『지지론』에서 "삿된 법을 설했지만 삿된 법을 건립하지 않으면 경구죄이다."[336]라고 했기 때문에 법사는 '연을 모두 원만하게 갖추어야만 한다'라고 한 것이다.

滿四緣。成重業。一有邪解。二起謗故[1]意。三對人謗。若對非人等謗者。犯輕垢罪故。四前人領解。如上。然而。法師云。說邪計。[2] 建立滿通。[3] 方成重。若謗及說邪法。而非建立滿通者。犯輕垢罪故。謗正法者。持地[4]論中。若說邪法而不建立滿通者。輕故。法師云。具滿盈緣者。

336『보살지지경』권5(T30, 913b9)에서 "상사법을 설하고 건립하면 바라이죄이다."라고 한 것과, 같은 책(T30, 914c8)에서 "보살이 '열반을 좋아하지 말아야 하고, 번뇌를 두려워하지 말아야 한다'라고 말하면, 이는 중다범이다."라고 한 것을 참조할 것.

1) 역 '故'는 '三寶'인 것 같다. 2) 역 '計'는 '法'인 것 같다. 3) 역 『보살지지경』에 따르면, '滿通'은 '邪法'인 것 같다. 이하 동일하다. 4) 역 '持地'는 '地持'인 것 같다.

### B) 연을 갖추어 업을 이루는 것을 밝힘

**경** 비방의 업과 비방의 법과 비방의 인과 비방의 연을 지어서야 되겠느냐.

謗因。謗緣。謗法。謗業。

**기** 일곱 가지 연을 갖추면 중죄를 이룬다. 첫째는 마음속에 삿된 이해가 있는 것이다. 둘째는 향해서 설할 사람이라는 대상이 있는 것이다. 셋째는 사람이라고 생각하는 것이다. 넷째는 삿된 법을 설하는 것이다. 다섯째는 삿된 법을 건립하는 것이다. 여섯째는 언사가 분명한 것이다. 일곱째는 앞에 있는 사람이 이해하는 것이다. 이 가운데 처음의 한 가지는 인이고, 둘째와 셋째는 연이며, 넷째와 다섯째는 법이고, 뒤의 두 가지는 업이다.

소疏를 찬술한 사람이 말하기를, "'삼보를 비방하는 사람'이라는 것은 외도 등의 사람을 취한다."[337]라고 했는데, 이치에 맞지 않다. 왜냐하면 이 계는 불계를 받은 사람이 삼보를 비방하는 것이기 때문이다. 외도 등은 보살계를 받지 않았기 때문이다.

337 『보살계의소』 하권(T40, 574b10)에서 제10 방삼보계가 성립되기 위한 다섯 가지 조건 중 첫째로 중생을 들고 이를 설명하면서, "첫째는 중생이다. 말하자면 상품과 중품과 하품의 대상이다. 보살이나 성문이나 외도나 그들을 향해 말하면 중죄를 범한다.[一是衆生。謂上中二(역 下)境。若菩薩若聲聞若外道。向說犯重。]"라고 했다. 본문의 '二'를 '下'로 교감한 것은 『범망경심지품보살계의소발은梵網經心地品菩薩戒義疏發隱』 권3(X38, 177a24)에서 "중생에는 상경·중경·하경이 있어야 한다. 여기에서 하경이 결여된 것은 문장에 오자나 탈자가 있는 것이다.(是衆生當有上中下境。此缺下境者。文誤脫也。)"라고 한 것을 참조했다.

七緣成重。一有內邪解。二所向人境。三作人想。四說邪法。五建立滿通。[1] 六言詞了了。七前人領解。於中。初一爲因。第二第三爲緣。第四第五爲法。後二爲業也。疏主者無。[2] 謗三寶人者。取外道等人。然而不合於義。何以故。此戒者。受佛戒人師。[3] 謗三寶故。外道等。不受菩薩戒故也。

1) 역 '滿通'은 '邪法'인 것 같다. 2) 역 원효가 뒤에서 서술한 것을 참조할 때 '無'는 '云'인 것 같다. 3) 역 '人師'는 '者'인 것 같다.

### B. 대치할 수 있는 바른 실천행을 밝힘

**경** 보살은 외도와 악인이 한마디라도 부처님을 비방하는 음성을 내는 것을 보면, 3백 개의 창으로 심장을 찔린 것처럼 여겨야 하거늘,

而菩薩。見外道及以惡人一言。謗佛音聲。如三百鉾刺心。

### ③ 그릇된 것을 들고 허물을 짓는 것이라고 제정함

**경** 하물며 입으로 스스로 비방하면서 믿는 마음과 효순하는 마음을 내지 않고, 도리어 다시 악한 사람과 그릇된 견해를 지닌 사람을 도와 비방하기까지 한다면, 이는 보살의 바라이죄이다.

況口自謗。不生信心孝順心。而反更助惡人邪見人謗者。是菩薩波羅夷罪。

**기** 네 구절을 짓는다. 첫째는 오직 복일 뿐이고 죄는 아닌 것이다. 말하자면 『열반경』에서 "10성十聖(地上의 보살)이 외도 등의 모습을 나타낸 것"338 등과 같은 것이다. 달기보살이 외도 가운데에서 상수上首의 모습을 이루고, 후에 부처님과 논의하여 패배하는 모습을 나타내고, 외도의 무리

를 이끌고 불법에 들어가는 것 등의 부류이다. 둘째는 죄도 아니고 복도 아닌 것이니, 광심狂心 등에 의해서 행한 것이다. 셋째는 오직 경죄일 뿐이고 중죄는 아닌 것이니, 말하자면 정법을 비방했지만 상사법은 건립하지 않은 것 등이다. 또한 사람이 아닌 것 등을 향해 정법을 비방하고 상사법을 건립한 것 등의 부류이다. 넷째는 오직 중죄일 뿐이고 경죄는 아닌 것이니, 이 계에서 직접적으로 세운 중계이다.

應作四句。一唯福非罪。謂如涅槃經云。十聖外道等。達機菩薩而現外道中。爲上首相。後與佛論議。現負相。將外道衆。入於佛法等類。二者非罪非福。狂心等。三者唯輕非重。謂謗正法。而不建立法[1]等。亦向非人等。謗正法。建立相似法等類。四者唯重非輕。謂此戒中正所立重戒也。

1) ㉮ '法' 앞에 '相似'가 누락된 것 같다.

이 열 가지 중계 가운데 업도에 나아가서 무거움을 논하면, 살생죄가 무거우니, 다른 사람을 훼손하는 뜻이 지극히 무겁기 때문이다. 허물의 넓이로 무거움을 논하면, 망어죄가 무거우니, 성인이 아니면서 말하기를, "나는 성인의 경지에 이르렀다."라고 하는 것이기 때문에 향하는 대상이 시방의 모든 성인을 두루 포함하기 때문이다. 허물의 무거움으로 무거움을 논하면, 음계가 무거우니 온갖 죄업을 일으키는 근본이 되는 것이기 때문이다.

此十重戒中。若約業道爲重者。以煞生爲重。損他義極重故。若以過廣爲重者。以妄語爲重。誹[1]聖人而言。我作是聖故。所向境。永苞[2]十方凡聖人故。若以過重爲重者。以婬戒爲重。起法[3]罪業本故。

338 『열반경』 권7(T12, 644b23)을 참조할 것.

1) 역 '誹'는 '非'인 것 같다. 2) 역 '永苞'는 '普包'인 것 같다. 3) 역 '法'은 '衆'인 것 같다.

열 가지 계를 밝히는 것에 셋이 있는 가운데 처음에 총괄적으로 나타내고 배울 것을 권한 것과 두 번째로 개별적으로 제지를 풀이한 것을, 앞에서 마쳤다.

明十重中。有三中。先總釋[1]勸學。二者別解制止。竟在於前。

1) 역 '釋'은 '標'인 것 같다.

### 3) 중계의 제정을 총괄적으로 맺음

**경** 착하고 배움이 있는 사람들이여,

善學諸仁[1]者。

1) 역 원효의 주석서에 의거하면, 그가 대본으로 삼은 경에서는 '仁'을 '人'이라 한 것 같다.

**기** 이 이하는 세 번째로 중계의 제정을 총괄적으로 맺었다. 이 가운데 세 가지가 있다. 첫 번째는 중계로 제정한 것을 배울 것을 권한 것을 밝혔고, 두 번째로 "범하는 사람이 있다면" 이하는 처지를 보여서 배울 것을 권한 것을 밝혔으며, 그 세 번째는 총괄적으로 맺으면서 배울 것을 권했다.

此下。第三總結重制。於中有三。第一明勸學重制。二者若有犯者以下。明勸學觀處。其第三者總結勸學。

### (1) 중계로 제정한 것을 배울 것을 권한 것을 밝힘

처음 가운데 또한 두 가지가 있다. 첫 번째는 권하는 대상이 되는 사람을 밝혔고, 두 번째는 권하는 법을 나타냈다.

初中。亦有二。先明所勸人。第二表所勸法。

#### ① 권하는 대상이 되는 사람을 밝힘

처음에 "착하고 배움이 있는"이라고 한 것은, 보살은 내적으로 계덕戒德이 있기 때문에, 또한 외적으로 여러 사람보다 이해가 온전하여 그릇된 것이 없고 전적으로 바르기 때문에 '착하고 배움이 있는'이라 했다. 이와 같은 사람이 한 명이 아니기 때문에 "사람들이여"라고 했다.

初言善學者。菩薩。能內有戒德故。亦外能於諸人。作解。全無所非。全正。故名名[1]善學也。如是人非一。故言諸人者。

1) ㉮ '名'은 '曰'인 것 같다.

#### ② 권하는 법을 나타냄

**경** 이 보살의 10바라제목차를 배워야 한다. 이 가운데 낱낱의 계를 미진만큼이라도 범하는 일이 없어야 하거늘, 어찌 하물며 10계를 구족하게 범해서야 되겠는가.[339]

339 원효가 소개한 두 가지 해석 중 전자를 따라서 번역했다.

是菩薩十波羅提木叉。應當學。於中。不應一一犯如微塵許。何況具足犯十戒。

기 "이 가운데 낱낱의 계를 미진만큼이라도 범하는 일이 없어야 하거늘, 어찌 하물며 10계를 구족하게 범해서야 되겠는가."라고 한 것은 두 가지 설이 있다. 어떤 사람은 말하기를, "한 미진의 크기만큼을 방편[340]으로 범하는 것도 옳지 않으니, 하물며 열 가지 중죄에 해당하는 업을 구족하게 범하겠는가."[341]라고 했다. 어떤 사람은 말하기를, "낱낱의 계도 범할 수 없는 것인데, 하물며 열 가지 계를 모두 범할 수 있겠는가."라고 했다.[342]

---

340 방편 : 바라이죄가 성립되기 위해서 갖추어야 할 여러 조건 중 최후의 것을 결여한 상태를 말한다. 어떤 목적을 성취하기 위한 예비적 행위를 일컫는 말로 예컨대 살생을 하려고 할 때 죽일 대상을 고르는 것 등을 방편이라 한다.

341 한 계를 미진만큼도 범하지 말아야 하니, 한 계의 위범을 이루는 조건(緣)을 모두 행하여 근본죄를 짓는 것은 말할 것도 없다는 뜻이다. '구족하게'라는 것은 10계의 각각에 있어서 위범을 이루는 조건을 온전히 갖추는 것이다. 의적의 『보살계본소』 상권(T40, 669c13)에서 "'낱낱의 계를 미진만큼이라도 범하는 일이 없어야 하거늘'이라고 한 것은 낱낱의 계를 미진만큼이라도 범하지 말아야 하니, 잠시 범하려는 마음을 일으키고, 그것이 몸과 입의 행위에는 이르지 않았을 경우에 이 허물은 가볍고 작기 때문에 '미진'에 비유했다. 이 허물이 비록 미진과 같지만 쌓이면 큰 악을 이루기 때문에 가벼이 여길 수 없다. 『열반경』의 게송에서 '작은 악을 가벼이 여기면서 재앙이 되지 않는 것이라고 하지 마라. 물방울이 비록 작지만 점점 큰 그릇을 가득 채운다네'(T12, 693c25)라고 한 것과 같다. '어찌 하물며 10계를 구족하게 범해서야 되겠는가'라는 것은 미진만큼의 허물도 오히려 범하지 말아야 하거늘 중죄는 이치상 말할 필요도 없는 것이다. 다섯 가지 연을 구족하여 10근본죄를 이루기 때문에 '10계를 구족하게 범해서야 되겠는가'라고 했다.(不一一犯如是微塵許者。於一一戒中。不應犯如微塵許。纔起犯心。不至身口。此過輕小故。喻微塵。此過雖微積成大惡故。不可輕。如經偈云。莫輕小惡。以爲無殃。水渧雖微。漸盈大器。何況具足犯十戒者。微過尚不應犯。重罪理在絕言。具足五緣。成十根本。故云具足犯十戒也。)"라고 한 것을 참조할 것. 단 의적은 원효보다 후대의 인물이다. 『보살계본소』의 인용문 중 '다섯 가지 연'이라는 것은 본 서의 제1 불살계에서 풀이한 것을 참조할 것.

342 이상 두 가지 해석은 법장이 『범망경보살계본소』 권4(T40, 634a3)에서 "이 가운데 두 가지 뜻이 있다. 첫째는 한 계에서 오히려 미진만큼도 범하지 말아야 할 것인데 하물

言不應一一犯如是[1]微塵許何況具之[2]犯十戒者。有二說。一云。一微塵許。方便犯。不可。何況具足犯來[3]重業。一一。[4] 一一戒向[5]不可犯。何況具犯十戒也。

1) 역 '是'는 연자이다. 2) 역 '之'는 '足'인 것 같다. 3) 역 '來'는 '十'인 것 같다. 4) 역 '一'은 '云'인 것 같다. 5) 역 '向'은 '中'인 것 같다.

### (2) 처지를 보여서 배울 것을 권한 것을 밝힘

**경** 범하는 사람이 있다면, 현재의 몸으로 보리심을 일으키지 못할 것이고, 국왕의 지위와 전륜왕의 지위를 잃을 것이며, 비구와 비구니의 지위도 잃을 것이고, 10발취·10장양·10금강·10지·불성에 상주하는 묘과妙果[343] 등을 잃을 것이다.

若有犯者。不得現身發菩提心。亦失國王位。轉輪王位。亦失比丘。比丘尼位。亦失十發趣。十長養。十金剛。十地。佛性常住妙果。

**기** 두 번째로 처지를 보인 것 가운데 또한 두 가지가 있다. 첫째는 지위를 잃는 것을 밝혔고, 둘째는 고통을 받는 것을 밝혔다.

第二示處中。亦有二。一者明失位。第二明受苦。

며 한 계를 온전히 범해서야 되겠는가라는 뜻이다.……둘째는 열 가지 계에서 하나도 범하지 말아야 할 것인데 하물며 열 가지 계를 모두 범해서야 되겠는가라는 뜻이다.(於中。有二重意。一謂一戒中。尚不應犯微塵計。況全犯一戒。……二於十戒。不應犯一。況具犯十。)"라고 한 것과 취지가 동일하다.

343 묘과妙果 : 보살 수행 계위의 최종 단계인 묘각위妙覺位를 가리킨다.

### ① 지위를 잃는 것을 밝힘

처음 가운데 두 가지가 있다. 처음에는 세간에 있어서 지위를 잃는 것을 밝혔고, 뒤에서는 출세간에 있어서 지위를 잃는 것을 보였다.

初中有二。先明失世間位。後示[1]出世間位。

1) ㉮ '示' 뒤에 '失'이 누락된 것 같다.

### A. 세간에 있어서 지위를 잃는 것을 밝힘

"국왕"이라고 한 것은, 말하자면 사람 가운데 왕이니, 곧 속산왕粟散王[344]이다. "전륜왕의 지위"는, 별문別門에 나아가면, 10신의 계위를 철륜왕이라 하고, 10해를 동륜왕이라 하며, 10행을 은륜왕이라 하고, 10회향을 금륜왕이라 한다.[345] 통문通門에 나아가면, 초지初地는 백보륜왕百寶輪王이고, 제2지는 천보륜왕千寶輪王이다.[346] 이 문에서 지전地前과 지상地上의 10지는 모두 전륜왕이다. 『인왕경』에서 자세하게 설한 것과 같다. "왕의 지

344 속산왕粟散王 : 소국小國의 왕. 그 숫자와 규모가 좁쌀을 뿌려 놓은 것처럼 많고 작기 때문에 '속산'이라고 한다. 상대어는 전륜왕轉輪王으로 속산왕을 복속시키는 왕이다.

345 『인왕경』 상권(T8, p.827b14)에서 "10선十善(十信)의 보살은 대심大心을 발하여 길이 삼계의 괴로운 윤회의 바다를 여의니, 중품과 하품의 10선은 속산왕이고, 상품의 10선은 철륜왕이다. 10주인 습종성은 동륜왕으로 두 개의 천하를 다스리고, 10행인 성종성은 은륜왕으로 세 개의 천하를 다스리며, 10회향인 도종성은 견고한 덕을 지닌 전륜왕轉輪王(金輪王)으로, 칠보七寶의 금광으로 네 개의 천하를 비춘다.(十善菩薩。發大心。長別三界苦輪海。中下品善粟散王。上品十善鐵輪王。習種銅輪二天下。銀輪三天性種性。道種堅德轉輪王。七寶金光四天下。)"라고 했다. 『주인왕반야경注仁王般若經』 권2(X26, 551c23), 『법화경현찬요집法華經玄贊要集』(X34, 439a24) 등에 따르면, 동륜왕의 두 개의 천하는 사주四洲 가운데 동주와 남주이고, 은륜왕의 세 개의 천하는 동주·남주·서주이며, 금륜왕의 네 개의 천하는 사주를 가리킨다.

346 『보살영락본업경』 상권(T24, 1016a28), 『본업영락경소本業瓔珞經疏』(T85, 758b11) 등을 참조할 것.

위를 잃는다."라는 것은 재가자에 있어서 지위를 잃는 것을 밝힌 것이다.

所言國王者。謂人中王。乃粟散王也。輪王位。約別門者。十信位爲鐵輪王。十解爲銅輪王。十行爲銀輪王。十迴向爲金輪王。若約通門者。初地百寶輪王。二地千寶輪王。此門中。地前及地上十地。皆輪王。如仁王經中。乃至廣說。失王位者。明失在家位。

#### B. 출세간에 있어서 지위를 잃는 것을 보임

"비구와 비구니의 지위도 잃을 것이고"라는 것은 출가자에 있어서 지위를 잃는 것을 밝힌 것이다.

失比丘及尼位者。明失出家位也。

### ② 고통을 받는 것을 밝힘

**경** 일체를 모두 잃고 삼악도에 떨어져 2겁, 3겁 동안 부모와 삼보라는 이름조차 듣지 못한다.

一切皆失。墮三惡道中。二劫三劫。不聞父母三寶名字。

**기** 두 번째로 고통을 받는 것을 밝힌 것 가운데, "2겁, 3겁 동안"이라고 한 것은, 『영락경』에서는 "중죄를 범한 사람은 10겁 동안 지옥에 들어간다."[347]라고 하여 (서로 어긋나는데,) 이를 풀이하면 다음과 같다. 그 경

347 『보살영락본업경』 상권(T24, 1012b6)에서 "10계를 파괴하면 참회하여 용서받을 수 없

(『영락경』)에서는 소겁小劫을 기준으로 삼았기 때문에 10겁이라 했고, 이 경(『범망경』)의 본문에서 '2겁, 3겁 동안'이라고 한 것은 대겁大劫에 나아간 것이기 때문이다. 그 경에서 "중죄를 범하여 지옥에 떨어진 사람은 하루에 8만 4천 번 생사윤회하는 고통을 받는다."[348]라고 하였다.

第二明受苦中。言二三劫者。若依瓔珞經者。若犯重人。於十劫中。入地獄也。解云。彼經者。約小劫故。爲十劫。此文中二三劫者。就大劫故。彼經云。犯重。墮地獄人者。一日中。八萬四千生死亦[1)]也。[2)]

1) ㉯ '亦' 아래에 탈자가 있는 것 같다. 2) ㉰ '也'는 '苦'인 것 같다.

### (3) 맺으면서 배울 것을 권함

**경** 그러므로 낱낱이 범하지 말아야 한다. 너희들은, 모든 보살들이 지금 배우고, 앞으로 배울 것이며, 이미 배웠던 이와 같은 10계를 배워서 공경하는 마음으로 받들어 지녀야 한다. 「팔만위의품八萬威儀品」[349]에서 자세하게 밝힐 것이다.

以是不應一一犯。汝等一切諸菩薩。今學當學已學。如是十戒。應當學。敬心奉持。八萬威儀品。當廣明。

**기** "「팔만위의품」 가운데 설할 것"이라는 것은, 비유컨대 소승률小乘律

으니, 바라이죄에 들어간다. 10겁 동안 하루에 죄를 받음이, 8만 4천 번 죽고 8만 4천 번 태어나기에 이르니, 파괴해서는 안 된다.(若破十戒。不可悔過。入波羅夷。十劫中。一日受罪。八萬四千滅。八萬四千生故。不可破。)"라고 했다.

348 『보살영락본업경』 상권(T24, 1012b6). 앞의 주석에서 본문을 풀이한 것을 참조할 것.

349 「팔만위의품八萬威儀品」: 앞의 설명에 따르면 『범망경』 대부大部에 실려 있을 것으로 추정되는 품의 이름이다.

가운데 (앞의) 20여 권에서 비구와 비구니의 계율을 설하고, 이후에 계율을 굳게 가르치기 위해 다시 판별하여 설하는 것과 같이 이 경도 또한 그러하여 『범망경』을 설하는 가운데 처음에 총괄적으로 10중계를 설하고, 뒤의 「팔만위의품」에서 다시 이 10중계를 자세하게 설했다. 그러므로 (그) 문장의 출처를 보였다.

八萬威儀品中說者。譬如小乘律中。二十餘卷中。說比丘及比丘尼前。[1] 以後堅教律。於更判說。此經亦然。後[2]梵網經中。先總說十重。後八萬威儀品中。更廣說此十重戒。是故。示文處也。

1) ㉠ '前'은 '戒'인 것 같다. 2) ㉠ '後'는 '說'인 것 같다.

지난해 메이지 43년(1910) 12월에 『속장경續藏經』[350]의 편집장인 나카노 다츠에(中野達慧)[351] 스님이 말하기를, “이 책은 세상에서 보기 드문 책인데 다른 학파에서는 소장하고 있지 않습니다. 청하건대 이것을 등사謄寫하여 『속장경』에 편입시켰으면 합니다.”라고 했다. 닛싱(日辰)[352]이 이에 속히 청구에 응하여 등사할 것을 허락하고, 또한 그 사실을 기록하여 그에게 주었다.

去明治四十三年十二月。續藏經編集長。中野達慧師曰。此書者。希代之書。而於他家。無所藏。請謄寫之。以編入續藏。辰乃速應請求。許謄寫。且記其事實。以授焉。

메이지 44년(1911) 1월 초하루에 사해창도四海唱道 54대 전등 사문傳燈沙門 죠쇼 닛싱(靜照日辰)이 삼가 적다.

니치렌슈(日蓮宗)[353] 대본산大本山 묘현정사妙顯精舍(妙顯寺) 방장方丈에서.

于時。明治四十有四年一月。吉旦。四海唱道。五十四。傳燈沙門。靜照日辰。謹識。於日蓮宗 大本山。妙顯精舍。方丈。

---

350 『속장경』 : 『대일본속장경大日本續藏經』 혹은 『만자속장경卍字續藏經』이라고도 한다. 마에다 에웅(前田慧雲)·나카노 다츠에(中野達慧) 등이 엮어 1905(명치 38)~1912년(대정 1)에 일본 교토(京都) 장경서원藏經書院에서 간행하였다.

351 나카노 다츠에(中野達慧, 1871~1934) : 일본 진종眞宗 본원사파本願寺派 소속 스님. 불전의 편수에 참여했고, 평생 고문헌을 찾고 편찬하는 데 큰 힘을 기울였다.

352 닛싱(日辰) : 죠쇼 닛싱. 묘현정사의 54대 관주貫主로 일련종의 제22대 관장管長을 역임했다.

353 니치렌슈(日蓮宗) : 일본 스님 니치렌(日蓮, 1222~1282)이 창건한 종파. 『법화경』을 부처님의 일대의 가르침의 정수라고 하고, 이것에 의거하여 자신의 학설을 제창했다.

# 찾아보기

ㅅ

ㅇ

## 원효元曉
(617~686)

신라 진평왕 39년에 경상북도 압량군押梁郡에서 태어났다. 속성은 설薛이다. 대략 15세 전후에 출가했다. 특정 스승에게 의탁하지 않고, 낭지朗智·혜공惠空·보덕普德 등의 여러 스승에게서 두루 배웠다. 학문적 성향도 또한 그러하여, 특정 경론이나 사상에 경도되지 않고, 다양한 사상과 경론을 두루 학습하고 연구했다. 34세에 의상義湘과 함께 현장玄奘에게 유식학을 배우기 위해 당나라로 떠났지만, 상황이 여의치 않아 중간에 되돌아왔다. 45세에 재시도를 감행했으나, 도중에 "마음이 모든 것의 근본이며, 마음 밖에 어떤 법도 있지 않다."라는 깨달음을 얻고 되돌아왔다. 이후 저술 활동에 전념하여 80여 부 200여 권의 저술이 있었던 것으로 전해지며, 현재 이 가운데 22부가 전해진다. 『대승기신론별기』와 『대승기신론소』는 중국 화엄종의 제3조인 법장法藏에게 많은 영향을 미쳤고, 『유심안락도』는 위찬이라는 것이 정설로 굳어지는 형국이며, 『보살계본사기』는 진찬 여부에 대한 논쟁이 진행되고 있는 상황이다. 원효는 오롯이 출가자로서의 삶에 갇혀 있지 않고, 세간을 두루 돌아다니면서 대중과 하나가 되어 불교를 전파하면서 그들을 교화하는 데 힘을 기울였다. 그의 삶과 사상은 진속일여眞俗一如·염정무이染淨無二·화쟁和諍 등으로 집약할 수 있다. 686년 혈사穴寺에서 입적하였다. 고려 숙종이 화쟁 국사和諍國師라는 시호를 내렸다.

## 옮긴이 한명숙

고려대학교 철학과를 졸업하고 동대학원에서 「길장吉藏의 삼론사상연구三論思想硏究 : 무득無得의 전오방식轉悟方式을 중심으로」라는 논문으로 박사학위를 받았다. 현재 동국대학교 불교학술원 조교수로 재직 중이다. 논문으로 「길장吉藏의 관법觀法이 갖는 수행론적 의미에 대한 고찰」, 「동물윤리에 있어서 불교 실천윤리의 정립 가능성에 대한 고찰 : 율장律藏(Vinaya-piṭaka)을 중심으로」, 「고려대장경의 편제編制 및 입장경入藏經의 취사取捨에 나타난 사유체계 이해」, 「원효 『범망경보살계본사기梵網經菩薩戒本私記』의 진찬 여부 논쟁에 대한 연구 (1)」 등이 있고, 역주서로 『범망경술기』·『무량수경연의술문찬』·『법구경』 등이 있으며, 공저로 『인물로 보는 한국의 불교사상』·『자료와 해설 한국의 철학사상』 등이 있다.

**증의 및 윤문**

정은희(동국대학교 불교학과 박사 과정)